总主编

马　勇　国家高层次人才特殊支持计划领军人才、国家"万人计划"教学名师
　　　　教育部高等学校旅游管理类专业教学指导委员会副主任
　　　　中国旅游研究院生态旅游研究基地首席专家
　　　　教育部旅游管理专业虚拟教研室负责人
　　　　湖北大学旅游发展研究院院长，教授、博士生导师

杨振之　世界研学旅游组织执行主席
　　　　中国旅游协会地学旅游分会副会长
　　　　四川大学旅游学院教授、博士生导师，四川大学休闲与旅游研究中心主任
　　　　成都来也旅游发展股份有限公司创始人

编　委（排名不分先后）

郑耀星　福建师范大学旅游学院原院长，教授
谢祥项　海南大学旅游学院副院长，副教授
李　玺　澳门城市大学国际旅游与管理学院执行副院长，副教授
许昌斌　海南职业技术学院学生工作处处长，副教授
黄安民　华侨大学旅游规划与景区发展研究中心主任，教授、博士生导师
李建刚　湖北师范大学历史文化学院副院长，副教授
卫　红　山西师范大学历史与旅游文化学院旅游管理系主任
潘淑兰　湖北经济学院旅游与酒店管理学院副教授
王　军　湖北师范大学历史文化学院旅游管理与服务教育系主任
谷　音　武汉学知悟达国际旅行社副总经理，特级导游
韦欣仪　贵州师范学院旅游文化学院副院长，教授
田志奇　世界研学旅游组织中国区首席代表
吴耿安　华侨大学旅游学院副教授
张胜男　首都师范大学资源环境与旅游学院教授
李　慧　四川大学旅游学院讲师
董良泉　世界研学旅游组织四川代表处首席代表
郭晓康　港珠澳大桥管理局运营发展部副部长
郭晓晴　北京游课教育科技发展有限公司董事长
陈加明　北京游课教育科技发展有限公司联席CEO
贾朋社　三亚学院体育学院副院长
刘雁琪　北京财贸职业学院旅游与艺术学院院长，副教授
林贤东　广东省旅游职业技术学校继续教育部副主任
陈创光　广东省旅游职业技术学校旅游管理讲师，营运管理中心主任
马庆琳　四川省成都天府新区煎茶小学副校长，中学高级教师
吕　明　华南师范大学旅游管理学院旅游管理系副主任
刘宏申　黑龙江职业学院旅游管理教学团队带头人，副教授
杨　娇　内蒙古财经大学旅游学院副教授
张云萍　烟台文化旅游职业学院教务处副处长
张　超　烟台文化旅游职业学院教师、烟台市导游大师工作室负责人
姜　雪　长春大学旅游学院文化产业管理教研室主任
钟　畅　世界研学旅游组织（WRTO）课程及导师培训专委会主任
董之文　广东天惟国际工程顾问有限公司法定代表人
饶英华　海南代际教育科技有限责任公司总经理
林小凡　海南洲皓教育科技有限公司执行董事
陈金龙　乐山师范学院副教授
黄　文　西南民族大学旅游与历史文化学院副教授
王　英　成都信息工程大学副教授
孟玲玉　成都银杏酒店管理学院教师
吴　矜　广东财经大学文化旅游与地理学院讲师
陈　蔚　浙江旅游职业学院副教授
童　昀　海南大学旅游学院讲师
彭小舟　湖南第一师范学院讲师

高等教育"十四五"规划研学旅行管理与服务专业系列教材

WRTO 世界研学旅游组织重点课题"基于研学旅行专业人才培养目标的课程体系建设与教材开发"研究成果

研学导师实务

主　编：李建刚　谷　音　王　军
副主编：周英杰　庾君芳　杨　庆　马庆琳
参　编：何小林　刘千明　石　倩　周　睿
　　　　吴　丹　屠欧阳颖

华中科技大学出版社
http://www.hustp.com
中国·武汉

内 容 简 介

本书将需要层次理论、情境学习理论、项目学习理论与实操案例相结合,为研学导师开展工作提供了理论支撑和操作指引。全书分为基础、技能、安全三个板块,分别从研学旅行的基本概念与理论基础、研学导师概述、研学导师的资格获取与培养、研学导师教育教学技能、研学导师服务技能、研学导师管理技能、研学旅行安全防控及应对、研学导师应具备的安全基础知识等八个方面对研学导师实务进行了全面的介绍,对研学导师开展工作大有裨益。

图书在版编目(CIP)数据

研学导师实务/李建刚,谷音,王军主编.—武汉:华中科技大学出版社,2022.6
ISBN 978-7-5680-8175-7

Ⅰ.①研… Ⅱ.①李… ②谷… ③王… Ⅲ.①教育旅游-教学研究-中小学 Ⅳ.①G632.429

中国版本图书馆 CIP 数据核字(2022)第 085198 号

研学导师实务 李建刚 谷音 王军 主编
Yanxue Daoshi Shiwu

策划编辑:李 欢 汪 杭
责任编辑:陈 然
封面设计:廖亚萍
责任校对:刘 竣
责任监印:周治超
出版发行:华中科技大学出版社(中国·武汉) 电话:(027)81321913
　　　　　武汉市东湖新技术开发区华工科技园 邮编:430223
录　　排:华中科技大学惠友文印中心
印　　刷:武汉科源印刷设计有限公司
开　　本:787mm×1092mm　1/16
印　　张:13.5　插页:2
字　　数:316 千字
版　　次:2022 年 6 月第 1 版第 1 次印刷
定　　价:49.80 元

本书若有印装质量问题,请向出版社营销中心调换
全国免费服务热线:400-6679-118　竭诚为您服务
版权所有　侵权必究

序一

Foreword

读万卷书,行万里路。游学,传统自古以来便是我国学子增长见识、提高学问的方式。自2016年教育部等11部门印发《关于推进中小学生研学旅行的意见》以来,研学旅行在我国迅速发展并呈现出强劲的增长势头。2019年,教育部在普通高等学校高等职业教育专科层次增补研学旅行管理与服务专业。2021年,文化和旅游部印发《"十四五"文化产业发展规划》,提出开发集文化体验、科技创新、知识普及、娱乐休闲、亲子互动于一体的新型研学旅游产品。

研学旅行这一新业态的迅速发展,迫切需要大量的专业人才,因此,编制出版一套高水平、高质量、适应产业发展要求的教材十分必要。

教育部直属全国"双一流"大学华中科技大学出版社联合世界研学旅游组织,立项重点课题"基于研学旅行专业人才培养目标的课程体系建设与教材开发",旨在编写一套既具有国际视野,又具有中国特色;既有科学理论,又有实操指导;既适用于高等院校,又适用于行业从业者的高水平教材。2020年世界研学旅游大会正式发布了本课题及组稿邀请函,得到全国40余所知名院校的教授、专家、学科带头人,以及近百所研学旅行基地(营地)、研学旅行服务机构专家,以及中小学骨干教师的积极响应和参与。课题成果最终凝结为本系列教材。

本系列教材首批规划9本,包含《研学旅行概论》《研学旅行资源导论》《研学旅行课程开发与管理》《研学导师实务》《研学营地基地运营管理》《研学旅行产品设计》《研学旅行项目开发与运营》《研学旅行市场营销》《研学旅行安全管理》,基本涵盖了当下研学旅行业态的各重要环节。本系列教材具有如下特点。

一、国际视野,中国特色

本系列教材的作者来自全国各地,他们不仅有国际化视野与丰富的海外学习或教学经验,同时还是高等院校或研学基地(营地)的负责人,在撰写书稿时,既参考吸收了国际先进方法,又融入了中国特色、家国情怀与实操经验。

二、名师团队,先进引领

本系列教材由中组部国家高层次人才"特支计划"领军人才、教育部旅游管理类专业教学指导委员会副主任马勇教授和世界研学旅游组织主席杨振之教授担任总主编,各分册主编由来自四川大学、湖北大学、福建师范大学、湖北师范大学、山西师范大学、华侨大学、澳门城市大学等知名院校的院长、教授、学科带头人以及研学基地(营地)、研学服务机构的负责人担任,他们有着丰富的执教与从业经验,紧跟教育部、文旅部指导意见,确保了本系列教材的权威性、准确性、先进性。

三、理实结合,校企融合

本系列教材各分册均采取校企"双元"合作编写模式,除了具有完备的理论,还引入大量实务案例和经典案例,并在编写体例上注重以工作过程为导向,设置教学项目与教学任务,确保理论与实操相结合。

四、配套资源,纸数融合

华中科技大学出版社为本系列教材建设了线上资源服务平台,在横向资源配套上,提供教学计划书、教学课件、习题库、案例库、参考答案、教学视频等系列配套教学资源;在纵向资源开发上,构建了覆盖课程开发、习题管理、学生评论、班级管理等集开发、使用、管理、评价于一体的教学生态链,打造出线上线下、课堂课外的新形态立体化互动教材。

研学旅行管理与服务作为新增设专业和新兴行业,正步入发展快车道。希望这套教材能够为学子们带来真正的养分,为我国的研学旅行事业发展贡献力量。在此希望并诚挚邀请更多学者加入我们!

马勇

2022 年 5 月

序二

Foreword

  本系列教材是世界研学旅游组织重点课题"基于研学旅行专业人才培养目标的课程体系建设与教材开发"的研究成果。

  在中国,研学旅行正如火如荼地开展,各级政府部门、家长、学校、学生及社会公众对研学旅行的发展,正翘首以待。研学旅行对人的成长、综合素质的提升,已被千百年来的实践所证实,无论是中国古代的游学,还是西方的"大游学"(Grand Tour),都无一例外地证明了回归户外、自然课堂的研学旅行是提高个人综合素质的不二之选。

  在中国,现代意义上的研学旅行才刚刚兴起,如何借鉴西方发达国家一百多年来自然教育的先进经验,建立有中国特色的研学旅行教育体系,厘清各种误解,包括理念认知、基本概念和运作上的误解,是我们这套教材编写的出发点。

  因此,本系列教材从编写之初就确立了这样一个原则:国际视野、中国特色,重实践、重运营,将理论与实践结合,做到知行合一。在编写作者的选择上,我们让一些既了解中国国情,又了解国际研学旅行情况的从业人员参与编写,并要求他们尽量研判国际自然教育的发展趋势及研学案例;将高校教师的理论研究与一线研学企业的实操经验相结合。这是本系列教材的一大特色。

  本系列教材可用作高校教材,特别是高等职业学校研学旅行管理与服务专业的教材。

  世界研学旅游组织重视研学旅行对人的成长和修养的价值,倡导研学旅行要从幼儿园儿童、中小学生抓起。研学旅行的目标是提高人的综合素质,真正实现知行合一。研学旅行倡导学生走出课堂,回归大自然,与大自然亲密接触,更注重学生在大自然中的体验和实践,反对走出课堂后又进入另一个教室,反对在博物馆和大自然中还是走灌输知识和说教的老路。没有实践和行动的研学,都达不到研学的目的。

  希望这套教材能为中国方兴未艾的研学旅行事业添砖加瓦,能为读者,尤其是家长带来益处,也算是我们为社会做出的贡献。

  是为序。

杨振之
2022 年 5 月

前言
Preface

在新的时代背景下,研学旅行兴起,形成了可观的产业规模,受到教育界和旅游业的高度关注。教育界和旅游业一方面要积极介入市场,分享它带来的经济效益,另一方面要规范运营,彰显其社会效益。由于研学旅行是一个新兴产业,缺乏专业人才的积累,研学企业普遍感受到人才短缺的压力,一些由导游转变过来的研学导师,对新的角色在理论上和实操上需要适应的过程,2019年11月,教育部公布了《〈普通高等学校高等职业教育(专科)专业目录〉2019年增补专业》,研学旅行管理与服务专业被正式纳入其中,一些高校开始招收该专业的学生,教师在教学过程中迫切需要有相应的教材指导教学。

本教材由湖北师范大学历史文化学院旅游系牵头编撰,该系较早涉足研学旅行领域,开设了"研学旅行课程开发与设计""研学导师服务管理技巧""研学旅行营地教育"等课程,教师对研学旅行进行了理论研究和实践探索。本教材将需要层次理论、情境学习理论、项目学习理论与实操案例相结合,为研学导师开展工作提供了理论支撑和操作指引。全书分为基础、技能、安全三个板块,分别从研学旅行的基本概念与理论基础、研学导师概述、研学导师的资格获取与培养、研学导师的教育教学技能、研学导师的服务技能、研学导师的管理技能、研学旅行安全防控及应对、研学导师应具备的安全基础知识八个方面对研学导师实务进行了全面的介绍,对研学导师的工作开展大有裨益。

本教材编写的具体分工如下:李建刚负责总体设计、结构调整、统稿、审读、编写大部分案例;王军负责协调、联络、版式调整。各章节的编写分工如下:

第一章:周英杰;

第二章:屠欧阳颖、王军、周睿、石倩、刘千明;

第三章:庾君芳;

第四章:杨庆、吴丹;

第五章、第七章:谷音;

第六章:马庆琳;

第八章:何小林、刘千明。

本教材在调研、编写过程中得到了广东百年树人教育科技有限公司、武汉学知悟达国际旅行社有限公司、黄石市第一旅行社有限责任公司、黄石市文化旅游投资集团有限公司、武汉军运村青少年成长营地、光谷未来教育营地、三峡茶乡五峰教育大营地的鼎力支持,这些机构多年经营研学旅行业务,积累了丰富的案例和实操经验,我们对此表示由衷的敬意和诚挚的谢意!本书在编写过程中还得到了华中科技大学出版社策划编辑汪杭女士和责任编辑陈然女士的悉心指导,在此一并表示衷心的感谢!

  研学旅行作为国内的新业态正处于扬帆起航、方兴未艾的阶段,研学导师作为一种新兴职业正引起社会的广泛关注,研学导师实务教材也需要与时俱进、持续改进。我们希望使用本教材的广大师生、研学从业人员、旅游管理工作者不吝赐教,并将研学实践中的新方法、新规则反馈给我们,以便我们进行修改。我们坚信,众人划桨开大船,众人拾柴火焰高,经过大家的共同努力,研学旅行的明天必将繁花似锦!

李建刚

2021 年 7 月

目录
Contents

第一章 研学旅行的基本概念与理论基础 /1

第一节 研学旅行的概念解读 /3
 一、研学旅行的内涵 /3
 二、研学旅行的原则 /5
 三、对研学旅行的误解 /7

第二节 研学旅行的教育理念 /9
 一、生活教育理念 /9
 二、自然教育理念 /11
 三、休闲教育理念 /12

第三节 研学旅行的学习原理 /13
 一、需要层次理论 /13
 二、情境学习理论 /15
 三、项目学习理论 /16

第二章 研学导师概述 /19

第一节 研学导师的发展历程与发展趋势 /20
 一、研学导师的发展历程 /20
 二、研学导师的发展趋势 /23

第二节 研学导师的概念、基本职责及分类 /24
 一、研学导师的概念 /24
 二、研学导师的基本职责 /26
 三、研学导师的分类 /27

第三节　研究导师的能力与职业道德　　/29
　　一、研学导师的能力　　/29
　　二、研学导师的职业道德　　/31
第四节　研学导师的工作原则　　/38

第三章　研学导师的资格获取与培养　　/43

第一节　研学导师队伍现状　　/44
　　一、研学导师的来源　　/44
　　二、研学导师队伍建设中存在的问题　　/46
第二节　研学导师资格获取　　/48
　　一、我国研学导师资格获取　　/48
　　二、国外研学导师资格获取　　/49
第三节　研学导师的培训　　/50
　　一、研学导师培训的内容　　/50
　　二、研学导师培训的种类　　/53
　　三、研学导师培训的方式　　/54

第四章　研学导师教育教学技能　　/57

第一节　研学旅行课程设计　　/59
　　一、研学旅行课程的特征与分类　　/59
　　二、研学旅行课程设计的要素　　/61
　　三、研学旅行课程主题设计　　/65
　　四、研学旅行课程目标设计　　/67
　　五、研学旅行课程内容选择　　/70
　　六、研学旅行课程活动方式设计　　/72
第二节　研学旅行课程实施　　/74
　　一、行前课程准备　　/74
　　二、行中课程开展　　/75
　　三、行后课程总结　　/77
第三节　研学旅行课程评价　　/79
　　一、课程评价的依据　　/79
　　二、课程评价的原则　　/80
　　三、课程评价的主体　　/81
　　四、课程评价的流程　　/84

第四节　研学旅行教学方法与技能　　/84
　　一、教学方法的概念　　/84
　　二、教学方法的分类　　/85
　　三、研学旅行常用的教学方法　　/85
　　四、研学旅行教学方法选择的依据　　/89

第五章　研学导师的服务技能　　/94

第一节　旅行社(研学旅行公司)研学导师的
　　　　职责、工作流程及规范　　/95
　　一、旅行社(研学旅行公司)研学导师的职责　　/95
　　二、工作流程与规范　　/96
第二节　研学基地(营地)研学导师的职责、
　　　　工作流程及规范　　/109
　　一、研学基地(营地)研学导师的职责　　/109
　　二、工作流程及规范　　/110

第六章　研学导师的管理技能　　/120

第一节　中小学生身心发展特点　　/121
　　一、基础理论知识　　/121
　　二、研学旅行与中小学生身心发展的关系　　/123
　　三、小学生身心发展特点　　/123
　　四、初中生身心发展特点　　/125
　　五、高中生身心发展特点　　/127
第二节　中小学生研学团队管理办法　　/127
　　一、研学团队管理概述　　/128
　　二、研学团队的管理方法　　/130
第三节　中小学生研学团队沟通技巧　　/135
　　一、研学旅行过程中与中小学生的沟通技巧和方法　　/135
　　二、研学导师的多方沟通协调能力　　/138

第七章　研学旅行安全防控及应对　　/144

第一节　安全防控工作体系的构建　　/146
　　一、研学旅行安全防控的重要性　　/146

二、研学旅行安全防控的特点　　/146
　　三、安全防控队伍体系的构建　　/147
第二节　安全防控工作流程规范与要点　　/154
　　一、安全防控工作流程　　/154
　　二、安全防控工作举措　　/155
第三节　研学团队安全事故的预防与应对　　/157
　　一、安全事故分级标准及处理规范　　/157
　　二、应急事件处置原则　　/159
　　三、各类应急预案　　/160
第四节　应急知识、救护的基本要求及技能　　/163
　　一、自然灾害篇　　/163
　　二、事故灾难篇　　/165
　　三、公共卫生事件篇　　/167
　　四、常见突发事件及处理　　/167

第八章　研学导师应具备的安全基础知识　　/171

第一节　法律法规知识　　/173
　　一、人身、财产安全　　/173
　　二、食品安全　　/174
　　三、设施设备安全　　/175
　　四、交通运输安全　　/175
　　五、心理健康安全　　/177
　　六、研学基地安全管理　　/178
　　七、住宿安全　　/179
　　八、安全管理制度和应急预案　　/179
　　九、研学旅行安全事故处理的一般程序　　/179
第二节　交通安全基础知识　　/180
　　一、交通安全的概念　　/180
　　二、交通标识常识　　/181
　　三、各种交通工具安全知识　　/183
第三节　心理危机及心理干预知识　　/185
　　一、心理危机及心理干预的概念　　/185
　　二、心理危机表现　　/186
　　三、中小学生心理危机的干预策略　　/187

第四节　保险知识　　　　　　　　　　　/189
　一、保险的概念　　　　　　　　　　　/190
　二、旅行保险的含义与作用　　　　　　/190
　三、研学旅行保险类型　　　　　　　　/191
　四、保险投保方式　　　　　　　　　　/193
　五、研学旅游保险发展趋势　　　　　　/193

参考文献　　　　　　　　　　　　　　/197

第一章
研学旅行的基本概念与理论基础

学习目标

1. 理解研学旅行的基本概念。
2. 掌握研学旅行的指导思想与学习基础。
3. 查阅研学旅行相关理论并分享个人理解。

知识框架

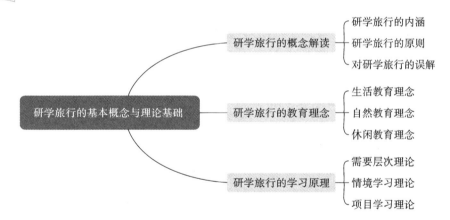

学习重点

1. 教学重点:研学旅行的概念和误解;生活教育理念;自然教育理念;休闲教育理念;需要层次理论;情境学习理论;项目学习理论。
2. 教学难点:对研学旅行的误解;生活教育理念;情境学习理论。

学习引入

2016年11月,教育部等11部门印发《关于推进中小学生研学旅行的意见》(以下简称《意见》),明确将研学旅行纳入中小学教育教学计划,与综合实践活动统筹考虑。研学旅行具有"旅行"属性，具有巨大的学生市场潜能，一经推出便受到旅行社及相关机构的广泛关注。旅行社凭借自身在食宿安排与旅行行程制定方面的天然优势，积极涉足研学旅行领域。

然而，部分旅行社在提供研学旅行服务时，存在各种各样的问题。

第一，重游轻学，忽视研学旅行的教育属性。现在，不少旅行社将重心放在旅游市场业务的扩展上，忽视研学旅行课程内容的设计。这些旅行社或者生搬硬套"春秋游"和"夏令营"的形式，简单地将行程安排代替课程内容，只求旅游行程圆满；或者主打"名校游"或"奢华游"，简单地以名校参观替代研学活动，只求经济利益。研学旅行项目"假大空"现象普遍存在，丢失了研学旅行实质性的教育内涵和教育价值。

第二，一哄而起，忽视研学旅行的规范建设。自研学旅行被官方提倡，很多旅行社为追求经济效益而不顾其他，想方设法地创办研学旅行基地（机构），或匆忙地组织研学旅行活动。但是，很多研学旅行基地（机构）存在资质参差不齐、准入门槛高低不一、组织制度杂乱无章的现象。部分研学旅行基地（机构）甚至存在人员安排混杂、职责分工不明、导师素质参差不齐等问题，直接影响着研学旅行教育活动的有序开展和实践效果。

第三，研学导师短缺，难保研学旅行的全面实施。一些旅行社起家的研学旅行机构没有进行严格的师资选拔和研学导师培训，或者让导游充当研学导师，或者临时聘用工作人员。由于缺乏充足的、合格的研学导师，在某些研学旅行中，师生比例严重失衡，甚至出现一位研学导师负责多达五十名学生的情况。这导致学生的活动体验大打折扣，人身安全存在极大的隐患。

第四，反馈缺失，难判研学旅行的实际结果。近几年，研学旅行虽然热门，但是缺少必要的反馈机制。不少学校全权委托旅行社组织研学旅行活动，只考虑学校的人力和财力，只关心多少学生参加研学旅行，只在乎学生是否安全完成研学旅行。而研学旅行之后，督促、检查、考核等工作则少有人过问。这样，研学旅行最终沦为纯粹的市场经济行为，是否取得实质性的教育效果，让人难以判断。

总之，由于思想观念的误区和项目培训的缺失，旅行社和中小学推出的研学旅行活动，常常缺乏必要的规范性和教育性。相关机构若要提供高品质、高标准的研学旅行服务，建构高质量、有意义的研学旅行课程，以此提升研学旅行的教育价值和经济价值，还需要不断加强自身的理论修养与实践能力。

案例问题：

（1）通过互联网搜索研学旅行案例，分析并整理研学导师需要具备的素养和能力。

（2）你是否接触过或组织过研学旅行？如果有，请分享你的经验与感受；如果没有，请谈谈你的期待或困惑。

第一节 研学旅行的概念解读

一、研学旅行的内涵

从宽泛意义上说,研学旅行由来已久。中国古代文人的"游学"可被视为研学旅行的萌芽。如孔子周游列国,孟子带领弟子万章、公孙丑等游历列国,荀子带弟子游稷下学宫。后来,历代书院也多延续这种教育传统。在西方国家,17—18 世纪,"大游学"(或称大陆游学)在欧洲盛行起来,被英国大学生作为毕业的最后部分。按惯例,大游学历时三年,最流行的游学路线是从法国(主要是巴黎)出发,经过意大利(热那亚、米兰、佛罗伦萨等),最后抵达德国和其他低地国家。时至今日,国外教育旅游内容丰富且形式多变。

(一)研学旅行的概念界定

为继承"读万卷书,行万里路"的人文精神,我国相关部门积极创设"研学旅行"形态的校外综合实践活动。2016 年 11 月,教育部等 11 部门发布《关于推进中小学生研学旅行的意见》,正式提出"研学旅行"概念。中小学生研学旅行是由教育部门和学校有计划地组织安排,通过集体旅行、集中食宿方式开展的研究性学习和旅行体验相结合的校外教育活动。

2016 年国家旅游局发布的《研学旅行服务规范》(LB/T 054—2016)进一步指出,研学旅行是以中小学生为主体对象,以集体旅行生活为载体,以提升学生素质为教学目的,依托旅游吸引物等社会资源,进行体验式教育和研究性学习的一种教育旅游活动。与教育部的文件定义相比,该定义提炼了研学旅行的四个核心要件(包括活动载体、活动目的、活动资源和活动性质),为中小学和旅行社合作提供了更为具体的指引。

研学旅行具有研究性学习和旅行体验的双重特性,是相关教育机构以中小学生综合素质发展为目的,专门设计、组织与实施的以"旅行"为表现形态,以"研学"为内在思维,以"集体"为生活方式,以"基地"为主要场景的校外专题性综合实践活动。其中,旅行是研学活动和基地生活的前提条件,研学是旅行实践和基地生活的核心行动,基地是研学活动和旅行实践的质量保障。三者互相关联且互相支持,共同作为研学旅行的关键文化构件。

(二)研学旅行的关键要素

整体而言,研学旅行不仅包括学校、旅行社和研学基地等物质性要素,还包括关键且重要的研学学生、研学导师、研学课程和研学管理等主体性要素。

1. 研学学生

研学旅行是一种自由行动、探究行动和实践行动。从目的的角度看,学生是整个研学旅行活动的核心要素。学生在户外参与旅行生活过程时，以轻松和自由的心态进入旅行场所，以亲身、具身和周身的方式体验场所生活，接触场所人员，参与问题解决，从而超越学校教育的时空局限。与学校教育教学情境相比，学生不再局限于刻板的学习模式、冰冷的知识内容，而是感受到真实世界与精神世界的灵动。当然，学生能否进入最佳的研学状态取决于各方的通力合作。

2. 研学导师

研学导师是在研学旅行过程中，具体制定和实施研学旅行教育方案，指导学生开展各类体验活动的专业人员。研学导师需要创新的教育思维、强大的掌控能力和深厚的教学素养，才能立足研学活动的主题、参观地区的特点和学生的兴趣，开放性地设置教学内容，有序地组织学生团队，进而引导学生实现研学活动和旅行体验的结合。作为旅行社的派出人员，研学导师需要超越导游的单一角色，融导游身份和教师角色于一体，做学生真实发展的支持者。

3. 研学课程

研学课程是研学旅行的"研学"要件。在研学课程设计方面，研学导师要围绕研学旅行的核心主题，遵循"目的—对象—方法—评价"的逻辑链条，以解决学生问题为思路框架，精心设计每个流程环节的学习目标、内容、方法和结果，构建学生集体、有序、充分、有效参与实践活动的整体方案。尤其在研学基地，导师要充分考虑基地的工作人员和环境资源等要素，细致安排研究学习活动，提高学生理解真实世界和解决问题的能力。

研学线路是研学课程的"旅行"要件。研学线路要紧紧围绕活动主题，合理选择和精心设计旅行沿途的活动地点、交通线路、住宿安排等，按连贯、紧凑、安全等要求准备和安排研学旅行活动的行程，循序渐进地达成教学目的。在研学旅行体系中，研学基地（或研学营地）是学生学习和生活的重要场所。导师要有目的、有计划和有组织地安排基地的学习行程，让学生全面体验基地式集体生活，深度参与探究式学习生活，真正达到研学旅行的要求与目的。

4. 研学管理

研学管理涉及研学学生、研学基地和研学课程等校外教育要素的动态统筹。研学导师必须全盘掌握研学旅行的时间和空间，有效地组织和管理各种人、事、物要素。更为重要且更为基础的是，研学旅行作为跳出校园物理边界的实践活动，要充分保证学生和教师的人身安全。主办方、承办方和供应方应针对研学旅行活动，分别制定健全的安全管理制度，构建完善有效的安全防控机制，明确安全管理责任人员及其工作职责，准备各项突发事件应急预案，并定期组织和实施安全演练。

（三）研学旅行的产品类型

研学旅行需要获取和使用一定的物质产品，使之成为课程设计和课程资源的载体。根据《研学旅行服务规范》，研学旅行产品分为以下类型。

1. 知识科普型

知识科普型主要包括博物馆、科技馆、主题展览、历史文化遗产、工业项目、科研场馆和动植物园等资源。通过此类研学旅行，学生将会体验广阔而真实的人类世界，增进对艰苦奋斗、精益求精、勇攀高峰、团结友爱等精神的理解,增强对自然、社会和祖国的热爱之情。通过这些研学旅行活动,学生能够更好地形成适应终身发展和社会发展需要的必备品格。

2. 自然观赏型

自然观赏型主要包括山川、江、湖、海、草原、沙漠等资源。通常而言,此类研学旅行更注重陶冶学生的自然情感,使他们感受祖国山河的美好。但此类旅行的价值并不止于此。它们还是检验学生文明旅游的考场,以及培养学生文明旅游的平台。在研学旅行活动中,学生时时处处都需要做出文明的选择(如穿着如何遵循文明礼仪,走路如何遵守交通规则,交谈如何使用文明用语,饮食如何尊重他人习惯,旅游如何适应公序良俗等),并接受教师、同学和社会公众的评价与教导。

3. 体验考察型

体验考察型主要包括农庄、实践基地、冬夏令营营地或团队拓展基地等资源。在这种仿真或真实的旅行情境中,学生将以实地考察和亲身体验的方式融入真实的社会情境,了解生态环境与社会文化的真实状态,体验集体生活与社会公德的真实影响,分析社会生活和资源开发的真实问题,甚至尝试性提出社会改造和问题化解的合理措施。通过这些研学旅行活动,学生能够更好地形成适应终身发展和社会发展需要的关键能力。

4. 励志拓展型

励志拓展型主要包括红色教育基地、大学校园、国防教育基地、军营等资源。学生通过不同的文化浸润、道德浸润和行动实践,将真切地体会社会主义初级阶段基本国情的深刻内涵,并提高自身的社会责任感和社会实践力。他们可以切身体会孝敬、诚信、勤劳、节俭等传统文化思想,并形成爱国、独立、宽容、合作等意识和态度。通过了解国情,学生将逐步增加对国家的政治、经济、社会、文化等方面的认识,逐渐理解个人成长与国家命运的息息相关。在此基础上,在研学旅行中融国家历史生活、社会现实生活、个人未来生活于一体,学生不仅能够深刻理解现今生活的来之不易,而且能够坚定对未来生活美好的期待。

5. 文化康乐型

文化康乐型主要包括各类主题公园、演艺影视城等资源。这类研学旅行资源更多地适用于小学低年级阶段。在现代社会,精神生活、休闲生活与文明建设逐渐成为人们的核心诉求。借助文化康乐资源,学生能够更加自由地释放个人的精神力量和个性,形成文明旅游意识和文明旅游习惯,以及集体观念、团队精神、责任意识等精神品格,以便更好地适应现代社会的物质文明建设和精神文明生活。

二、研学旅行的原则

(一)教育性原则

研学旅行是学校教育和校外教育衔接的创新形式,是综合实践育人的有效途径。它应当遵循"以游立德,以游启智,以游悦心,以游尚美,以游健体"[①]的理念,突破原有

---

① 殷世东,张旭亚. 新时代中小学研学旅行:内涵与审思[J]. 教育研究与实验,2020(3).

综合实践活动(包括考察探究、社会服务、设计制作和职业体验)的时间局限(固化的课时、学时安排)和空间局限(以所在社区为最大范围)。在研学旅行实践中,学生需要进入完整而自由的科学情境或生活情境,形成复杂且真实的问题解决能力,养成健康而乐观的生活习惯。

在设计研学旅行活动时,研学导师必须结合学生的身心特点、实际需要和接受能力,努力拓展综合实践活动的内容和功能,注重旅行实践的知识性、探究性和趣味性,将探究学习和旅游形态相结合,为学生全面发展提供良好的成长空间。这样,才能够让教育空间超过社区而拓展至社会,使教育时间得以延长。只有这样,学生才能拓展学习和交往范围,增强知识运用的能力,深化对学校课程的理解,促进自身身心的全面、和谐发展。

(二)实践性原则

在研学旅行中,学生需要走进自然、走进社会、走进生活,在旅行过程中开阔视野、丰富知识、了解社会、亲近自然和参与体验,形成更广阔的社会视界和更科学的文化精神。因此,研学旅行并非简单的游山玩水,而是要求学生借助必要的"研学"实践,促进书本知识和生活经验的深度融合,将学校教育与自然世界、社会生活融为一体。最终,学生以学校生活、社会生活、群体生活和个人生活为支柱,建构以研究学习、远途旅行和集体生活为主要形态的学习和交际方式,以便更加主动地适应社会生活和投入校园生活。

在组织研学旅行时,研学导师要以"探究实践、体验实践和创新实践"为原则,引导学生直接进入生产生活情境现场,进行观察、体验、记录、探究和讨论等活动,了解世界的运行状态并建构知识体系,以此激发学生的怀疑和探究精神,帮助学生养成独立思考习惯,培养学生的创新能力。研学导师还要引导学生参与交流实践,在集体中学会宽容与合作,真实地理解人际交往的基本原则(如尊重、真诚、宽容等),并合理地发展学生的组织、策划、调节和协作等素养①。

(三)公益性原则

研学旅行实践应把谋求社会效应放在首位。在实践意义上,研学旅行是中小学生广泛体验中华文化,切实认同优秀文化和深度建构文化自信的重要途径。在参观博物馆、历史文化遗产和红色教育基地的过程中,学生将身临其境,观看文物,阅读史事,理解史识,达到学史明理、学史增信、学史崇德、学史力行的目的,领会中华民族历史文化;在参与公共生活和职业体验等活动时,学生将了解国家价值目标,认识社会价值取向,培育和践行社会主义核心价值观。

在实施研学旅行活动时,研学导师要"放眼全社会",接触普罗大众、学科专家和榜样人物,为学生提供丰富的研学旅行资源。在与大众接触的过程中,学生能够感受到他们对未来美好生活的憧憬;在与学科专家接触的过程中,学生能体验到科学世界的深层本质与社会意义;在与榜样人物的接触中,学生通过想象、角色代入,增强了社会责任

---

① 张帅,程东亚.研学旅行的特征、价值与教师角色定位[J].教育理论与实践,2020(11).

感。这样，能够激发学生对自然的敬畏、对社会的尊重和对未来的期望，坚定融入社会主义现代化建设事业的理想信念。

（四）安全性原则

从某种意义上说，研学旅行将学生暴露于真实的世界，更易受到不可控因素的影响（如交通、饮食、心理）。为了保障学生的身心健康，旅行社要有完整的针对研学旅行的接待方案和安全应急预案，配备安全保障设施，建立安全保障机制，明确安全保障责任。作为研学旅行的第一责任人，研学导师必须秉持安全第一的原则，与学校教师、研学旅行机构建立紧密的联系，将安全保障措施落实到研学旅行的全部环节、全部场所和全部学生，确保学生生命安全万无一失。

三、对研学旅行的误解

当前，各种机构涌入研学旅行行业，口号形形色色，研学活动形态花样百出，活动效果参差不齐。下面将以否定的方式解读研学旅行（即"研学旅行不是什么"），以帮助读者进一步厘清研学旅行的内涵，规范研学旅行的外延范围。

（一）研学旅行不等于观光旅游

观光旅游是指旅游者游览异地他乡，欣赏当地的自然风光、文物古迹、民俗风情等，从而得到审美享受并获得愉快体验的旅游形式。观光旅游注重原始性的旅游内容，具有比较短的停留时间，提供大众化的内容讲解，因而常常给人以"走马观花"和松散无序之感。

与观光旅游相比，研学旅行坚持融合的发展理念，坚持经济效益、社会效益和生态效益、教育效益相统一的原则，推动旅游业发展与教育现代化相结合。具体来说，研学旅行突出教育教学功能，能充分挖掘旅游环境资源的文化功能和教育功能，组织更加生动而富有人文底蕴的实践活动，帮助学生理解真实的社会生活和生态意识，最终实现"旅游育人"和"旅游发展"的目的。

（二）研学旅行不等于冬夏令营

冬夏令营是在寒暑假期间，教育机构向学生提供的一套受监管的主题性游玩体验活动。通过营地安排与组织的主题教育活动（如军事、拓展、英语、艺术、科技等），参加者或磨炼精神意志，或训练野外生存技能，或锻炼人际交往能力，等等。冬夏令营通常偏重于活动体验，其游玩的程度大于学习。从某种意义上说，春秋游可被看作冬夏令营的换季简化版，通常是学校组织学生或班级参加的郊区游玩活动，其主题和目的相对简单，即让学生亲近和感受大自然，增强生态意识和环保意识，连带陶冶情操和强身健体。

与冬夏令营相比，研学旅行具有明显的知情意行和融通性。在研学旅行项目中，研学导师需要结合学生的发展诉求进行课程内容开发，组织和鼓励学生以集体生活的方式参与实践活动，引导学生积极提升思维能力、精神品质和价值观念。相应地，学生在接触自然和社会之后，要用谈话、观察、阅读、行动和思考的方式进行探究，将知识、技能、情感和情境融会贯通，促进自然、社会、他人和自我的融合，积极助力个人发展核心素养的养成。

(三)研学旅行不等于国际游学

现代意义上的国际游学是一种跨文化体验式教育模式。在游学过程中,学生通常花1—4周时间到国外,学习语言课程、参观当地名校、入住当地学校或寄宿家庭、参观游览国外的主要城市和著名景点,等等。这种教育模式强调在体验当中潜移默化地学习文化和体验人生。实践证明,国际游学在语言强化训练、人格养成教育、文化知识教育与世界和平教育等方面都具有重要的作用,有利于学生增进对不同文化的认识,培养文化宽容精神。

参照《中小学学生赴境外研学旅行活动指南(试行)》,研学旅行具有境外研学旅行的特殊形态。境外研学旅行以加强国际理解教育为目的,是根据中小学学生的特点和教育教学需要,在学期中或者假期以集体旅行和集中住宿的方式,组织中小学学生到境外学习语言和其他短期课程、开展文艺演出和交流比赛、访问友好学校、参加夏(冬)令营等活动,以开阔学生视野。与国际游学相比,研学旅行具有更强的教育目的、实践体验和集体组织等特性。

(四)研学旅行不等于拓展训练

拓展训练是一种以运动为依托,以培训为方式,以感悟和成长为目的,兼具体能和实践的综合素质教育。这种教育活动通常根据参与者的发展需求,选择或设计具有挑战性的任务活动,要求学生进行分组活动和集体合作,努力完成活动既定的目标要求(如健康素养、责任心和实践创新)。一旦学生克服困难和顺利完成要求,就会产生胜利感和自豪感。

相比而言,研学旅行是在真实环境中展开的教育活动,是一种知行合一的实践活动。学生需要在旅行游览的过程中,同时遵循问题解决的逻辑,观察、调查和研讨真实的生活情境或工作任务,综合运用多方面或多领域的知识技能,化解旅行过程中所遇到的问题。与拓展训练相比,研学旅行要求动身和动脑并行,偏重人文底蕴、科学精神、健康生活等素养的培养,表现出开放性、自主性和研究性等特点。

(五)研学旅行不等于社会实践

社会实践是学校德育教育的重要组成部分,是指学校有目的和有计划地组织学生走出校门,深入参与社会生活,广泛接触社会成员,深入了解国情民情,从而使学生养成为人民服务的品德。这种活动以体验教育为基本途径,更多地看重学生价值观念的发展,注重学生思想认识的改造。根据《教育部关于联合相关部委利用社会资源开展中小学社会实践的通知》,社会实践逐渐融入问题解决、责任担当和专题教育等元素,朝着深入影响中小学生综合素质的方向继续发展。

与社会实践相比,研学旅行倡导知、行、情并进,倡导反思性实践[①]。研学旅行是以探究和体验为主要学习方式的教育活动,强调以实践学习和问题解决为导向,引导实践

---

① 饶宁.浅谈研学旅行活动的价值与功能[J].教育科学论坛,2018(14).

者通过经验反思以获得新的能力,通过社会学习以产生新的行为,通过现场体验以生发新的情感,从而实现知、行、情的协同并进。这样,学习者不断地积累知识与行动经验,不断地与真实情境和行动主体进行对话,最终成为真正的反思性实践者。

整体而言,研学旅行实践必须坚持以下理念:创设自由开放的旅游环境;提供研究学习的真实场景;展现丰富多彩的生活世界;建立合作协商的学习组织;建造协同高效的管理体系[①]。这样,研学旅行的主体才具有自主性,研学旅行的内容才具有开放性,研学旅行的方法才具有探究性,研学旅行的取向才具有实践性。进而增强学生在现实生活情境中的"综合力"和"胜任力",最终形成良好的个人发展核心素养。

第二节 研学旅行的教育理念

一、生活教育理念

(一)杜威的"教育即生活"思想

约翰·杜威(John Dewey,1859—1952)(见图1-1),美国哲学家、教育家,实用主义的集大成者。杜威从实用主义经验论和机能心理学出发,提出了"学校即社会""教育即生活""教育即生长"等观点,赞同"儿童中心"思想,提出了"从做中学"和"思维五步"等教学观点,著有《民主主义与教育》《明日之学校》《学校与社会》等。

教育家杜威所写的《民主主义与教育》首版于1916年出版,该书提出"教育即生活"的观点。在他看来,教育是生活的必需,是一种特殊的生活方式;教育必须依赖生活并改善现实生活,使学生具备建构美好生活的知识与能力。杜威批判传统课堂教学的身心二元分离,承认学生兴趣所具有的能动地位,提出了著名的"做中学"(或"从经验中学习")思想。在教育实践中,教师应把学生的身体活动和精神活动结合起来,让学生把思维过程和动手操作结合起来,把所做的事与所发生的影响联系起来,从而帮助学生建构生动的经验系统。

图1-1 约翰·杜威

但是,"做中学"并非单纯的原则性建构,而是具有"问题解决"的思维内核。杜威提出了"经验反省模式"(或称五步式问题解决模式):①困惑、迷乱和怀疑;②推测预料,进行试

---

① 杨晓.研学旅行的内涵、类型与实施策略[J].课程·教材·教法,2018(4).

验性解释;③审慎调查,解释问题;④详细阐述试验性的假设;⑤将规划的假设作为行动计划应用到当前事态,验证假设①。这五个阶段的顺序并非一成不变,而是可以视个体的经验以及当时的问题解决情境而定的,并且每一阶段均可进一步展开。实际上,"做中学"还有更高远的价值追求——生生不息、日新月异的现代民主社会。

(二)陶行知"生活即教育"思想

陶行知(1891—1946)(见图 1-2),人民教育家,中国教育学会的联合发起人。1927年在南京创办乡村师范学校——晓庄学校,以及首个乡村幼稚园——燕子矶幼稚园,著有《中国教育改造》《教学做合一讨论集》《中国大众教育问题》等。

图 1-2　陶行知

20 世纪初,陶行知结合近代中国的实际情况,将"教育即生活"改造为"生活即教育"思想。该思想包括以下内容:现实生活才是教育的真正内容;成人需要什么,学校就应该教给儿童什么;教育必须与生活内容保持一致,才能帮助儿童过好生活。陶行知还将"学校即社会"改造为"社会即学校",争取把学校教育和社会教育融为一体。这样,儿童才能彻底地参与社会生活,真正地向社会生活学习,最终成长为现代意义上的中国人。

在教学法方面,陶行知提出了颇具时代特色、契合"生活教育"理念的"教学做合一"思想,即"教的方法根据学的方法,学的方法根据做的方法"②。根据"教、学、做合一"思想,教师需要了解真实世界中的工作模式、思维方式和操作技能,以贴合现实的方式建构课堂任务。这样,才能培养学生的社会生活能力。抛却教育对象不论,陶行知"教、学、做合一"思想与杜威"问题解决"思想有异曲同工之妙。

(三)研学旅行实践的生活之道

研学旅行秉承"生活教育"理念,将"学习生活"和"旅行生活"合一,促进学生融入真实生活。

其一,研学旅行将探究思维的发展作为内核,内嵌于广泛的社会文化生活。研学旅行寓于旅游,但不囿于旅游,而是坚持将研究学习和问题解决作为学生成长的基本逻辑结构。在研学旅行过程中,学生进入新奇、完整而真实的自然世界、社会世界或人文世界。他们可以广泛地阅览和收集真实素材,发现学科知识的本真面貌,理解学科世界的完整形态。他们也可以即时和自由地提出问题,积极地尝试理解和解决问题。在这种自由活动的氛围中,学生容易形成做事的能力,以便日后融入现代社会生活。

---

① 约翰·杜威.民主主义与教育[M].王承绪,译.北京:人民教育出版社,2001.
② 陶行知.陶行知文集[M].南京:江苏教育出版社,2008.

其二,研学旅行以集体和旅行作为基本生活方式,引导学生形成天人合一的精神境界。研学旅行是一种完全的校外生活,融自然、人事、社会为一体。在这种活动中,学生将亲历社会生活,亲近自然世界。学生要在自然状态的社会、工作和学习情境中,向他人请教、实践,并将之落实于后续活动之中。同学之间要互帮互助,共同克服集体生活中遇到的困难,解决探究活动中出现的问题。学生通过分享沿途的所见、所闻、所感及所学,学会与他人、自然和社会和谐共处,拓宽和加深对共创、共享和共生的理解①。

二、自然教育理念

(一)西方学者的自然教育思想

夸美纽斯拉开了自然主义教育的序幕。他提出"自然适应性原则",主张从自然界发展教育规律,并号召"把一切知识教给一切人"。根据《大教学论》,教学应当明确自然主义年龄的划分特征,并据此确定各阶段的能力发展目标;教学要基于博学、德行和虔信,使儿童成为身体、智慧、德行和信仰和谐发展的人。为此,他还提出了许多适应自然的教学原则,如直观性原则、循序渐进和系统性原则、自觉性和主动性原则以及量力性原则等。

让-雅克·卢梭(Jean-Jacques Rousseau,1712—1778)(见图1-3),法国启蒙思想家、哲学家、教育家。卢梭通过教育小说《爱弥儿》提出"自然天性""事物"和"人为"是教育的来源,三者良好结合方能培养真正的自然人。卢梭另著有《论人类不平等的起源和基础》《社会契约论》《忏悔录》等。

卢梭是自然主义教育的巨擘,借助《爱弥儿》有力地批判传统封建教育制度对儿童造成的伤害。他认为,教育应当以培养"自然人"为目的。所谓的"自然人"不受传统的束缚,能够按着本性发展;能独立自主,不依附于他人;具有社会适应性,承担社会责任;身心健康,具有独立思考的能力。教育要以"顺应自然"为原则,按大自然赋予的自然顺序行事,适应儿童的发展水平和个性差异,让儿童开展自由的实践活动。

图1-3 让-雅克·卢梭

(二)中国道家的自然教育思想

道家追求自然主义教育,强调培养"无为而无不为"的圣人,"原天地之美而达万物之理,是故至人无为,大圣不作,观于天地之谓也"(《庄子·外篇·知北游》)。《道德经》有言,"人法地,地法天,天法道,道法自然"。将自然作为万物运行的根本,是培养"圣

---

① 张帅,程东亚.研学旅行的特征、价值与教师角色定位[J].教育理论与实践,2020(11).

人"的根本原则。老庄强调以"不言之教"顺应"百姓"的自然天性,以"身教"为手段引导个体达到"自化"的目的。从某种意义上说,道家与卢梭具有共同的追求,即都主张人性的自然回归,按自然法则进行教育,培养自然人。

(三)研学旅行实践的自然之道

研学旅行遵循自然教育理念,以旅游形态契合学生天然的兴趣与身体需要,以研学活动切合学生天生的思考和探究能力。它以兴趣为突破口,具体地揭示和满足了学生的高级需要(如好奇心、探索、审美)。在研学旅行中,学生产生一种真正的、自我的兴趣,全身心地参与活动,并专注于他所感兴趣的现实事物或真实世界。在此过程中,学生虽然会遇到各种各样的困难和障碍,但会运用内在的自制力和外在的行动力来克服外界的困难,产生喜悦的心情和强健的体能,最终达到身心融合的状态。

研学旅行将真实世界呈现在学生面前,帮助学生以社会的方式认识社会,以自然的方式接触自然。在研学旅行过程中,学生将处于自由自在的环境中,满足多样化和多层次的旅游需求,统筹体验旅游理念、地域特色和学习交往,最终实现个人综合素质的生成。这就要求研学导师必须精细化整合和开发旅游资源,科学地制定研学旅行策略,进而构建真正适合学生发展的研学旅行活动。究其关键,研学旅行必须树立"以人为本"和"旅游育人"的理念,形成依循科学、合乎教学原理和注重品质的旅游发展方式。

三、休闲教育理念

(一)休闲教育思想

至今,国内外教育学家尚未明确究竟何为"休闲教育"。但是,他们对"为什么进行休闲教育"提出了较多积极性见解。《国际教育百科全书》中提到,休闲教育"旨在让学习者通过利用闲暇时间而获得某种变化。这些变化会表现在信念、情感、态度、知识、技能和行为方面,并且它通常发生在儿童、青年和成人的正式与非正式的教育环境和娱乐环境之中"[①]。

现代社会的人们逐渐摆脱繁重的工作,具有更多的闲暇时间。但是,有人却无所事事,蹉跎岁月。休闲教育就是从人的生活入手,摆脱日常生活的平庸,逃离空虚荒芜的精神家园。在更高的层次上,这种教育强调以乐观的方式看待生活实践,呼吁健康的生活理念,进而形成全面、平衡发展的人生追求[②]。

(二)研学旅行的休闲之道

随着学生综合素质发展逐渐被重视,旅游活动逐渐走进家长、学校和校外机构的视野。研学旅行是旅游产业落实创新精神的重要产物。相关旅行组织把重点放在中小学校,满足学生多方面的发展诉求。在研学旅行过程中,学生远离竞争的压力氛围,走进轻松、自由的交往环境。这不仅能够使学生释放课程学习压力,建立真正"劳逸结合"的

---

① 国际教育百科全书:第5卷[M].贵阳:贵州教育出版社,1991.
② 刘海春.休闲教育的实践理想[J].学术研究,2008(7).

生活方式,而且能够使学生释放人际交往压力,密切学生与家长、同学和教师的关系。

研学旅行可以联系当代中国休闲旅游的广泛内涵,创造多样、丰厚的社会效益。在经济方面,它能够提高发达地区民众的消费品质。在文化方面,它不仅对培育和践行社会主义核心价值观具有重要作用,还对中华优秀传统文化的发扬和认同具有重要意义。在生态方面,它既能引领广大群众树立保护生态环境的意识,也能带动旅游地区加大环境保护力度。

整体而言,自然教育理念指明了研学旅行的原则;生活教育理念指明了研学旅行的教育内容和教育手段;休闲教育理念体现为一种生活的教育,也体现为教学方法的革新。研学旅行只有同时坚持三种理念,才能够充分释放自身的教育价值,提高社会效益。

第三节 研学旅行的学习原理

在设计、组织和实施研学旅行项目时,研学导师应当充分理解和系统运用需要层次理论、情境学习理论和项目学习理论,以便帮助学生以"研学"的方式参与旅游,以"旅游"的心态完成研学。

一、需要层次理论

(一)需要层次理论的基本主张

亚伯拉罕·马斯洛(Abraham H. Maslow,1908—1970)(见图1-4),美国社会心理学家,开创了人本主义心理学,提出了需要层次理论,晚年为超个人心理学奠定了理论基础。著有《动机和人格》《存在心理学探索》《人性能达到的境界》等。

人本心理学家马斯洛认为,人的价值体系有两类本能的需要——生理需要与心理需要。1957年,马斯洛将人的需要分为五个层次,从低级到高级分别为:①生理的需要,包括食物、空气、睡眠和性等的需要,它们的地位最重要、最基础,也最有力量;②安全的需要,即人们需要稳定、安全、受到保护、有秩序和免除恐惧等;③归属和爱的需要,即个人与他人建立感情联系或人际关系的需要(如交朋友);④尊重的需要,一方面是尊重自己(如尊严、成就和独立),另一方面是尊重他人(如地位、威望和名誉);⑤自我实现的需要,即人们实现自己的理想和目标,获得成就感,并使之完善化。

图1-4 亚伯拉罕·马斯洛

1970年，马斯洛修订《动机与人格》一书并增加"认知需要"和"审美需要"，而后又在其著作《宗教、价值观和巅峰体验》中提出"超越需要"，相关内容如下：①认知需要，即知识和理解、好奇心、探索、意义和可预测性等需求；②审美需要，即个人欣赏和寻找美、平衡、形式等方面的需要；③超越需要，即超越个人自我的价值观（如神秘的经历和审美体验、为他人服务、追求科学和宗教信仰等经验）。由此，需要层次理论从五阶段模型转化为八阶段模型①（见图1-5）。

图1-5 需要层次模型

根据马斯洛的观点，生理的需要、安全的需要、归属和爱的需要、尊重的需要是低级需要，直接关系个体的生存，若得不到满足就会直接危及生命，因而被统称为缺陷需求；自我实现的需要是高级需要，虽不是维持个体生存所必需的条件，但是这种需要的满足能使人健康、长寿、精力旺盛，因而被称为生长需要。随着需要层次的上升，低级需要的力量逐渐减弱，高级需要的力量逐渐增强。人在出现高级需要之前，必须先满足低级需要。已经被满足的需要不再对个人行为具有决定作用；因此，若想依靠已被满足的需要来调动人的积极性，是难以获得期望的激励效果的。人的最本质需要是自我实现，即以最有效和最完整的方式来表现自我的潜在能力，这种需要一旦被满足，人就会得到高峰体验。

（二）需要层次理论的借鉴意义

现实地讲，学生都爱玩、爱探究，具有开放、灵活、自由的天性。面对未来的人生旅途，学生需要在更广阔的生活范围内找到自身兴趣、特长、创造力的释放空间，在更高层次上满足高级需要（包括认知的需要、审美的需要、自我实现的需要和超越的需要），以形成健全的人格、美好的德行和非凡的智慧。只有这样，他们才能积极适应变幻莫测的未来社会生活。

当代，通过家庭、社区和学校的协作，多数学生都能满足生理的需要、安全的需要、归属和爱的需要。但是，多数学校面临着应试教育压力，更愿意采取讲授式的课堂教学和重复性课程补习等方式提升学生成绩，而不顾甚至压抑学生的天性（如好奇、探索）和情感（如心灵领悟、求知欲望、团结协作）。这样，学生与自然世界、现实社会的接触有限，严重地影响其人际交往和解决问题等社会适应能力的发展。

正如卢梭所言，教育任务应使儿童归于自然，弃恶扬善，恢复天性。研学旅行将教育活动由室内转向户外，兼顾"游"与"学"，让学生真正走出课堂和学校。在宽松、有趣的旅行氛围中，学生能够参与真实的、自然的实践性活动，开拓视野，感受自由，展露天

---

① 亚伯拉罕·马斯洛.动机与个性[M].3版.许金声，等，译.北京：中国人民大学出版社，2007.

性,进而实现心灵、身体和情感的自由。借助研学旅行活动,学生能够满足高级需要(如好奇心、追求科学、审美体验),释放潜能。

二、情境学习理论

(一)情境学习理论的基本要义

1990年前后,教育学者让·莱夫和爱丁纳·温格提出情境学习理论。情境学习理论认为,学习不仅仅是个体性的意义建构的心理过程,更是社会性的以差异资源为中介的参与过程。只有学习者和学习情境进行互动,学习者与学习者进行互动,知识的意义连同学习者的意识与角色才能生成。传统学校教育的一大顽疾就是学生的去自我和知识的去情境,导致学生仅以知识主体的方式去理解知识形态的社会生活。所谓学习情境创设,其实质是回归真实的、融合的认知性任务状态,致力于学习者恢复完整的个人身份、角色意识和生活经验。

莱夫和温格在合著的《情境学习:合法的边缘性参与》中提出了三个核心概念。一是"实践共同体",是由从事实际工作的人们组成的"圈子",而新来者试图进入这个圈子,并从中获得圈子的社会文化实践。二是"合法的边缘性参与",其中,"合法"是指实践共同体中的各方都愿意接受新来者作为成员;"边缘"是指学习者开始只能围绕重要成员做外围工作,然后随着技能的增长而被允许做重要工作,成为圈子核心成员;"参与"是指成员只有在实际工作的参与中,才能真正地学习知识。三是学徒制,就是采用师父带徒弟的方法进行学习。

显然,情境学习强调三条原理:第一,在真实的情境中学习和使用知识,像专家一样进行专业思维;第二,以协作的方式来学习和掌握"秘诀",像专家一样进行专业实践;第三,用对话和交流去学习和学会学习,像专家一样进行专业发展。总之,情境学习的本质就是对话,在对话过程中形成个人的交往能力和做事风格,理解真实任务所具有的价值与意义。其背后的根本原则就是"要在哪里用,就在哪里学"。

(二)情境学习理论的借鉴价值

研学旅行的"旅行"之义就在于直抵本真的自然世界与生活世界。在研学旅行途中,学生既会欣赏到异域他乡的自然风光与风土人情,接触到真实的生活样态,体验到社会生活的冷暖炎凉,他会遇到各种各样的生活危机与幸福体验。"今日之花始于昨日之树,明日之果孕于今日之花。"通过丰富的研学旅行生活,学生将学会用心感受自然世界的美妙节奏,体会社会生活的纷繁复杂,进而完善个人的未来生活规划。

研学旅行的"研学"之义就在于返回现实世界。在研学旅行基地,学生将进入日常生活现场、科学研究现场或者社会历史现场,走进学科知识的发生地,跟普通群众、学科专家或服务人员进行近距离的接触,了解他们的处事过程、工作生活方式和思维创新过程。在这里,学生将会理解知识、技能与工作行动之间的关系,并在探索真实工作任务的过程中确定成长方向。

三、项目学习理论

(一)项目学习理论的基本观念

教育家克伯屈于1918年提出"设计教学法"(又称"单元教学法"),强调以与儿童生活有关的问题或事情作为教材组织的中心,由学生自发制定学习目标和学习内容,并通过自己设计和实行的单元活动获得知识与技能①。当代教育学者延续"设计"理念和方法,积极提倡项目化学习。巴克教育研究所指出,项目化学习是学生在一段时间内通过研究并应对一个真实的、有吸引力的和复杂的问题、课题或挑战,从而掌握重点知识和技能。根据达林·哈蒙德和克拉斯克的观点,项目化学习的核心要素包括:学生面对真实的问题;学生在真实情境中进行探究;学生使用小组方式学习;学生运用各种工具和资源促进问题解决;学生产生成果②。

项目式教学是从学生已有经验出发,教师在复杂、真实的生活情景中引导学生自主地进行问题分析与探究,学生通过制作作品来完成自己知识意义建构的教学模式。教师在组织项目教学时需要把握以下因素:①明确的学习主题,项目需要有明确的主题,才能有效地组织学生展开探究实践,建构知识体系并掌握技术技能;②真实的学习情境,现实的实践场景是激发学习者思考问题和产生作品的重要载体;③综合的学习内容,学生需要综合利用多方面、多学科或多领域的知识和技能,思考和解决项目中的问题和任务,形成完整的项目工作经验;④多样的学习方式,在项目完成过程中,学生需要通过实践体验、书本阅读、考察调研等途径进行学习,并努力完成与同伴、教师(或他人)之间的合作。

(二)研学旅行实践的借鉴启示

研学旅行和项目学习具有很强的相似性。从学生活动的角度讲,研学旅行把研究性学习作为核心属性,要求学生进入真实生活情境,学习问题解决的思维方式,体验现实工作的实践方式,甚至形成必要的工作结果。从研学导师设计的角度看,研学旅行是以探究为核心,以旅行为形态,以基地为载体,以体验为过程的"教育实践项目",是一种综合性的教育实践活动系统。因此,研学导师需要具备理解、设计、组织与实施教育项目等基本素质。

在项目设计过程中,研学导师需要明确研学旅行的策划、执行、管理和配合等结构框架③。具体来说,他们要学会以学生问题解决过程为核心框架,高品质地完成研学旅行项目设计。他们需要具有课程开发与实施人员的核心素养,围绕学生的综合素质发展确定活动目标,选择课程资源,设计活动方案和评价实施效果。他们也需要切实发现

---

① 吴洪成,彭泽平. 设计教学法在近代中国的实验[J]. 高等师范教育研究,1998(6).
② 夏雪梅. 项目化学习:连接儿童学习的当下与未来[J]. 人民教育,2017(23).
③ 钟林凤,谭净. 研学旅行的价值与体系构建[J]. 教学与管理(中学版),2017(11).

教育诉求,精心筹划研学主题,选择适宜的旅行场景,科学设定探究任务,适时组织交往活动,合理评价活动效果。他们还需兼顾教育和旅游属性,让学生以舒适、自由和开放的方式完成研学旅行活动,实现与学校教育课程教学的必要衔接,促进学生经验系统的"生态转变"。

整体而言,以上三种理论构成了研学旅行的思维框架:需要层次理论解决"相关机构凭什么组织研学旅行"的问题;情境学习理论解决"中小学生怎么参与研学旅行"的问题;项目学习理论解决"研学导师怎么组织与实施研学旅行"的问题。只有具备这些理论素养,研学导师才能够科学、有效、合理地设计研学旅行活动,保证研学旅行的品质。

> **本章小结**
>
> 研学旅行继承并超越了传统游学的特质。它具有探究学习和旅行体验的双重特性,是相关教育机构以中小学生综合素质发展为目的,专门设计、组织与实施的以旅行为表现形态,以研学为内在思维,以基地为主要载体的校外专题性、集体性综合实践活动。整体而言,研学旅行包括研学学生、研学导师、研学线路、研学课程和研学管理等核心要素。
>
> 当前,研学旅行的口号形形色色,形态花样百出,效果参差不齐。研学旅行机构和研学导师都要明确:研学旅行既不等于冬夏令营,又不等于国际游学,也不等于拓展训练,更不等于社会实践。研学旅行必须坚持其"旅行"形态和"研学"内核,以助力学生综合素质的发展。
>
> 研学旅行需要树立自然教育、生活教育、休闲教育等理念,跳出课堂教学和学科实践的范围,以更广阔的视野审视学生全面发展的诉求,以更自由的心态建构学生身心和谐的愿景和路径。
>
> 研学旅行导师需要掌握研学旅行的学习原理(需要层次理论、情境学习理论、项目学习理论),才有可能合理且有效地设计、组织和实施研学旅行项目,带领学生以"研学"的方式参与旅游,以"旅游"的心态完成研学,帮助学生建构良好的内心世界。

课后训练

一、选择题

1. 根据需要层次理论,下列哪项属于人类的高级需要?(　　)
   A. 食物　　　　B. 安全　　　　C. 尊重　　　　D. 自我实现
2. 杜威提出了许多教育观点,不包括下列哪项?(　　)
   A. 社会即学校　　B. 教育即生活　　C. 教育即生长　　D. 做中学
3. 卢梭在《爱弥儿》中提出的教育目的是培养什么人?(　　)
   A. 社会人　　　B. 自然人　　　C. 辩论家　　　D. 绅士

二、简答题

1. 举例说明研学旅行的核心要素是什么。
2. 概述杜威"做中学"思想的基本内容。

三、分析题

运用情境学习理论解释,为什么传统学校课堂教学难以培养出具有创造性品格的专业人才?

四、案例分析

某市矿产资源丰富,拥有悠久的矿山开采历史,散布着众多的艺术加工企业,并建有矿石文化博物馆。红星小学接到市教育局《关于全市中小学开展研学旅行的通知》后,积极组织教师设计研学旅行课程——"矿山文化之旅",包括系列校本教材《矿山资源与采矿历史》、周末矿石博物馆参观游览、暑假矿石加工厂动手体验等活动。在项目设计过程中,该校积极联系博物馆和加工厂,加强课程内容的设计。博物馆和部分加工厂也同意派出部分技术骨干,指导学生进行参观游览、探索历史和加工体验活动。该小学设计完成全部研学旅行内容后,要求全体学生参加本项研学旅行活动,以感受当地矿石文化,继承当地矿工精神。

问题:

红星小学运用了什么学习理论组织"矿山文化之旅"活动?这项活动具有什么特征?

第二章 研学导师概述

学习目标

1. 了解研学导师的发展历程与发展趋势。
2. 掌握研学导师的概念、基本职责及分类。
3. 熟悉研学导师的能力与职业道德。
4. 熟悉研学导师的工作原则。

知识框架

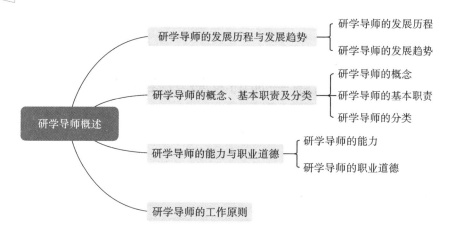

学习重点

1. 教学重点：研学导师的概念、基本职责及分类，研学导师的能力与职业道德。
2. 教学难点：研学导师的概念、基本职责。

2016年11月，教育部等11个部门联合印发了《关于推进中小学生研学旅行的意见》，要求各地加快推行研学旅行活动，由此开启了全国研学旅行的新纪元！

然而，研学旅行怎样做才能避免"只游不学"或"只学不游"的现象？在研学过程中，如何设计课程方案并有效实施？如何通过研学旅行真正提升青少年素养？如何融合多学科专业知识，为研学旅行注入持久的生命力？

这些，都需要依靠研学导师来完成！

研学导师作为一个新兴职业，是研学旅行设计和实施的主导者，直接影响研学旅行实施效果和整体质量，是研学旅行的关键要素。在研学旅行中充分发挥研学导师的引领作用，不仅能够让学生自主、自愿、深入地获得知识，还能潜移默化地培养学生的综合能力和整体素质，达到健全人格的目的。

研学导师是研学活动实施的关键因素，决定研学活动是否能够顺利开展以及研学活动开展的效果。那么，到底什么样的人才能称为研学导师？研学导师的职责是什么？研学导师又有哪几种类型？研学导师需要具备哪些能力和职业道德？研学导师的工作原则是什么？本章将会给出答案。

第一节 研学导师的发展历程与发展趋势

一、研学导师的发展历程

（一）研学导师的过去

1. 古代的游学导师

我国的研学旅行源远流长，可追溯到春秋战国时期的"游学"，即古代士子到异地游历和求知的教育文化活动。"游学之事甚古，春秋之时已盛，及至战国。"①"自孔孟以来，士未有不游。"②在中国古代，文人一向有游学之风，"游学博闻，盖谓其因游学所以能博闻也"。所谓"读万卷书，行万里路"，乃是古人追求的治学最佳方式。因此，研学导师也可以追溯到古代的游学导师。

孔子是儒家学派的开创者，在其一生中，除了短暂的为官时间之外，游学占据了大量的时间。公元前497年，孔子因在鲁国无法实施政治抱负，遂率弟子们周游列国，先

---

① 商衍鎏.清代科举考试述录[M]北京：生活·读书·新知三联书店，1958.
② 史伟.宋元诗学论稿[M]上海：上海远东出版社，2012.

后到过卫国、曹国、宋国、郑国、陈国、蔡国、楚国,考察各国的风土人情,宣传礼乐文化。弟子们跟随他遍访都邑,在困顿中感悟人生,开阔眼界,增进学识,了解民风政情,形成了以"道德践履,仁爱贵和,精思善疑,平等民主"为核心的游学思想。孔子是古代游学活动的开创者,也是我国现代意义上研学旅行的奠基者。孟子和荀子是战国时期儒家学派的代表人物,也是当时游学活动的倡导者与践行者,从游弟子众多,先秦时期的诸子百家大多都是在游学中成长,并以此教育学生的。

如果把孔子等教育家和他们的学生看作一个游学团队的话,孔子的身份与其说是一个游学者,不如说他更像一位游学导师。在"从游"过程中,学生与老师密切交往,近身观摩,耳濡目染,有助于知识的内化和品德的塑造。孔子尤其注重言传身教对学生的影响,他不仅系统地阐述了"其身正,不令而行,其身不正,虽令不从"的思想内涵,而且率先垂范,以身示教,成为中国古代师道文化的拓荒者。在周游列国的过程中,他在真实的社会情境中向学生阐述做学问、做人、治国理政的理念和方法,弟子们也是边学习、边研究、边实践,在行程中参与了很多国家的重要政治、军事事件的谋划。显然,他的弟子们在周游列国的过程中学到了在学堂中无法学到的实践知识,对他们各自学术思想的形成起到了不可替代的作用。

2. 近代的修学导师

修学旅行是指近代中国在半殖民地半封建社会背景下,政府及相关教育团体或个体为救亡图存而发起的教育旅行活动。作为一种新颖的教育方式,修学旅行在民国时期得到官方的支持。如黄炎培在安徽省立第二师范时于每年春秋两季组织学生修学,实地了解历史、地理知识。北洋政府教育部于1917年4月曾颁布《各学校假期修学办法》,要求师范学校应组织调查、采集、旅行等活动。1919年又出台了对资助各类学校进行修学旅行活动者予以嘉奖的条令。

1933年,在陶行知"生活即教育"理论指导下,新安小学校长汪达之在该校学生中挑选7人组成新安儿童旅行团,到上海旅行宣传40余日,开创了近代中国儿童修学旅行的先河。旅行团成员既切身体验到摩登都市的繁华,也见证了帝国主义入侵的国耻印迹,他们以修学旅行的独特方式增进爱国情怀。此后,汪达之又于1935年组建更大规模的新安旅行团,旅行团数年内走遍了南至广东湛江、北抵内蒙古百灵庙、东至黄海之滨、西达甘肃兰州的大半个中国,足迹遍及22个省市,从而将新安小学"知行合一"的办学理念传播至大江南北,并与抗日救亡的时代洪流高度结合①。

新安儿童旅行团由乡村赴沪从事短途修学游历活动,旅行团的儿童见证了20世纪30年代上海繁荣的工商业,并在切身体验新生活的同时,感受到了日益加深的民族危机和社会矛盾。新安儿童旅行团是在日本加紧对中国的侵略、国难深重的背景下进行的,打破了区域的限制,首创全国修学旅行。汪达之不仅自始至终随团担任顾问,而且借助恩师陶行知在社会各界的人脉资源,为儿童在旅途中争取寄宿、减免车费、聘请教师。这一时期的修学旅行推动了近代中国社会教育制度和社会生活方式的变革。陶行知和汪达之都可以看作团队的修学导师,他们带领学生实践着双重使命:一面宣传抗日救国,一面通过修学旅行,到社会的大课堂里进行"教、学、做"。虽然在全国范围内修学

---

① 徐蕾.汪达之研究[D].扬州:扬州大学,2018.

活动开展的时间较短、影响较小,但它的出现意义重大。

知识链接

陶行知是我国近代具有影响力的教育家,他提出的生活教育理论——"生活即教育""社会即学校""教学做合一"在国内外产生了重要影响,对当今的教育实践仍有重要的指导意义。1929年6月6日,陶行知为了实践他的生活教育理论,在江苏淮安创办了新安小学,学校成立不久,日本加快了侵略中国的步伐,国内形势也急剧恶化。生活教育理论指出"有什么样的生活就有什么样的教育",在此背景下,"生活教育"就变成了"抗战教育"。

1933年10月22日,在时任校长汪达之的努力推动下,由7名学生组成的新安儿童旅行团从新安小学出发,开始了近两个月的修学旅行。新安儿童旅行团此行的目的地是镇江和上海,陶行知在上海接应,专门安排了行程。他们在50天的时间里看江南风光,观察、学习沿途地理、风俗、民情,了解近代工业文明,旅途中学生们互相帮助,增进了感情,学到了很多在校园里学不到的知识。学生们还参观了英、法、日占领的上海租界、淞沪抗日战场,了解爱国军民奋起抗战的英勇事迹,增强了学生们的国家意识、民族情感,开创了我国近代修学旅行的先河。

新安儿童旅行团的成功在社会上引起了巨大的反响,也使校长汪达之进一步感受到社会实践对学生成长的重要性。而随着日本帝国主义侵略的加深,国难日益深重,汪达之更加感到应当让学生们走出校门,承担更大的社会责任,参与抗日救亡运动。为了扩大影响,他决定组织一个更大的旅行团,将活动范围扩展到全国。在艰辛的筹备和各界人士的热情支持下,以宣传抗日救亡为主题的新安旅行团于1935年10月10日正式成立并出发。在此后的17年时间里,新安旅行团在抗战的洪流中逐渐壮大,足迹遍及上海、南京、北京、兰州、西安、武汉、桂林等城市和内蒙古,以及西北、西南等少数民族地区,行程两万多千米,被誉为"中国少年儿童的一面旗帜"。从出发之日到抗战结束,他们所到之处都播下了抗日救亡的火种,新安旅行团的长途修学旅行,是在国家危亡时期的一次伟大壮举。

(二)研学导师的现状

1. 研学导师的产生

2016年11月,教育部等11个部门印发了《关于推进中小学生研学旅行的意见》,提出将研学旅行纳入中小学教育教学计划,后续发布的多项重要文件都对研学旅行提出了明确的要求。随着国家层面对研学旅行的不断推进,各地政府的大力扶持,研学旅行在我国广泛兴起。基于研学旅行兼具教育、旅游和校外体验等多重属性,由专业人员承担活动的组织和实施是研学旅行的必然要求。同时,研学产品包含深刻的教育理念、丰富的学习环境、生动有趣的课程等内容,普通导游和教师无法独立完成研学旅行产品的研发任务,亟须"教育+""导游+"复合型研学导师人才,既懂旅行知识又有较强组织协调能力的研学导师这一职业应运而生。

2. 现阶段研学导师存在的问题

研学导师在整个研学活动的实施中占据重要地位,而在当前研学活动具体实施过程中,研学导师的配置不足和质量不高是研学实践的突出问题。现阶段研学导师主要有以下问题。

第一,研学导师的界定与分类问题。关于研学导师的含义,学界众说纷纭,莫衷一是。由于不同的研学导师发挥的作用不一样,其划分和界定方法也不一样,比如有的研学机构把研学导师分为研学旅行导师和研学指导教师;有的划分为中小学研学导师、服务机构研学导师和研学基地(营地)研学导师;还有的划分为营地导师和校内导师等。

第二,研学导师的培养与选拔问题。当前,研学导师的选拔欠缺完备的标准,这使得研学导师的岗位核心素质和能力无法得到保证。研学导师有其独特的职业特点和任职要求,不能简单地和某一类似职业画等号,必须建立起独立的专业的培养和选拔模式。

第三,研学导师教学能力与素养问题。目前,很多研学导师由于教育认知缺乏,在研学过程中施教能力较弱,导致研学活动的教育效果欠佳。在研学旅行具体实施中需要大量高素质的专业性人才作为支撑,研学导师怎么指导学生,如何走出书本、面向实践,都需要进行专业上的规范。

目前,由于研学导师职责的不确定性,从业人员参差不齐,没有专业的监督评价标准,这些都意味着研学导师还没有专业化、职业化。复合型研学导师的培养是研学旅行创新及转型升级的核心,也是国家关于高等教育深化产教融合的内在要求。好在各级政府部门、专家学者、行业主要机构都在积极着手制定研学旅行行业规范和研学导师职业技能标准。2018年武汉市旅游发展委员会和武汉市教育局率先发布了《武汉市中小学生研学旅行标准编制》,对研学导师的必备条件包括专项资质、课程实施能力、安全与应急处理方面等均做了基本要求。2019年教育部在《普通高等学校高等职业教育(专科)专业目录》中增补了旅游类"研学旅行管理与服务"专业,逐步推进研学导师培养的专业化、正规化和职业化。我们有理由相信通过制订相应的标准化培训计划、目标和内容,培养更多合格的研学导师是指日可待的。

二、研学导师的发展趋势

研学导师是因为研学旅行的发展而衍生出的职业,因此,研学导师的发展趋势与研学旅行的发展趋势是息息相关的。研学旅行不同于课堂教育,不同不仅体现在教育形式的改变,还体现在研学旅行是教育与旅游两个行业的深度融合。在这个大背景和大趋势下,研学导师的发展趋势表现在以下几方面。

1. 研学旅行教育目标与整体教育目标一致,研学导师提前介入学生教育

学生教育是一个长期的过程,对学生能力的培养也是循序渐进的。研学旅行虽然不同于课堂教育,但其目的也是向学生传授知识,培养学生能力,因此不能将研学旅行的教育目标置于学生总体教育目标之外,而是要一开始就把研学旅行活动纳入整个学生培养计划,使研学旅行的教育目标与整体教育目标一致。研学导师是研学旅游活动开展的关键,也是研学"课堂"的教师,为了使研学活动的主题更加契合课堂教育,使两者能够相得益彰,研学导师需要了解课堂教育的目标和内容。因此,研学导师需要提前介入学生教育,参与教学计划的编制,与学校领导、任课老师进行深入的交流,从学生培养的层面全面介入进来。

2. 研学导师是"教育+"复合型人才,实行教育和旅游专业素养"两条腿走路"

不同于学校课堂教育,研学旅行教育是一种结合特定的外部实践环境开展的教育活动。课堂教育的学科知识相对比较单一,教学环境相对稳定,而研学旅行活动除相关的学科知识外,涉及与景点或活动开展环境有关的知识,其教学环境也是动态的、多样的。根据情境学习理论,学生通过实践活动可以促进对相关知识的学习和理解,学生与环境的交互还可以激发学生的学习兴趣和学习动力。因此,为使研学旅行活动取得更好的效果,不仅要求研学导师具有教育专业素养,还要求研学导师具有旅游专业素养,能够利用好研学旅行活动开展的环境,使学生与环境的交互更为高效。

3. 研学旅行增加环境交互,研学导师授课技巧更需多样化

课堂教育主要是老师和学生的互动,而研学旅行活动还涉及学生与环境的交互,所以研学活动中的授课技巧同课堂教育是不一样的。此外,不同类型的研学活动和不同的环境也使研学导师的授课技巧有所不同,例如,劳动教育类的研学活动和去地质公园开展的研学活动使用的授课技巧是完全不一样的,前者更侧重于实际操作,而后者则主要是结合环境实物来讲解地质科学方面的知识。研学活动类型和不同的研学环境要求研学导师的授课技巧必须更加灵活、更加多样,只有这样才能使学生更高效地吸收知识,更好地实现教育目标。

4. 研学活动类型和内容多样化,研学导师分类更趋精细化

研学旅行活动的类型较多,涉及的学科知识和教育目标也是多种多样的,在不同的研学旅行活动开展环境中授课技巧也有很大的差别,研学导师不可能熟悉所有的学科知识和所有的研学环境以及相应的授课技巧。按照学科对研学导师进行分类,只考虑到学科知识,而忽略了教育和旅游环境交互下应具备的教学技巧;按等级划分则类似于导游分类方式,无法根据研学活动类型和学科知识来进行划分,无法促成研学导师的专业化。因此,对研学导师类型的细分也是未来研学导师的发展趋势,类型的细分既能为研学导师的培养规范化提供帮助,又能提高研学导师的专业化水平。

第二节 研学导师的概念、基本职责及分类

一、研学导师的概念

实施研学旅行活动的关键在研学导师,与传统的大众旅游不同的是,研学旅行的服务对象是中小学生,研学旅行的主要目的是教育,对于服务的要求也有所不同。研学导师除掌握丰富的知识外,还应了解教育规律,具备基本的教育能力和专业的授课技巧。研学项目很多都具有科普性质,需要结合历史、地理、生物等学科知识进行讲授,并加强

趣味性以吸引学生参与。

在日常实际工作中,研学导师与研学旅行指导师、研学旅行辅导员等概念一起使用,实际上指的是同一类人员。在2016年11月教育部等11部门印发的《关于推进中小学生研学旅行的意见》中明确提出"各地要成立由教育部门牵头,发改、公安、财政、交通、文化、食品药品监管、旅游、保监和共青团等相关部门、组织共同参加的中小学生研学旅行工作协调小组","旅游部门负责审核开展研学旅行的企业或机构的准入条件和服务标准"。在部分省、市教育厅发布的《关于推进中小学生研学旅行的意见》中直接使用了"研学导师"这一概念。黑龙江省教育厅等10部门发布的《中小学生研学旅行的意见》第四点"任务措施"中明确表示,应至少为每个研学旅行团队配置一名研学导师,研学导师负责制订研学旅行教育工作计划。在带队老师、导游员等工作人员的配合下,提供研学旅行教育服务。广东省教育厅等12部门发布的《中小学生研学旅行的意见》第四点"主要任务"中规定,要有计划地培养一批研学旅行导师队伍,研学旅行导师要接受组织开展研学旅行的主题确定、组织管理、后勤保障、安全管理和突发事件应急处置等方面的专业培训。山东省教育厅、四川省教育厅、南昌市教育局、抚州市教育局、青岛市教育局、长沙市教育局、张家界市教育局等在其发布的《中小学生研学旅行的意见》中都使用了"研学导师"这一概念。

2016年12月19日国家旅游局发布《研学旅行服务规范》(LB/T 054—2016),新规对服务提供方、人员配置、研学旅行产品、服务项目以及安全管理等几大类内容进行了详细规定。《研学旅行服务规范》不仅明确了"研学导师"这一专业术语,还对"研学导师"下了定义:研学导师(Study Tutor)是在研学旅行过程中,具体制定或实施研学旅行教育方案,指导学生开展各类体验活动的专业人员。在开展研学旅行活动时,要求每个研学旅行团队应至少设置一名研学导师,研学导师负责制订研学旅行教育工作计划,在带队老师、辅导员等工作人员的配合下提供研学旅行教育服务。

综上所述,"研学导师"这一概念不仅得到了各级教育主管部门的认可,也得到了各级旅游主管部门的认可,并在教育和旅游领域广泛使用。

关于研学导师的概念,我国学术界还没有统一的定论,代表性的表述有两种:一是,徐明波认为"研学旅行导师是研学旅行中担负起活动组织、景点介绍、人员协调、指导学生开展研究性学习等任务的复合型专业人才"[①]。二是,刘喜、吴超认为"研学旅行导师是一个既具有导游服务能力又具有教育教学水平的新兴职业人员,它服务于中小学生群体,是研学实践工作中的带队核心人物"[②]。

由此可见,研学导师是具体设计或实施研学旅行教育方案,指导学生开展研学旅行的专业人员,服务于中小学生,是具备导游服务能力和教育教学能力的复合型专业人才。

开展研学旅行的目的是让广大中小学生在研学旅行中感受祖国大好河山,感受中华传统美德,感受中国文化的魅力,感受改革开放的伟大成就,传承红色基因,增强对坚定"四个自信"的理解与认同;同时让学生学会动手动脑,学会生存生活,学会做人做事,促进其身心健康,促进其形成正确的世界观、人生观、价值观,培养他们成为德、智、体、

---

① 徐明波.研学旅行的德育创新与实现路径[J].思想政治课教学,2019(4).
② 刘喜,吴超.试探研学实践背景下研学旅行导师的培养与认定[J].旅游纵览,2019(3).

美、劳全面发展的社会主义建设者和接班人。研学导师在这个过程中起到十分关键的作用，因此，研学导师应严格自我约束，规范职业行为，加强自我修养，以德立身、以德立学、以德施教、以德育德、立德树人，努力当好学生健康成长的指导者和引路人。

二、研学导师的基本职责

研学导师是在研学旅行过程中，负责带领学生、组织活动、传授知识、引导学生学习和思考的专业人员。在这个过程中，研学导师既要履行教师的职责，针对研学课程目标讲解知识，同时也要履行导游的职责，带领学生开展活动，要巧妙地将学习和旅行结合在一起。研学导师一方面为中小学生提供导游相关服务，另一方面还要提供研学旅行教育教学服务。研学导师是一个既具有导游服务能力又具有教育教学水平的新兴职业，服务中小学生群体，是研学实践工作中的核心人物。因此，研学导师的基本职责可概括为以下几个方面。

（1）按照不同学段和地域特点，设计与研发研学旅行课程；

（2）根据研学旅行承办方与主办方签订的合同，制定并实施研学旅行教育方案，指导学生开展各类体验活动；

（3）保护学生的人身和财物安全，处理研学旅行过程中遇到的突发事件，做到"活动有方案，行前有备案，应急有预案"；

（4）根据研学旅行团队接待运营情况，做好相关的协调工作，督促和配合有关部门安排好学生的交通、食宿等事宜，确保研学旅行活动顺利实施；

（5）指导学生开展研学旅行活动，耐心解答学生提出的问题，将"课程思政元素"融入教育教学全过程，自觉做到"三全"育人，做好学生学习评价反馈和个人工作总结反思。

研学导师基本职责如图 2-1 所示。

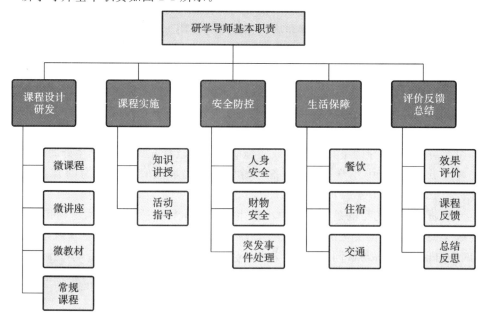

图 2-1　研学导师基本职责

三、研学导师的分类

(一)研学导师分类的依据

研学导师分类主要依据国家有关部委、省市教育厅(局)的行政公文、行业标准以及教育部认定的企业标准。主要依据的行政公文有教育部等11部门印发的《关于推进中小学研学旅行的意见》、教育部发布的《中小学德育工作指南》《中小学综合实践活动课程指导纲要》以及各省、市教育厅(局)等部门发布的《关于推进中小学研学旅行的意见》。主要依据的行业标准是国家旅游局发布的《研学旅行服务规范》(LB/T 054—2016)、文化和旅游部人才中心发布的《研学旅行指导师职业能力等级评价标准》、教育部职业教育中心研究所正式公布的《参与1+X证书制度试点的第三批职业技能等级证书标准(试行版)》以及由教育部职业技术教育中心研究所发布、由亲子猫(北京)国际教育科技有限公司制定的《研学旅行策划与管理职业技能等级标准》。

(二)研学导师的分类

1. 按委派单位来划分

按照委派单位的不同,可将研学导师分为旅行社研学导师、基地(营地)研学导师、其他类研学导师。

旅行社研学导师是指取得研学旅行策划与管理职业技能等级证书,接受符合《研学旅行服务规范》(LB/T 054—2016)所规定旅行社的工作安排,按照与主办方签订的合同要求,制定并实施研学旅行教育方案,指导学生开展各类体验活动的专业人员。

基地(营地)研学导师是指取得研学旅行策划与管理职业技能证书,接受教育、旅游等各级主管部门认定的研学旅行基地(营地)的工作安排,按照与主办方或承办方(旅行社)签订的合同要求,制定并实施研学旅行教育方案,指导学生开展各类体验活动的专业人员。

其他类研学导师是指取得研学旅行策划与管理职业技能等级证书,接受各级教育主管部门认可的符合开展研学旅行条件的其他类服务提供方(如旅游景区、博物馆、图书馆、高等学校等)的工作安排,按照与主办方或承办方(旅行社)签订的合同要求,制定并实施研学旅行教育方案,指导学生开展各类体验活动的专业人员。

2. 按职业性质划分

按照职业性质的不同,可将研学导师分为专职研学导师和兼职研学导师。

专职研学导师指取得研学旅行策划与管理职业技能等级证书,被旅行社、基地(营地)等单位正式聘用,签订劳动合同,制定并实施研学旅行教育方案,指导学生开展各类体验活动的专职人员。

兼职研学导师指取得研学旅行策划与管理职业技能等级证书,不以研学导师为主要职业,利用业余时间被旅行社、基地(营地)等单位临时聘用,从事制定并实施研学旅行教育方案,指导学生开展各类体验活动的专业人员。

3. 按技能等级划分

根据《研学旅行策划与管理职业技能等级标准》，研学旅行策划与管理职业技能等级分为初级、中级和高级，三个级别依次递进，高级别涵盖低级别职业技能要求。

初级：主要职责是能为中小学生提供基础性安全落实、教学引导和服务管理，对中小学生进行基础性实践教育。

中级：主要职责是能够在履行初级职责的基础上，为中小学生提供针对性安全管理、教学辅导和策划管理，对中小学生进行实践教育，掌握课程策划和设计等新知识、新技能。

高级：主要职责是能够在履行中级职责的基础上，掌握中小学生的身心发展特点与培养方法，能对低级别研学旅行策划与管理进行培训、指导。掌握安全机制、教学指导、运营管理的知识、技能及素养。

《研学旅行指导师职业能力等级评价标准》共设四个等级，由低到高分别为四级研学旅行指导师、三级研学旅行指导师、二级研学旅行指导师、一级研学旅行指导师，四个级别依次递进，高级别涵盖低级别职业技能要求。每个等级均包括专业概况、基本要求、工作要求和考核比重四个方面。要求研学导师具备较强的语言表达能力、旅行服务能力、教育教学能力和课程研发能力；具有较强的学习、组织、沟通、应变、管理等能力。

 知识链接

"1+X"证书制度及研学旅行策划与管理（EEPM）职业技能等级证书

2019 年初，国务院印发《国家职业教育改革实施方案》（以下简称《方案》）。《方案》要求，从 2019 年 4 月开始，在职业院校、应用型本科高校启动"1+X"证书制度试点工作。"1+X"证书制度（见图 2-2）鼓励学生在获得学历证书的同时，积极取得多类职业技能等级证书，这是促进技术技能人才培养培训模式、评价模式改革以及提高人才培养质量的重要举措。

图 2-2 "1+X"证书制度

2020 年 1 月 22 日，教育部职业技术教育中心研究所发布《关于确认参与 1+X 证书制度试点的第三批职业教育培训评价组织及职业技能等级证书的通知》，亲子猫（北京）国际教育科技有限公司参与了"1+X"证书制度试点的第三批职业教育培训评价组织并成为该证书制度试点单位。

研学旅行策划与管理（Educational Excursion Planning & Management，简称 EEPM）的主旨是全面贯彻党的教育方针，落实立德树人的根本任务，推进社会实践教育，提升研学导师的职业技能，主要针对中小学研学实践教育教学的内容目标和人才培养需求，涵盖项目策划、安全管理、实施服务、课程管理、运营管理等方面的内容。

EEPM职业技能等级证书是参与"1+X"证书制度试点的职业技能等级证书名称,其对应的标准由第三批职业教育培训评价组织负责起草,开发相应教材,开展师资培训,制定考核大纲、题库开发实施细则,指导考核站点建设,组织实施职业技能等级考核,颁发研学旅行策划与管理(EEPM)职业技能等级证书,并及时对接录入职业技能等级证书信息管理服务平台,对接职业教育国家学分银行,配合对与证书对应的学分银行学分进行认定。

第三节 研学导师的能力与职业道德

一、研学导师的能力

研学导师作为研学旅行活动的灵魂,其个人素养与能力影响着整个研学旅行活动的质量。研学旅行活动能否顺利开展以及研学旅行的育人效果是否能落到实处,都与研学导师的素养密切相关。自2016年教育部等11部门出台《关于推进中小学生研学旅行的意见》以来,各地各部门也纷纷推出各项标准来规范和引导中小学生研学旅行活动的组织与实施。从这些出台的标准中,我们不难发现研学导师所应具备的职业素养。2019年2月中国旅行社协会与高校毕业生就业协会联合发布相关服务标准《研学旅行指导师(中小学)专业标准》(T/CATS 001—2019),从专业态度、专业知识、专业能力、持续发展四个层面规定了研学旅行指导师应具备的工作素养。2020年4月亲子猫(北京)国际教育科技有限公司制定的《研学旅行策划与管理职业技能等级标准》也对研学导师的专业能力进行了界定,将研学导师的职业技能等级划分为三个层次。初级研学旅行策划与管理职业技能主要体现在安全落实、实施引导、服务管理三个层面;中级研学旅行策划与管理职业技能主要体现在安全管理、实施辅导、策划管理三个层面;高级研学旅行策划与管理职业技能主要体现在安全机制、实施指导、运营管理三个层面。2020年10月30日,由中国教育国际交流协会制定的《中小学生研学旅行实施规范》(以下简称《规范》)正式发布,《规范》中提出,研学导师应具备教育教学、法律法规、安全急救等专业知识与整合知识、开发课程、总结协调、开发评价等专业能力。

以上标准和规范,尽管细节上有所差别,但基本都认为作为兼具教师与导游双重身份的复合型专业人才,研学导师一方面要为中小学生提供研学旅行教育教学服务,另一方面还要做好导游相关服务,研学导师的工作素养也主要体现在教育教学能力和导游服务能力这两方面。具体来说,研学导师应当具备扎实的研学旅行专业知识与能力、较强的讲解与表达能力、良好的组织协调与应变能力、积极的教育引导能力以及实践探究精神与反思能力等。

1. 扎实的研学旅行专业知识与能力

研学导师应具备的专业知识主要体现在以下七个方面。

(1) 了解中小学教育教学的基本原理和方法,掌握相关专业基础知识、基础理论和基本技能;

(2) 了解研学旅行目的地、实践点、基地(营地)的基本情况;

(3) 了解保护中小学生的相关法律法规;

(4) 了解政治、经济、历史、地理及文化、民俗等方面的通识性知识;

(5) 熟悉与研学旅行相关的政策与法律法规;

(6) 熟悉与研学旅行活动课程相关的教育技术;

(7) 掌握基本的安全急救知识和灾害应急常识。

研学导师应具备的专业能力主要体现在以下四个方面。

(1) 应具有跨学科知识整合能力;

(2) 应具有课程资源开发和教学方案设计的能力;

(3) 应具有较强的活动组织实施能力;

(4) 应具备课程总结评价能力。

2. 较强的讲解与表达能力

在研学过程中,研学导师作为知识的传授者、研学对象的讲解者,必须具备较强的讲解与表达能力。研学导师除了要准确表述景观事象和内在基本原理,在讲解过程中,还需考虑听众的认知能力与知识储备,尽量使用通俗易懂、简洁明了、中小学生易于接受的语言。语言风格上还要尽量富有艺术性、亲和力和幽默感,营造一个比较轻松、有趣、愉快的氛围。这就要求研学导师综合运用置疑法、叙述法、突出重点法、触景生情法、制造悬念法、类比法、画龙点睛法等方法帮助学生理解研学对象。描述性语言的词藻美、叙述性语言的流畅美、置疑方式的得体美、缩距技巧的熨帖美、点化技巧的升华美应该在其语言中得到体现①。

3. 良好的组织协调与应变能力

在研学实践活动中,研学导师的活动组织能力影响着研学活动的开展效果。研学导师只有熟练掌握活动组织技能与技巧,才能组织好研学实践活动,让学生的研学活动更具体验性。研学旅行是一项集体出行的活动,研学活动的顺利开展需要学校、研学基地、旅行社等多方的参与,这要求研学导师需要具备较强的协调能力,要能处理好与各方之间的关系②。研学导师在研学课程开展过程中承担着多重角色,除担任研学课程指导教师与导游外,研学导师还是负责班级安全管理与应急处置的安全员,是负责班级纪律管理、后勤管理、学生身心健康管理的班主任。这就要求研学导师必须具备较强的应变能力,能够迅速适应身份的随时转变。加之研学旅行在开放的空间中开展,难免会

---

① 曲小毅,孟妍红. 试论研学导师在课程开发和实施中应具备的素养、能力及方法[J]. 黑龙江教师发展学院学报,2020(4).

② 卢丽蓉. 论旅行社在研学旅行中的"内功修炼"——以武汉为例[J]. 旅游纵览,2020(12).

出现一些无法预料的突发情况,这也要求研学导师能够及时发现并灵活处理纷繁复杂、紧急突发的各类事务,具备预防、化解、处理突发事件的能力,掌握急救常识和具备常规急救能力。

4. 积极的教育引导能力

作为中小学教育的重要组成部分,研学旅行本质上是带着教育目的的校外综合实践活动,是一种教学活动。研学导师不同于一般的导游人员,在本质上承担的是教育者的角色。研学导师作为研学课程活动的主要实施者,基本的教学技能必不可缺。研学导师必须具备一定教育教学能力,包括开发和设计研学旅行课程、实施研学旅行课程、评价研学旅行课程的能力。不同于传统的课堂教学,研学旅行主要通过研究性与探究性学习这一形式开展课程,也更加强调学生在研学旅游过程中的主体地位和教师的主导作用,研学导师必须具备积极的引导能力,真正从管控管理者转变为引领者、指导者,这样才能让学生真正成为研学旅行的"主角"。针对不同学段的学生,研学导师应采取不同的引导方式。对于小学低年级学生,重在指导其有序开展活动;对于小学中高年级学生,重在引导其有效推进活动;对于初中生,重在指导其拓展研学深度;对于高中生,重在引导其自主开展探究研学活动①。

5. 实践探究精神与反思能力

研学旅行不仅仅是一个结果,更是一个学习过程,一段教育经历,一种实践体验。在研学旅行中,学生通过旅行的方式走进真实的环境进行体验式学习,在研学导师的指导下进行探究式学习,实现"在研中学"和"在学中研"的研学目标。研学导师作为整个研学活动的引领者与指导者,自身必须具备实践探究能力。研学导师只有自身对特定研学项目有深入的研究,才能在研学旅游实施过程中给予学生有效的指导与启发。研学导师只有具备较强的实践能力,才能教给学生实践的方法、技巧,才能组织、指导学生实践,并解决学生实践过程中遇到的问题。研学旅行活动的实施应该是行前有计划、行中有探究、行后有反思,研学导师也需要具备反思的能力。不断收集、分析、反馈相关信息,总结反思并改进研学工作;不断进行知识的重组、叠加、融合,提高研学课程再开发的能力;不断学习现代新技术,运用新技能,探索提高研学效果的新方法;不断学习旅游和教育领域的新思维,开创研学旅行工作新的模式与途径。

二、研学导师的职业道德

1. 职业道德内容的界定

所谓职业道德是指担负不同社会责任和服务的人员应当遵循的道德准则。它通过人们的信念、习惯和社会舆论而起作用,成为人们评判是非、辨别好坏的标准和尺度,从而促使人们不断增强职业道德观念,不断提高服务水平。职业道德是社会道德体系的重要组成部分,这种道德表现出对一定职业行为的特别要求。

---

① 刘志勇,张克飞,张亚红,等.从管控到引领:让学生真正成为研学旅行的"主角"[J].中小学管理,2019(7).

需要说明的是,某种职业的职业道德并不是事先就规定好的,职业道德是从事该职业的人员在长期的工作实践中形成并得到社会认可再归纳总结出来的。尽管职业多种多样、千差万别,但职业道德所包含的内容还是有规可循,可以界定的,职业道德的内容不外乎以下几个方面。

第一,在个人品德方面做到德才兼备。对国家、对社会、对他人有正确的看法与认识;在个性方面表现出一些特质,比如谦虚谨慎、乐观向上、待人热情、工作认真等;在人生观、世界观、价值观方面表现出一些品质,比如勇于担当、敢于作为、甘于奉献、不怕牺牲等。

第二,在行为规范方面严格自我约束。严格遵守行为规则、道德规范、行政规章、法律规定、团体章程等。比如一般员工的行为规范包括:进入办公室必须着装整洁,上班时间必须讲普通话,无事不得串岗,不迟到、不早退、不无故旷工,有事要请假,等等。

第三,在知识素养方面具有较高水准。具有较高的文化素养、知识水平和能力,不断提高自己的知识素养,使自己的知识素养与职业能力相匹配。

第四,在职业技能方面能够全面发展。一般包括技术技能、人际关系技能和解决问题的技能三个方面。

第五,在服务对象方面能够一视同仁。运用专业知识和专业技能为服务对象提供专业、全面、周到、细致的服务,不会因为服务对象的不同而降低服务标准或改变服务态度,尽最大的努力满足服务对象的需求。

第六,在人际关系方面善于整合资源。能够积极主动地调节自己与集体、他人的关系,人际关系的好坏会影响工作的开展,人际关系对事业的发展起着至关重要的作用,倘若处理不好人际关系,将对研学导师的工作和心理产生不良的影响。

第七,在职业目标方面能够积极达成。在选定的职业领域内实现未来节点上所要达到的具体目标,包括短期目标、中期目标和长期目标。职业道德所强调的是一种长期目标、终极目标。

第八,在职业特征方面应该与众不同。有与其他职业的职业道德不一样的地方,以示区别,让人一提到职业道德,就会想到该职业。比如提到"保守病人病情秘密",大家会想到是医生的职业道德;提到"忠于国家、服务人民",大家会想到是公务员的职业道德,等等。某些职业的特殊性决定了职业道德的特殊性。

2.研学导师的职业道德的具体内容

随着社会生产力的发展和社会分工的细化,一些新的职业会不断涌现,特别是随着高科技的发展,社会上的新职业会越来越多,这些新职业在发展的过程中,会逐渐形成本职业的一系列道德观念、道德准则和道德规范,作为研学领域派生出的一项新职业,研学导师的职业道德应该在具备上述基本职业道德的基础上体现出自己的职业特点,具体而言,研学导师的职业道德表现在:

(1)爱岗敬业,遵纪守法。

爱岗敬业、遵纪守法是我国现阶段各行各业普遍适用的职业道德的基本内容。《公民道德建设实施纲要》中明确指出:要大力倡导以爱岗敬业、诚实守信、办事公道、服务群众、奉献社会为主要内容的职业道德,鼓励人们在工作中做一个好建设者。

爱岗,就是研学导师要热爱自己的本职工作,并为做好本职工作尽心竭力。研学导师要以正确的态度对待自己的职业,努力培养对自己所从事工作的幸福感、荣誉感、获得感、成就感。所谓敬业,就是用一种严肃的态度来对待自己的职业。研学导师如果看不起本职岗位,怨天尤人,虚于应付,敷衍塞责,不仅违背了职业道德规范,还会失去自身发展的机遇。

遵纪守法,就是要求研学导师在工作中要严格遵守国家的法律法规和本职工作的条例、纪律,尤其要遵守职业纪律和与职业活动相关的法律法规,比如不得玩忽职守、贻误工作,不得弄虚作假,不得误导、欺骗领导和学生。

(2)行为规范,为人师表。

《研学旅行指导师(中小学)专业标准》规定:研学导师要遵守教师和导游的职业行为规范,品行端正,为人师表,身心健康,无传染性疾病,注重仪容仪表仪态,举止得体。在研学旅行活动中,不得出现违背党的路线方针政策的言行,不得发表错误观点和编造、散布虚假信息,不得出现损害国家利益、社会公共利益或违背社会公序良俗的行为。

研学导师行为规范包括思想行为规范、教学行为规范、人际行为规范、仪表行为规范和语言行为规范。以教学行为规范为例:研学导师要端正教学态度,严肃对待教学工作,熟悉讲课内容,备好课、讲好课、评好课;进行课堂教学时,要注意讲课的方式方法,为学生创造好的学习条件;认真对待学生的提问,耐心答疑。

为人师表是指在人品学问方面做别人学习的榜样。一个人的行为举止好似一面镜子,能反映一个人的文化涵养、知识水准和道德修养。研学导师之所以要行为规范、为人师表是因为他面对的工作对象大部分是中小学生,他们的世界观、人生观和价值观还不成熟,研学导师的一言一行、一举一动会成为他们模仿的对象,会影响他们的世界观、人生观和价值观。

(3)好学上进,立德树人。

研学导师需要掌握的知识很多。一是研学旅行知识。包括研学旅行政策法规知识;组织和服务知识;旅行安全风险管理知识;课程方案设计、课程及体验活动实施等知识。二是教育教学知识。包括了解中小学教育教学理论;了解新课程改革方向和相关理论;了解中小学课程结构、课程类型、课程标准;熟悉课程资源开发、管理与利用的方法,掌握研学旅行课程教学知识。三是通识性知识。熟悉中小学教育的基本情况;了解相应的自然、人文、社会科学知识,掌握与研学旅行课程方案直接相关的学科内容;掌握相应的乡情、县情、省情和国情;熟悉现代化的信息技术知识。

研学导师不仅要传授知识,更要立德树人,为党育人,为国育才。立德,就是坚持德育为先,通过正面教育来引导人、感化人、激励人;树人,就是坚持以人为本,通过合适的教育来塑造人、改变人、发展人。立德树人为教育之本,是解决培养什么人、怎样培养人、为谁培养人的根本问题,是中华民族永恒的教育价值追求。

(4)细致严谨,知行合一。

细致严谨是研学导师作为一名教师的角色决定的。细节决定成败,细致严谨,就是研学导师要对一切事情都有认真负责的态度,一丝不苟,精益求精,于细微之处见精神、见境界、见水平;就是要把每件事情的每一个环节、每一个步骤都做好,不心浮气躁,不好高骛远,比如上课,就要事先做大量的准备工作,查阅大量的资料,设计好课堂的每一环节、每一步骤,讲好课堂的每一个知识点,控制好课堂的每一分钟,注意知识的重点和难点,还要考虑学生的理解和接受程度,还要与学生互动,等等。研学导师只有做到细致严谨,才有可能上好每一堂课。

知行合一是指研学导师既要加强知识学习,走在学生前面;又要结合实践,做到实处。知者行之始,行者知之成。研学导师只有做到"知行合一",才能将知识应用于实际,真正地做到学有所用、用有所成,才能真正地提高自己的综合素质,做到知识与行动、理论与实践相结合。知行合一,方能致远。

(5)服务学生,共同成长。

研学导师要精心制定和实施研学旅行课程方案,保证学生完成研学目标,让学生在更丰富的研学生活中全面发展、快乐成长,这需要每一位研学导师关爱学生、了解学生、服务学生,发掘学生的闪光点,用心去爱每一个学生——这是时代赋予研学导师的责任和使命。

学生拥有快乐且有意义的研学旅行生活的过程,是研学导师人生价值的实现过程,也是教学相长、共同成长的过程。学生的成长固然重要,研学导师作为社会的个体本身也需要不断地成长。共同成长,是学生与研学导师在研学过程中的共同支点。教学过程本身就是一个共同成长的过程。

(6)团结协作,顾全大局。

列夫·托尔斯泰曾说过:"个人离开社会不可能得到幸福,正如植物离开土地而被抛弃到荒漠里不可能生存一样。"叔本华也曾说过:"单个的人是软弱无力的,就像漂流的鲁滨孙一样,只有同别人在一起,他才能完成许多事业。"这充分说明了团结协作的重要性。

一场研学旅行,除研学导师和学生外,还有领队、校方派出的教师、司机、营地管理员等,这就涉及很多方面的关系,比如研学导师与学生的关系、研学导师与领队的关系、研学导师与校方教师的关系,甚至还有研学导师与学生家长的关系、研学导师与其他工作人员的关系,等等,如何处理好这些关系就显得尤为重要。一个研学导师即便能力再强,也只能完成研学活动的一部分,而不可能是全部。只有坚持团结协作、顾全大局的原则,全体参与者团结一致,相互协作,形成集体的智慧和教育的合力,才能对学生产生良好的教育效果,否则"各吹各的号,各唱各的调",就必然是一片混杂、乱七八糟的结果。

(7)追求卓越,勇于创新。

研学导师所从事的是一种教育事业,而追求卓越是教师的职责。卓越是一种追求,它在于将自身的优势、能力,以及所能使用的资源发挥到极致的一种状态。很难想象一个满足于现状、不思进取的研学导师能够成为一个优秀的研学导师。研学导师只有不断地突破自我的局限,不断给自己提出更高的要求,才能走出平庸的生活模式,激发自己的工作潜能,才会在工作中创造佳绩。

创新是一个民族进步的灵魂,是一个国家兴旺发达的不竭动力,一个民族、一个国家只有不断创新,才能不断前进。研学导师要勇于创新是因为研学导师是一种新兴职业,其教学方法、教学手段、教学模式没有现成的模板可用。教学过程本身就是一种创新的过程,知识是不断发展、更新的,只有创新,教学内容才能紧跟时代步伐,与时俱进,只有教学观念创新,才能将单纯的知识传授变成引导学生爱学、会学,并进行自主学习。

(8)注重引导,善于指导。

这是研学导师与一般教师不同的地方,研学导师之所以要注重引导、善于指导,是因为在研学旅行活动中,教师的作用不是以教授知识为主,而是引导学生融合跨学科知识,展开自主学习,激发学生的学习兴趣,优化学生知识结构,从而增加学生自主学习的体验,提高自主学习能力。研学的课程内容与传统课程相比更加丰富,教学方式也与传统课程的讲授型教学方式不同,而是以学生自主学习为主,研学导师起引导和指导作用。研学导师只有不断更新自己的教育理念,探究更适合学生的引导方式,才能使学生有更多的收获。研学导师是帮助学生成长的角色,而不是监督或管理的角色,因此用引导和启发的方式比对学生施加压力的方式更可取,研学导师也不需要用成绩来给学生贴标签、分等级,只需注重学生自身的成长进步。

3.研学导师遵守职业道德的必要性

研学师之所以要遵守职业道德,是因为:

(1)能帮助学生养成良好的道德习惯。

在研学过程中,研学导师和学生朝夕相处,学生会观察研学导师的言行举止,容易受到潜移默化的影响,所谓"近朱者赤,近墨者黑"。如果研学导师有正确的世界观、人生观和价值观,坚守职业道德,就会起到正确的示范作用,成为学生模仿的对象或榜样,使学生形成良好的道德习惯。反之,如果研学导师三观不正,也不遵守职业道德,学生群起效之,那么学生的道德水平也不会好到哪里去。

(2)能维护研学团队的团结与和谐。

职业道德是调整个人与国家、社会、他人关系的一系列规范和准则,如果大家都遵守职业道德,那么我们对个人与国家、社会、他人关系的看法就会相对一致,有助于维护研学导师和他人在思想上的统一,增强研学导师与他人的团结与和谐,协调研学导师与他人的人际关系。同时,大家都遵守职业道德,在个人品德、行为规范、知识素养、职业技能、职业追求方面达到规范与统一,会增强研学导师的认同感和归属感,减少工作中的矛盾与摩擦,提高工作绩效。

(3)有助于提高研学行业的信誉与知名度。

社会上的职业有很多,普通人很难将所有职业了解明白、分辨清楚,但职业道德具有高度概括、言简意赅、辨识度高的特点，人们往往将职业道德作为区分职业的一种方法，比如一提到军人，大家脑海里会想到"严肃、干练、服从命令、不怕牺牲"等。而职业道德的内容是采用一套"好"的标准去定义的，这样就用一套"好"的标准去辨析原来作为"中性"的职业，久而久之，就把职业"固化"为一种大家都认可的道德标准，这样容易引起情感上的共鸣，有助于提高该行业的信誉与知名度。

（4）有助于提高全社会的道德水平。

社会的稳定离不开道德的维系，全社会道德水平的提高离不开各行各业的职业道德水平的提高，职业道德是社会道德的重要组成部分。研学导师遵守职业道德，有助于提高全社会的道德水平。

一方面，职业道德通过人们的信念、习惯起作用，是一种"内化"，这种"内化"具有长期性和稳定性，一个人如果遵守职业道德，他会把这种"内化"的道德迁移到家庭和社会中去，那么他的家庭美德和社会公德就不会差到哪里去。另一方面，职业道德不仅是研学导师一个人，也是研学导师群体，甚至是整个研学行业全体人员的行为表现，如果每个行业、每个职业群体都具备优良的道德，对整个社会道德水平的提高肯定会发挥重要作用。

4. 研学导师提高职业道德水平的途径

（1）学习职业道德规范，掌握职业道德知识。

遵守职业道德的前提是了解、熟知职业道德，研学导师要学习职业道德规范，掌握职业道德知识。只有知道了什么是研学导师职业道德，研学导师才能在工作中去遵守。研学导师学习职业道德规范，要与自己的工作岗位相结合，要在工作中培养良好的职业道德习惯和敬业精神，要在实践中用职业道德的标准规范自己的一言一行、一举一动。研学导师要经常反省自己的言行是否符合职业道德规范。同时，研学导师要明白，职业道德规范的养成是一个长期的过程，要改变固有的思维观念、行事风格、生活习惯不是一件容易的事情，这就需要研学导师时刻注重加强学习，提高修养，不断提高自身职业道德水平，自觉树立正确的世界观、人生观、价值观，把个人的理想和价值融入所从事的研学事业。

（2）注重仪容仪表，提升研学导师形象。

研学导师从某种程度上讲，是导游与教师的复合体，不管是作为导游还是教师，研学导师的礼仪与言谈举止都很重要。比如在礼仪方面，研学导师工作期间应着装得体，不浓妆艳抹，与工作场合相协调。只有这样，才能给学生树立良好的榜样，让学生形成正确的仪容仪表观念和审美标准。在言谈举止方面，工作场合使用普通话，严禁讲粗话、脏话，与学生交谈时要坦然亲切，不抽烟，等等。研学导师只有注重礼仪与言谈举止，才能在学生面前成为"师者"，传递正能量，研学导师的形象才能得到提升，研学导师的职业道德才能得到加强。

（3）勤于学习专业知识，不断扩大知识储备。

研学导师作为一种新的职业，面临的是新的领域，在教学方面，研学导师的教学与传统教学大不一样,这就需要研学导师从零开始,去摸索、去创新,而这些都离不开学习。另外,研学导师和导游是完全不同的,研学导师除了具备导游知识,还应该掌握教育学、心理学等相关知识,以应对研学旅行的新需求。研学导师在教学的同时,还要随时关注学生的动态,包括心理与生理两方面,以便最后全方位、多角度地对学生进行评价。所以说,作为一名研学导师,需要掌握的知识是很多的,既有导游的知识,又有教育学、心理学的知识,还有学生生活方面的知识。研学导师只有勤于学习,扩大知识面,才能提高自己的知识素养,提高职业道德水平。

(4)注重学生自主学习,做好正面引导工作。

上课是研学导师的主要工作,课堂教学的好坏直接关系着研学导师教学水平的高低,体现研学导师的职业道德。研学导师上课与在学校上课最大的不同体现在学生的自主学习方面。在课前,研学导师要让学生先自主学习,对将要学习的知识进行预热,从而提高课堂效率。在课中,学生的自主学习行为体现在对课堂所学知识的内化、升华。在课后,学生需要进行复习和查漏补缺,同时学生也需要在课外进行挖掘知识的活动和自主学习的体验。与此相适应,研学导师的作用不再以传授知识为主,而是引导和指导学生自主学习,提高学生自主学习能力。

(5)突出学生主体地位,切实关心学生一切。

学生是研学导师的主要工作对象,研学导师除了要负责学生的课程,还要负责学生的管理和生活,这就要求研学导师不仅要上好课,还要关心学生的其他方面。"以学生为中心,关心学生的一切"是研学导师职业道德的内容之一。尤其当前的研学以中小学生为主,他们都处于未成年阶段,世界观、人生观、价值观还不成熟,更需要关心和帮助。真正做到以学生为中心,需要研学导师关注每一位学生,关注每个学生的不同特质,努力促进每一位学生的全面成长。研学导师要理解学生、尊重学生、服务学生、启迪学生和激励学生,只有这样,才能在成就学生的过程中,成就研学导师,成就研学行业。

(6)教学工作精益求精,服务方面尽职尽责。

尽管在教学方面,研学导师没有成绩排名和升学的压力,但这并不意味着研学导师在教学方面可以放松。研学导师要认真备课,熟悉研学旅行中的教育目标和教学任务,积极引导学生完成课程内容。在教学方面,研学导师要兢兢业业,精益求精,努力提高自己的教学技能和教学水平,做一名"良师""名师"。同时,在其他方面,研学导师也要做好服务,比如在乘坐交通工具时,研学导师要提醒学生注意安全;就餐时要组织学生有序进餐、文明就餐;就寝前要敦促学生按时就寝,不开"卧谈会",等等。这些服务也是研学导师工作的内容,体现着研学导师的职业素养、职业水平和职业道德。为了提升研学导师的职业道德水平,研学导师在这些服务方面也要尽职尽责、尽心尽力。

第四节　研学导师的工作原则

《关于推进中小学生研学旅行的意见》中指明了开展研学旅行须遵循的四条基本原则:教育性原则、实践性原则、安全性原则、公益性原则。这四条原则同样也是研学导师开展研学旅行所应遵循的指导原则。作为研学旅行活动的具体实施者,研学导师的工作意义重大,任务艰巨,与此同时,这一工作面对的环境、面临的问题也很复杂。鉴于此,研学导师有必要从实际的情况与问题出发,在日常的工作中遵循以下原则。

1. 育人为本、关心爱护原则

中小学生研学旅行是校外教育活动,是学校教育和校外教育衔接的创新形式,是教育教学的重要内容,是综合实践育人的有效途径。立德树人,培养人才,培养德、智、体、美、劳全面发展的社会主义建设者和接班人是开展研学旅行的根本目的。因此,研学导师在开展工作时,要明确自身教育者的身份,坚持育人为本的原则。研学导师的工作不仅仅是简单的知识传授和技能训练,更重要的是要帮助中小学生了解国情、热爱祖国、开阔眼界、增长知识,着力提高他们的社会责任感、家国情怀、创新精神和实践能力。

习近平总书记提出,"教育是一门'仁而爱人'的事业,爱是教育的灵魂,没有爱就没有教育"。要求全国广大教师做"有理想信念、有道德情操、有扎实学识、有仁爱之心"的"四有"好老师。中小学生正处于成长与学习的时期,他们的世界观、人生观、价值观还未完全形成,思想不够成熟,法律意识与道德素质也有待加强,加之从封闭的学校课堂走向开放的校外课堂,环境的开放性与复杂性,也使得中小学生在研学旅行过程中难免会遇到一些问题,甚至会出现一些错误的、不当的行为。这就需要研学导师给学生适当的教育、正确的引导和足够的关怀,在开展研学活动时真正做到关心爱护每一位学生,多一些宽容与耐心,多一些尊重与信任。最重要的是研学导师要关心保护学生的人身及财产安全,要始终坚持安全第一原则,建立安全保障机制,明确安全保障责任,落实安全保障措施,确保学生人身和财产安全。

2. 因材施教、面向全体原则

研学旅行主张要让所有学生参与其中,每一位学生都是独立的个体,年龄阶段、兴趣与关注点以及遇到的问题都不尽相同,这就要求研学导师在工作中要坚持因材施教、面向全体的原则。在设计研学旅行课程内容与线路时充分调研,了解学生的真实想法,要遵循研学旅行的教育性原则,结合学生的身心特点、接受能力和实际需要,注重研学旅行各项内容及各个环节的系统性、知识性、科学性和趣味性,为学生全面发展提供良好成长空间。在研学旅行具体实施过程中,要坚持契约精神,从课程计划、课程标准的统一要求出发,但不能过于刻板,不知变通。研学旅行是为了每一位学生变得更好而开展的活动,必须保证研学效果落到实处。研学导师要做到面向全体学生,公平公正地对待学生,关注了解每一位学生,发掘每一位学生的闪光点,根据不同学生的身心发展特点、性格特点以及实际的个体差异对学生做出正确引导,使每一位学生都能在研学旅行过程中得到锻炼,实现成长。

3. 协同育人、启发诱导原则

与传统的课堂教学相比,研学旅行的课程内容更加丰富,开展的形式也更加开放和多样,因而开展研学旅游涉及的群体也更加复杂多样。研学旅行行业涉及中小学学校、研学机构、研学基地(营地)、旅游服务等众多上下游部门,研学导师开展工作并不是单打独斗,研学旅行课程的顺利实施与育人效果的有效保证,离不开学校、家庭、行业、社会的通力合作。因此,研学导师在工作中要坚持协调育人的原则,与学校、家长、旅游行业保持紧密的联系,充分调动各部门、各群体的力量,努力促成家庭、学校、政府、社会齐心协力、互相配合的实践育人格局形成[1]。

研学旅行不是学校课堂的校外复制,更不是简单的知识灌输与技能经验传授。研学导师在工作中要遵循启发诱导的原则,要采用学生乐于接受的各种方式调动学生自主学习、自主探索、体验与实践的积极性。不是直接告诉学生遇到问题应当怎么做,而是让学生通过现实场景的体验,去思考自己应该怎么做,再帮助学生判断他们的做法是否正确。通过启发诱导,引导学生独立思考,激励学生自主开展探究性学习,从中收获知识,得到启发,明确学习方向,激发学习的内在动力,自觉地掌握科学知识和提高分析问题和解决问题的能力。

4. 合理合情、科学严谨原则

除教育者的身份外,研学导师还是专业的服务人员,在研学旅行活动开展过程中,研学导师需要为中小学学生团队提供交通服务、住宿服务、餐饮服务、导游讲解服务、医疗与救助服务等,在提供各类服务时,研学导师要遵循合理合情的原则。对于中小学生合理且可能实现的要求,研学导师要想方设法满足他们的需求,为他们提供体贴、周到、细致、耐心的服务。对于不合理的以及无法实现的要求,研学导师要耐心解释,解释要合情合理。在研学旅行活动中,研学导师要遵循科学严谨的原则:一方面一定不能出现违背党的路线、方针、政策的言行,不得发表错误观点和编造、散布虚假信息和不良信息,不得出现损害国家利益、社会利益或违背社会公序良俗的行为;另一方面研学导师一定要保证研学旅行课程内容的真实性与准确性,如果旅游者的学习经验建立在错误的概念之上、建立在道德存疑的实践上,就可能强化对其他群体的剥夺,这种学习被称为"有害的学习"[2]。

5. 知行合一、寓教于行原则

纸上得来终觉浅,绝知此事要躬行。研学旅行不同于课堂教学,它提供的是知行合一、躬行实践的学习机会,是一种在"做中学"的学习模式。研学旅行不单单是学或游,也不只是学与游的简单组合,所学到的知识,是从游览中得到,所传授的知识,蕴含在整

---

[1] 刘俊,陈琛. 后疫情时代研学旅行行业可持续性生态系统的构建[J]. 旅游学刊,2020(9).
[2] 魏雷,朱竑. 研学旅游:真实性导向下旅游情境与教育的整合[J]. 旅游学刊,2020(9).

个旅行过程中。研学旅行的实践性原则也要求，研学旅行要因地制宜，体现地域特色，引导学生走出校园，让学生在与日常生活不同的环境中开阔视野、丰富知识、了解社会、亲近自然、参与体验。这就要求研学导师必须把知行合一、寓教于行的观念融入研学工作开展过程中的方方面面。在设计研学旅行课程时，课程的内容与环节要充分体现"游"与"学"的紧密联系，把教学内容融入旅行过程，为中小学生创设大量参与体验实践的机会。在具体的研学课程实施过程中，要尽可能多地让中小学生亲身实践，通过旅行活动，来建构知识、创新知识，在旅行中学思践悟，知行合一，通过旅行这一轻松活泼的形式，实现立德树人的根本目标。

本章小结

研学导师是因研学旅行行业兴起而衍生出的职业。研学导师是在研学旅行过程中，具体制定或实施研学旅行教育方案、指导学生开展各类体验活动的专业人员。研学导师虽然是新兴的职业，但是在中国古代和近代有与之相近的游学导师和修学导师。

目前研学导师的来源主要是旅行社导游培训转化、学校教师培训转化、各行各业专业兼任等。按照委派单位的不同，可将研学导师分为旅行社研学导师、基地（营地）研学导师、其他类研学导师。按职业性质不同，可将研学导师分为专职研学导师、兼职研学导师。按技能等级不同，根据《研学旅行策划与管理职业技能等级标准》可分为初级、中级和高级。

研学导师需要具备扎实的研学旅行专业知识与能力，较强的讲解与表达能力，良好的组织协调与应变能力，积极的教育引导能力，实践探究精神与反思能力。自觉遵守研学导师的职业道德：爱岗敬业，遵纪守法；行为规范，为人师表；好学上进，立德树人；细致严谨，知行合一；服务学生，共同成长；团结协作，顾全大局；追求卓越，勇于创新；注重引导，善于指导。严守研学导师的工作原则：育人为本、关心爱护原则；因材施教、面向全体原则；协同育人、启发诱导原则；合理合情、科学严谨原则；知行合一、寓教于行原则。

课后训练

一、判断题

1. "游学"发轫并兴盛于春秋战国时期，研学导师的前世也可以追溯到古代的游学导师。孔子是古代游学活动的开创者，也是我国现代研学旅行的奠基人。（　　）

2. 研学导师按照按技能等级不同，根据《研学旅行策划与管理职业技能等级标准》分为四级、三级、二级、一级。（　　）

3. 研学导师按职业性质不同，可将研学导师分为专职研学导师、兼职研学导师。（　　）

4. 在未来,研学导师可以由导游直接担任。( )
5. 研学导师的分类将与普通教师的分类完全一致。( )
6. 因为研学课程会纳入整体教学计划,研学导师与课堂教育的联系将更紧密。( )
7. 研学导师的工作素养主要体现在教育教学能力和导游服务能力这两大方面。( )

二、简答题

1. 什么是研学导师?
2. 简述研学导师的发展历程。
3. 简述研学导师的发展趋势。
4. 简述研学导师的基本职责。
5. 研学导师需要具备哪些能力和职业道德?
6. 简述研学导师为什么要遵守职业道德。
7. 简述研学导师的工作原则。

三、案例分析题

案例一

广州市研学活动访谈反馈意见汇总

有学者于2020年4月在广州对相关教育部门工作人员及各利益主体对研学旅行的理解与诉求进行访谈。访谈的部分结果如下:

"其实(研学导师)好像只是旅游公司雇过来的导游,好像也不是很博学。就给你讲这个是什么,那个是什么。其实你在博物馆的那些卡(解说牌)上基本就能看到。"目前研学导师大多由高校学生兼职担任,或是由导游兼任,这导致研学导师对中小学生教育规律普遍缺乏了解,且缺乏自然及人文专业知识的积累,学生对"博学"的研学导师的需求难以得到满足。

问题:
(1)上述案例反映目前研学导师存在哪些不足?
(2)解决这些不足的方法有哪些?

案例二

兰州市红古区围绕发展素质教育开展研学旅行活动

兰州市红古区围绕全面发展素质教育、深化基础教育课程改革的要求,从创新课程设置、加强人才储备、强化交流合作、挖掘地域文化、完善各项机制五个方面着手,加大中小学生的生活技能、集体观念、创新精神和实践能力的培养,创新性地开展好研学旅行活动。

丰富研学内容。按照"立意高远、目的明确"的要求,以培养符合时代发展的人才为目标,从家乡、祖国、世界三个层面,构建"行走家乡""览胜祖国""阅读世界"的研学旅行课程,引导学生增强社会参与度,强化社会责任,增进国家认同和国际理解，全面助推核心素养培育落地实施。

培养研学导师。加强对研学教师的专业培训，培养其专业课程的开发能力，充分研究研学课程的专业性、知识性、趣味性、科学性。同时充分延展，打通活动前中后的环节设计，确保研学全过程的教育性、实践性，为研学旅行活动形成系列成果素材，作为研学成效综合评价的重要依据。还要关注学生未来发展。以传统文化、爱国教育、心理教育、情感教育等为载体，助力学生成长。

实现资源共享。进一步加大教育部门学校与旅游部门的合作，加快与研学基地（营地）合作，加快研学旅行课程研发设计与实施的推进。

实现学旅融合。以"让教育回归自然"为宗旨，结合丰富的红色、绿色、古色资源和厚重的历史文化积淀，让学生在旅行的过程中陶冶情操，增长见识，体验不同的自然和人文环境，提高学习兴趣，全面提升中小学综合素质。

完善助力研学旅行。建立政府统筹、教育部门主管、相关部门联动、学校主体、家长支持的研学旅行工作协调机制，共同推进中小学生研学旅行的有序、健康发展；探索研究制定所需的收费项目和标准，完善"经营场所优惠一点、教育部门和学校补贴一点、学生家庭承担一点"的经费保障机制，并对参加研学旅行活动的贫困学生实行费用减免或经费补助；做好安全保障，教育、旅游、交通、公安、食药监等相关部门制定安全出行标准，建立安全审查制度、安全监督检查制度，责任到人，绝对保障出行安全。（来源：中国县域经济报，2020-05-23。）

问题：

请结合案例分析，研学导师可以从哪些方面入手，推动素质教育落到实处？

第三章 研学导师的资格获取与培养

学习目标
1. 了解我国研学导师的来源。
2. 熟悉我国研学导师队伍建设现状及存在的问题。
3. 熟悉研学导师资格获取条件。
4. 掌握研学导师培训的主要内容。

知识框架

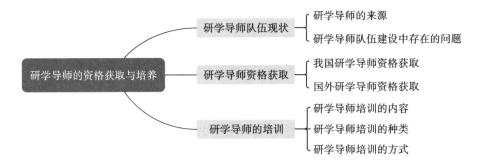

学习重点

1. 教学重点:我国研学导师资格认定的条件和能力要求。
2. 教学难点:探索适合我国研学旅行现状的导师培养模式和路径。

学习引入

研学导师是指能够策划、研发和实施研学旅行课程方案,在研学旅行过程中组织和指导中小学生开展各类研究性学习和旅行体验活动的专业技术人员。我国对于研学导师的从业资格获取及职业素质要求尚处于初始阶段。目前,相关行业协会和部分地方行政管理部门相继颁布了关于研学导师从业资格认定及素质要求的标准。

2018年,武汉市旅游发展委员会、武汉市教育局共同发布了《武汉市中小学生研学旅行标准编制》,在全国率先对研学旅行的机构、基地、研学导师等方面列出了详细的考评标准,这个标准的第三部分是导师评定与服务规范,它涵盖了研学导师的资质、职业规范、专业素养、研学服务内容、评价与激励、评定与复核等内容,列出了对研学导师等级考核的评价指标。例如,初级研学导师必须持有"中华人民共和国导游员资格证书",接待过学生团体30次以上;中级研学导师除须持有"中华人民共和国导游员资格证书"外,还必须持有"中华人民共和国教师资格证书",接待过学生团体50次以上,并受到好评;高级研学导师除具备中级研学导师资格外,还必须持有"中华人民共和国心理咨询师资格证书",并能为学生提供专业的研究方法指导。

2019年,中国旅行社协会联合高校毕业生就业协会、全国研学旅行指导师认定委员会三方发布团体标准《研学旅行指导师(中小学)专业标准》(T/ CATS 001—2019)(以下简称《标准》),提出研学指导师要具备一定的专业态度:认识开展研学旅行的意义,热爱研学旅行指导师事业,具有职业理想和敬业精神;认同研学旅行指导师的专业性和独特性,注重自身专业发展,具有终身学习的意识;重视学生身心健康,将保护学生生命安全放在首位,促进学生的全面发展;注重人格魅力和学识魅力,教育和感染学生,做学生健康成长的指导者和引路人。遵守相应的专业准则,掌握研学旅行知识、教育教学知识、通识性知识。具备研学旅行课程方案设计能力、研学旅行组织与实施能力、研学旅行激励与评价等专业能力。

该《标准》还规范了研学指导师的考核与培训。在研学旅行过程中承担研学旅行指导师职责的人员,应参加中国旅行社协会(或授权的培训机构)组织的研学旅行指导师的培训,经考核合格取得研学旅行指导师证书。研学旅行指导师应定期完成一定学时的培训,并在此基础上根据相关考核和评审条件进行等级晋升。

因此,建立适合我国研学旅行实际情况的研学旅行导师认证体系,规范和指导研学旅游从业人员的职业技能素养,是文化旅游和教育部门的当务之急。

第一节 研学导师队伍现状

一、研学导师的来源

《研学旅行服务规范》(LB/T 054—2016)将研学导师定义为"在研学旅行过程中,具体制定或实施研学旅行教育方案,指导学生开展各类体验活动的专业人员"。并要求研学旅行承办方"应至少为每个研学旅行团队配置一名研学导师,研学导师负责制定研学旅行教育工作计划,在带队教师、导游员等工作人员的配合下提供研学旅行教育服务"。面对极具诱惑力的"研学旅行"新兴市场,目前最大的困难是缺乏一支既懂旅游又懂教育的专业研学导师队伍,专业研学导师的匮乏已成为制约研学旅行进一步发展的瓶颈。受多种因素的影响,当前广大中小学的研学旅行课程多以综合实践活动的形式呈现出来,研学导师主要由学校教师、旅行社导游、研学(教育)机构人员、研学基地(营地)导师及其他社会兼职人士担任。

(一)学校教师

作为研学旅行的主办方,中小学校通常指派班主任或学科教师作为研学导师全程陪同研学活动的开展。不少学校基于管理和节约成本的需要,往往将研学旅行活动的实施任务直接交给最了解班级学生的班主任,根据国家关于开展研学旅行活动的文件精神,各学科教师也都成为研学旅行活动的主体,学科教师的优势在于具有良好的学科背景、丰富的教育经验、熟悉新课程内容,其不足之处在于时间不够、精力不足、知识面不广、管理不精等。

部分中小学校要求班主任在研学旅行开展过程中必须全程陪同,一些年纪较大的班主任在户外活动的管理上,体能跟不上,尤其是面对年龄段偏小、自我控制能力较差的学生时,有些力不从心。此外,闻道有先后,术业有专攻,学科教师在解答本学科领域的相关知识时游刃有余,但在应对研学途中其他复杂问题,尤其是旅游方面的问题时力有未逮,常常力不从心。

(二)旅行社导游

旅行社作为研学旅行的承办方,在现代旅游行业发展的进程中长期处于核心地位,在研学旅行的概念提出之前,就已经积累了丰富的带领中小学生组团出游经验。在导游服务规范中关于中小学旅行团的带团方法和技巧有较多的介绍。因此,在研学旅行推出之后,旅行社导游凭借其成熟的带团技能,自然而然成为研学导师队伍的中坚力量。然而,大多数导游虽能照料好研学途中学生们的食、宿、行、娱、游等,但由于对教育学、心理学的相关知识储备不足,不了解学生的学习规律,导致无法准确地把握学生的学习状态,有时会错过学生热情高涨的学习时机,影响研学旅行的中"学"的效果。

从旅行社角度来看,作为现代企业,其本质是追求利润最大化,这样难免就会将盈利作为首要考量的目标,因此在研学课程的设计规划上习惯性地从控制成本出发而忽略学生的合理诉求。

(三)研学(教育)机构人员

研学机构是研学旅行市场催生的新业态,面对庞大的学生研学旅行市场,社会资本疯狂涌入,研学机构遍地开花,研学活动风生水起。据企查查数据显示,过去几年全国研学性质的公司多达44884家,2018年是研学行业井喷的一年,这一年新成立的研学机构便有5934家,平均每天就有16家新的研学旅行机构诞生。截至2020年年底,全国仍有25843家研学机构处于在业或存续状态。目前对研学机构和研学导师的资质、准入条件等缺乏权威规范,研学机构导师多聘任有教育学或旅游学相关专业背景的人员担任,学历偏低,素质参差不齐。

(四)研学基地(营地)导师

研学基地是研学旅行产品的供应方,是研学旅行过程中学生学习与生活的场所,通常有特定的主题,如自然教育类、军事科普类、红色教育基地、民俗博物馆等。基地研学导师的专业素养水平相对较高。以中国科学院武汉植物研究所为例,其研学导师多为从事植物研究的科研人员,从研学产品的开发设计到落地实施,都能保持较高的专业水准。

(五)其他社会兼职人士

研学旅行涉及的学科较为广泛,在各个领域具有丰富经验的社会各界人士以及行业专家等都可以为学校开展研学旅行活动提供指导,被聘请为兼职研学导师。如云南省香格里拉滇金丝猴国家公园,从 2018 年起与研学旅行运营机构合作开展全国中小学生研学旅行的接待工作,景区聘请动植物专家担任景区内部研学旅行指导师进行现场教学指导,获得社会的广泛关注和市场的高度认可,未来社会兼职导师将会是研学旅行活动的重要导师来源。

二、研学导师队伍建设中存在的问题

为培养符合研学旅行需求的高素质研学导师,相关行业组织积极探索研学导师资格认定的标准,定期或不定期开展研学导师的培训,多方发力,形势喜人,成果初现。

从 2019 年开始,中国旅行社协会开启了全国范围的研学旅行指导师培训工作,并委托给湖北师范大学等四家高校执行,在社会上引起了不小的反响。中国地质学会 2019 年开展了首批科普研学基地的评选工作,2020 年又组织开展了首次地学研学导师培训班,培养了一批科普研学基地(营地)人才。中国科普研学联盟于 2019 年举办了两期全国科普研学人才(导师)培训班,该培训以培养科普研学导师为目的,其学员是来自全国各地从事研学旅行的相关人员,具有一定代表性。2020 年世界研学旅游组织(WRTO)四川代表处主办了"首届权威研学旅游导师入门级认证培训班",参训合格学员将获得世界研学旅游组织和中国职业人才认证管理中心双认证,并获得向国内外顶级研学机构推荐的就业机会。

这些探索在很大程度上推进了研学导师队伍的建设,但由于增长速度过快,一些水平不高的人员也进入了研学导师的队伍,对研学旅行质量产生了一些负面影响。

(一)研学导师认证体系不健全

作为一种新生行业,研学导师资格认证目前缺乏像全国导游资格证考试和全国教师资格证考试一样成熟的考核体系。各组织(协会)出台的培训计划多自成一派,没有体现出强制性、权威性和科学性。研学行业缺乏相应的从业准则和硬性的行业标准,监管力度不强,很容易导致研学导师队伍素质参差不齐。研学导师缺乏专业的知识支撑,导致目前研学旅行浮于表面,出现了"游而不学,学而不研"的状况。

日本对修学旅行有专门的立法,对修学旅行指导老师的任职资格也有非常严格的规定。美国法律中要求研学旅行要有专业人士的陪同。相比之下我国没有政府层面制定的专门法律或者条例,也缺乏有关职能部门的积极引导,即便有相关措施也难以真正落实到位。鉴于研学旅行教育的重要性,我国研学导师从业资格可以参考教师资格证考试和导游资格证考试的模式,纳入国考范畴,由旅游行政主管部门或教育行政主管部门权威认证的研学导师考核机构进行认定。

(二)研学旅行内涵认知不充分

目前研学旅行的参与主体还存在对研学旅行认知不足的问题,一些学校老师对其内涵和价值的理解有失偏颇。研学旅行的参与主体为中小学生,目前在我国大力宣传研学旅行的态势下,各学校都在大力开展研学旅行活动,作为参与主体的中小学生对研学旅行的内涵反而了解较少。在整个研学旅行实施过程中,参与主体也并没有很好地发挥参与度,学生只能按照既定的活动安排行动,没有充分发挥研学旅行对学生能力及素质方面的培养效果,也没有体现出以学生为主体的教育理念。

研学旅行产品具有观光与学习的双重功效,这就要求研学旅行产品在活动设计中要体现娱乐与教育的双重功能,研学旅行的内容应与课程内容相结合,在旅游目的地的选择中要注意对应教学课堂,体现"游"与"学"的结合。在研学实践中,学校老师更加注重的是游学中的"学",只是在关注研学课程和平时所学内容是否紧密联系,甚至还担心因为研学而打乱学生的学习节奏,从而在课程资源的选择上只注重学习而忽略了研学旅行的趣味性、休闲性、参与性、实践性。参与设计研学产品的旅行社或研学基地则更加注重游学中的"游",尤其是旅行社的很多研学产品是在原来的观光游学线路基础上的优化升级,重游轻学,在利益驱使下大多是打着研学的旗号,做着纯旅游的事情,没有很好地发挥其教育功能,加上学生主体地位与发言权的缺失,致使学生在研学旅行中只能走马观花,流于形式,收获不大。

(三)研学导师专业素养不全面

目前我国研学导师绝大多数由学校带队老师和普通导游转型而来。在校教师缺乏旅行保障和安全防控的相关知识,没有旅行社或研学教育等第三方机构的协助配合很难开展研学旅行活动。而普通导游缺乏研学导师应有的专业性。研学导师不仅是一名导游,从事的并不只是向导、讲解工作,更重要的是作为一名教育工作者而存在的。专业的研学导师不仅要在导游服务工作上做到极致,还需要有教育学相关知识储备,懂得教育学、心理学、课程设计等。

因此,随着研学旅行在我国广泛兴起,以培养既懂旅行知识又有较强组织协调能力为目标的研学导师培训也应提上议事日程,以学校老师和旅行社导游兼任为主的做法都存在自身难以克服的短板,这在一定程度上会影响研学旅行的品质,因此,加快研学导师培训显得尤为迫切。

第二节 研学导师资格获取

目前,研学旅行管理与服务专业对应全国研学旅行指导师职业技能和"1+X"研学旅行策划与管理职业技能。现阶段获取全国研学旅行指导师技能证书的途径是通过中国旅行社协会、高校毕业生就业协会、全国研学旅行指导师认定委员会三方联合批准的在全国研学旅行指导师培训基地举办的定期或不定期培训,经考核合格而获得。接受培训对象一般为专科及以上毕业的高校毕业生以及旅行企业相关人员,培训时间一般为一周以上,培训环节包括课堂教学、课外实训、结业考试等,课程内容包含研学旅行相关的政策与法规、研学旅行课程理论与设计、教育学综合、教育心理学等。"1+X"研学旅行策划与管理职业技能考核于2020年3月开始在全国各省、市、自治区陆续申报。

2019年文化和旅游部人才中心完成了《研学旅行指导师职业能力等级评价标准》(以下简称《标准》)的制定。该《标准》于2019年10月开始实施,是目前首个由国家旅游行政管理部门主导制定的研学导师国家职业标准。

一、我国研学导师资格获取

我国研学导师共设四个等级,由低到高分别为:四级研学旅行指导师、三级研学旅行指导师、二级研学旅行指导师、一级研学旅行指导师。

1. 报名条件

具备以下条件之一者,可申报四级:
(1)取得大学专科毕业证书及以上学历(含尚未取得毕业证书的应届毕业生)。
(2)取得中华人民共和国导游资格证书。
(3)取得中华人民共和国教师资格证书。

具备以下条件之一者,可申报三级:
(1)取得大学本科毕业证书及以上学历。
(2)取得四级研学旅行指导师证书,并连续从事本职业工作两年及以上。
(3)连续从事本职业工作五年及以上。
(4)取得中华人民共和国中级导游证书,并从事本职业工作两年及以上。
(5)取得教师系列初级专业技术职务任职资格,并从事本职业工作两年及以上。
(6)在全国导游大赛中获得铜奖荣誉者。

具备以下条件之一者,可申报二级:
(1)取得硕士研究生及以上学历。
(2)取得三级研学旅行指导师证书,并连续从事本职业工作四年及以上。
(3)取得中华人民共和国高级导游证书,并从事本职业工作两年及以上。
(4)取得教师系列中级专业技术职务任职资格,并从事本职业工作两年及以上。
(5)在全国导游大赛中获得银奖荣誉者。

具备以下条件之一者,可申报一级:

(1)取得二级研学旅行指导师证书,并连续从事本职业工作五年及以上。

(2)取得中华人民共和国特级导游证书,并从事本职业工作两年及以上。

(3)取得教师系列高级专业技术职务任职资格,并从事本职业工作两年及以上。

(4)在全国导游大赛中获得金奖荣誉者。

2.考评方式

分为理论知识考试、实际操作以及综合评审。理论知识考试采用闭卷笔试,主要考核从业人员从事本职业应掌握的基本要求和相关知识要求。实际操作主要采用现场操作或模拟操作方式进行,主要考核从业人员从事本职业应具备的技能水平。综合评审主要针对一级研学旅行指导师,通常采取审阅申报材料、答辩等方式进行全面评议和审查。

理论知识考试、实际操作和综合评审均实行百分制,成绩均达到60分(含)以上者为合格。

3.考评人员与考生配比

理论知识考试中的监考人员与考生配比为1∶15,且每个考场不少于2名监考人员;实际操作的考评人员与考生配比为1∶5,且为3人(含)以上单数;综合评审委员为3人(含)以上单数。

4.考评时间

(1)理论知识考试时间不少于90分钟。

(2)实际操作考试根据级别的不同,控制在8—20分钟。

5.考评场所设备

理论知识考试在标准教室或电脑网络教室进行,实际操作考核在符合相应技能鉴定评价要求的场地进行。

二、国外研学导师资格获取

研学旅行在美国、英国、德国、日本、韩国等发达国家已具有一定规模。在17、18世纪的欧洲,旅游作为贵族子弟的一种培养方式,兴起了"大游学"(Grand Tour)运动。英国、德国、法国和意大利人都崇尚"漫游式修学旅行"。第二次世界大战后,旅游更是被欧美等国家作为学校系统内能拓宽大中小学生视野、提高跨文化理解能力的教育方式。不同国家对研学旅行的叫法不同,对研学导师的称谓也有所不同。但相同的是对研学导师从业资格的获取都有严格的要求。

澳大利亚重视户外教师的专业素养,要求教师必须具备专业户外知识与技能,不断强化自身专业素质。在澳大利亚,参与户外教育的随行教师需要经过专业培训,其中部分教师还拥有专门从事户外教育工作的教师资格证书。澳大利亚户外教师大多具有体育教学背景,或经过专门体育培训。中小学户外教师需实习80小时,高中户外教师则需实习120小时。澳大利亚维多利亚州的维多利亚教学研究所(Victorian Institute of Teaching, VIT)从1995年开始强制要求户外教育教师在他们四年本科学习中至少从事一年户外教育专业研究,其中户外活动知识和安全管理知识是户外教师必修学习内容。2004年5月,维多利亚户外教育第三咨询小组(Tertiary Advisory Group, TAG)

制定了一套学校户外教师资格准则,阐述了维多利亚辖区内中小学户外教师应具备的知识和技能,包括与自然环境的互动、户外活动知识、安全知识与技能以及生态素养等内容。

第三节　研学导师的培训

培养研学导师是对研学旅行发展的前瞻性部署。研学旅行的核心在于研学导师队伍的扩大、质量的提升,锤炼研学导师队伍,促成研学旅行在组织规划、课程研发、项目实施等各环节建立紧密联系,可将研学旅行从常规课堂和观光旅游中区分出来。然而,专业的研学导师绝不是简单的教师加导游。优化研学导师队伍,提高研学导师素质和文化修养还需要专业的培训考核,而不是单纯的证件加持。

一、研学导师培训的内容

(一)职业道德教育

1. 职业道德基本知识

认识并理解研学旅行指导师职业道德的基本要素:职业理想、职业责任、职业态度、职业纪律和职业荣誉等。

2. 职业守则

(1)爱岗敬业,遵纪守法。

(2)行为规范,为人师表。

(3)好学上进,立德树人。

(4)细致严谨,知行合一。

(5)服务学生,共同成长。

(6)团结协作,顾全大局。

(7)追求卓越,勇于创新。

(8)注重引导,善于指导。

(二)基础知识培训

1. 研学旅行知识

(1)研学旅行相关法律知识。

(2)研学旅行政策和标准知识。

(3)安全防范和应急管理知识。

(4)导游基础和导游业务知识。

2.教育教学知识

(1)学生心理知识。

(2)班级管理知识。

(3)教学和课程知识。

(4)教育法律法规知识。

(三)基本技能获取

依据文化和旅游部人才中心《研学旅行指导师职业能力等级评价标准》要求,我国初级研学导师需要具备"研学教育""旅行保障""安全防控"三大职业功能,其中"研学教育"职业功能要求研学导师能胜任研学课程准备、研学旅行课程实施、研学旅行课程反馈三大工作内容;"旅行保障"职业功能要求研学导师能完成对研学团队的交通服务、住宿服务、用餐服务、生活照料;"安全防控"职业功能要求研学导师具备安全事故预防和安全事故处置能力。初级(四级)研学导师技能培训大纲如表3-1所示。

表3-1 初级(四级)研学导师技能培训大纲

职业功能	工作内容	技能要求	相关知识要求
研学教育	研学旅行课程准备	(1)能根据研学旅行课程方案,讲述研学目标、研学主题和研学任务; (2)能做好课程方案相关知识及行程准备工作; (3)能理解研学旅行手册内容,掌握其使用方法; (4)能与研学旅行主办方和供应方做好课程衔接和沟通; (5)能做好课程所需的物料准备	(1)研学旅行课程方案的概念、内涵和内容; (2)研学旅行课程相关知识; (3)研学旅行手册内容和使用方法; (4)研学旅行服务规范中主办方和供应方沟通方法; (5)仪容仪表和物料准备知识
	研学旅行课程实施	(1)能根据研学旅行出征仪式和结束仪式程序做好执行工作; (2)能在旅行途中按照课程计划执行好研学任务; (3)能在目的地根据课程计划执行研学任务; (4)能指导学生完成研学成果展示和交流	(1)研学旅行活动流程; (2)旅行途中的研学内容组织及教学方法; (3)目的地的课堂概念、内涵、组织及教学方法; (4)研学旅行分享课程组织和方法
	研学旅行课程反馈	(1)能掌握2种及以上的学习评价方法,能对学生进行客观评价; (2)能对研学目标契合性、行程合理性和课程资源利用有效性等情况进行反馈	(1)研学旅行学生学习评价方法和知识; (2)研学旅行课程评价方法和知识

续表

职业功能	工作内容	技能要求	相关知识要求
旅行保障	交通服务	(1)能对学生乘坐的交通工具、安全注意事项及文明出行进行说明； (2)能引导好学生有序集合，按规定乘坐交通工具； (3)能引导学生遵守交通规则，保护自己的人身和财物安全； (4)能处理学生在交通工具上的常见问题	(1)交通工具及其乘坐相关知识； (2)集体出入交通工具的组织方法； (3)交通安全及预防相关知识； (4)学生在交通工具上常见问题的处理方法
	住宿服务	(1)能对学生住宿的场所、文明入住及安全注意事项进行说明； (2)能合理分配房间，办理好入住手续，做好查房工作； (3)能带领学生熟悉逃生通道，讲解消防和逃生器材的使用方法； (4)能及时提醒学生遵守住宿纪律，保护自己的人身和财物安全； (5)能处理学生在住宿期间的常见问题	(1)营地、饭店安全住宿相关知识； (2)办理集体入住的方法； (3)消防和逃生器材的相关知识及使用方法； (4)集体住宿管理知识，住宿期间常见问题的处理方法
	用餐服务	(1)能对用餐场所、用餐规定和用餐安全注意事项进行说明； (2)能及时提醒学生遵守用餐规定，保护自己的人身和财物安全； (3)能处理学生在用餐期间的常见问题	(1)用餐规定和用餐流程； (2)集体用餐管理的相关知识和方法； (3)用餐期间常见问题的处理方法
	生活照料	(1)能发现并照顾身体不适的学生； (2)能根据学生病情采取相应措施； (3)能照顾好有特殊情况的学生	(1)生活照料的相关知识； (2)一般疾病处理的流程和方法； (3)特殊情况处理方法
安全防控	安全事故预防	(1)能分析研学旅行安全事故发生的原因，并能针对性地讲述安全预防内容； (2)能编制研学旅行安全书面告知书，并予以解释说明； (3)能熟知研学旅行安全应急预案，并按照课程设置和研学线路模拟安全应急演练	(1)研学旅行安全事故发生的类型及其原因； (2)旅游安全相关政策及法律法规； (3)旅游安全应急预案相关知识

续表

职业功能	工作内容	技能要求	相关知识要求
安全防控	安全事故处置	(1)能按照应急预案流程处置旅游安全事故; (2)能采取相应措施现场处理学生摔伤、割伤、撞伤、烫伤、互伤、走失等多发性事故; (3)能在安全事故发生后固定和保存证据,协助伤者向保险公司索赔	(1)旅游安全事故应急处理流程; (2)研学旅行相关安全事故处置和急救处理知识; (3)保险相关法律知识

中级(三级)研学导师技能培训大纲与初级研学导师技能培训有相同的职业功能和工作内容要求,但在相应的技能方面,提出了更高的要求。如在研学课程反馈工作中,中级研学导师要能掌握3种及以上的研学旅行评价方法,能对学生进行客观评价。且能对研学目标契合性、教学行为和课程资源利用的有效性进行评价,并能提出合理化建议。

高级(二级)研学导师在中级研学导师技能的基础上增加了"课程研发"和"培训指导"两大职业功能。"课程研发"职业功能要求研学导师掌握研学旅行课程设计知识和方法,能设计2种及以上的不同类型的研学课程,能编制2种及以上不同类型的课程方案,能对课程方案进行评估,并修改完善;能编写研学旅行手册,能对研学旅行手册进行评估,并修改完善。此外,高级(二级)研学导师还要具备"培训指导"的能力,能编制业务培训方案,对四级、三级研学旅行指导师进行培训。还要具备制定研学旅行操作手册的工作能力,对研学旅行指导师操作中的主要疑难问题进行示范、指导。

特级(一级)研学导师在高级研学导师技能的基础上增加了"管理研究"职业功能。要能制定研学旅行指导师岗位职责和工作程序;能制定研学旅行质量控制方案并能组织实施;能撰写研学旅行经验总结、案例分析等报告;能撰写研学旅行相关论文和教材。

二、研学导师培训的种类

(一)资格培训

资格培训的目标很明确,就是帮助学员获得研学导师资格,通过行政管理部门组织的资格考试,并获得资格证书。目前各行业协会组织的培训多属于资格培训,针对研学导师所需知识和技能,制订相应的培训计划。对参加培训并通过考核的学员颁发协会认可的研学导师资格证书。我国应尽早成立权威的研学旅行行政管理机构,尽快制定全国统一的研学导师考试科目及内容体系,培养和选拔研学导师队伍的生力军。

根据研学导师相关能力要求,研学导师考试科目可定为,科目一《研学导师综合素质》主要考查研学导师应具备的职业理念、职业道德、相关法律法规、文化素养、基本能力;科目二《研学教育知识》主要考查教育学知识、学生心理知识;科目三《主题研学知识与教育能力》主要考查相关主题的学科知识、研学旅行资源规划与课程开发、研学旅行效果的评价与管理;科目四《研学旅行实践能力》主要考查研学课程的准备、研学旅行保障、研学安全防控；科目五《研学导师教学与服务能力》以面试的形式开展，考查研学导师的仪态、语言表达、课程讲解、导游规范、应变能力、综合能力等。

（二）岗前培训

岗前培训是一种职业化的培训，它要求获得从业资格者在正式上岗前必须经过一段时间的职业培训。通过了从业资格考试，并不意味着能即刻胜任研学导师的工作，从业者毕竟还缺乏符合岗位工作规范与标准的理念、意识、态度、作风、业务知识和带团技能，尤其是安全防范知识的掌握和对现实中突发事件的管理还存在一定的距离。如上文提到的澳大利亚中小学户外教师上岗前需实习80小时，高中户外教师则需实习120小时。因此，研学旅行机构或行业协会组织需要对新研学导师进行职业化的岗前教育培训，以使他们能更好地胜任工作。

（三）岗位培训

岗位培训是研学导师上岗后的培训。旅行社等研学机构或研学行业协会除了对研学导师进行规范、系统的岗前培训，还需要根据研学导师队伍的服务状况及工作需要不定时地举办各种适用性培训。这种培训极具针对性，对研学导师队伍中出现的共性问题，集中时间进行强化训练，"缺什么，补什么"。如中小学生心理培训、讲解的语言艺术、中国传统文化讲座、热带植物讲座、建筑园林欣赏等。时间、地点和方法可随机而定，但培训内容必须具有针对性，要解决问题，要查漏补缺。不能凭管理人员的个人意志或个人喜好，否则培训将毫无意义。

三、研学导师培训的方式

一是专家讲授法。建立培训专家资源库，可以由行业协会邀请各方专家学者，包括邀请研学旅行理论研究专家、中小学教育理论研究专家、行业专家学者、中小学和高校资深教师以及深受家长和中小学生认可的一线研学导师，共同组成培训专家库，为研学导师的培训工作做好人才储备。

二是经验交流法。依托行业协会横向联合作用，定期或不定期开展各类研学旅行、各层次研学旅行的现场观摩和经验交流活动，促进研学导师间的相互学习、取长补短，不断激发研学导师内在的学习动力，从而推动研学基地的内涵建设，促进中小学研学实践活动整体水平的提升。

三是线上培训法。基于目前新冠肺炎疫情日常防控的需要，以及局部地区疫情的不确定性，可利用互联网开展线上培训。线上培训可以分为同步直播培训和非同步培训两种，能突破场地限制、学员数量限制，甚至时间限制，可以较大程度地节约培训成本，还可以更好地利用线上多媒体资源，增强课程的趣味性。不足之处在于课堂的互动性不强，学习过程不易监控。

除此之外，根据培训内容不同，研学导师的培训方式还可分为普适性培训和专业性培训。

普适性培训，即面向所有研学导师开展的素质培训，主要内容包括国家、省、市有关研学旅行的政策解读和最新工作动态,教育学知识、心理学知识、各类安全知识以及突发事件的应急处理知识的讲授与培训,以加深研学导师对政策的理解,提高研学导师观察和研究学生的能力、指导学生的能力、课程资源的开发和利用能力、履行各类安全要求的保障能力,等等。

专业性培训,是指根据研学课程的内容而组织开展的专业性知识的培训,研学旅行涉及自然类、历史类、地理类、科技类、人文类、体验类等多种类型,开展这方面的培训能满足不同类型研学课程有效实施的需要,提高研学导师的知识储备,提升研学导师跨学科知识整合的能力,保证不同层次、不同水平学生在研学旅行过程中都能得到有效指导和教育,也能促进各类研学导师的成长,促进整个研学行业协调发展。

上述培训方式各有利弊,在研学导师的培训和培养过程中,可按照实际需求,自主选择,也可以多种培训方法组合进行,以求达到最佳的培训效果。

本章小结

我国对于研学导师的从业资格获取及职业素质要求尚处于初始阶段,建立适合我国研学旅行实际情况的研学旅行导师认证体系,规范和指导研学旅行从业人员的职业技能素养,显得格外重要。

目前,我国研学导师普遍由学校教师、旅行社导游、研学(教育)机构人员、研学基地(营地)人员及其他相关社会人士兼任,形成了差异化的从业人员来源。他们中的大多数素质较高,具备各自领域的优势和特长。然而,作为一种新的职业,研学导师有其独特的能力要求。不管是学校老师,还是旅行社导游,抑或是学科专家,与专职的研学导师相比仍存在不同程度的差距。如果研学导师无从业资格认证和职业素质要求标准,研学旅行的质量就很难有保障。我国研学导师从业资格可以参考教师资格证考试和导游资格证考试的模式,纳入国考范畴,由旅游行政主管部门或教育行政主管部门权威认证的研学导师考核机构进行认定。

研学导师需要具备一定的专业态度、基础知识和基本技能。能正确认识开展研学旅行的意义,具有职业理想和敬业精神,注重自身专业发展,具有终身学习意识。重视学生身心健康,将保护学生生命安全放在首位,促进学生的全面发展。研学导师应具备"研学教育""旅行保障""安全防控"三大职业功能,其中"研学教育"职业功能要求研学导师具备研学课程准备、研学旅行课程实施、研学旅行课程反馈的能力;"旅行保障"职业功能要求研学导师能完成对研学团队的交通服务、住宿服务、用餐服务、生活照料;"安全防控"职业功能要求研学导师具备安全事故预防和处置能力。

研学导师的培养离不开传统的资格培训、岗前培训和岗位培训。培训方式上有且不限于专家讲授、经验交流、线上培训等方法。根据培训内容不同,研学导师的培训方式还可分为普适性培训和专业性培训。

课后训练

一、填空题

1. 目前我国研学导师的主要来源有_____、_____、_____、_____、_____。

2. _____年,中国旅行社协会联合高校毕业生就业协会、全国研学旅行指导师认定委员会三方发布团体标准《研学旅行指导师(中小学)专业标准》(T/CATS 001—2019),被认为是全国首个关于研学导师的团体标准。

3. 文化和旅游部人才中心制定的《研学旅行指导师职业能力等级评价标准》规定,研学导师应该具备_____、_____、_____三大职业功能。

4. 研学导师需要具备_____、研学旅行政策和标准知识、安全防范和应急管理知识、_____四个方面的研学旅行知识。

二、判断题

1. "研学教育"职业功能要求研学导师能胜任研学课程准备、研学旅行课程实施、研学旅行课程反馈三大工作内容。(   )

2. 高级研学导师必须具备课研学程设计的职业功能。(   )

3. "安全防控"职业功能要求研学导师具备安全事故预防和处置能力。(   )

4. 我国应尽早成立权威的研学旅行行政管理机构,尽快制定全国统一的研学导师考试科目及内容体系,培养研学导师队伍的生力军。(   )

三、问答题

对研学导师的培训可以由企业、学校或基地组织开展,也可以由行业协会、行政管理部门组织。研学导师应该注重自身专业发展,具有终身学习、持续学习的意识,在这个知识迭代迅速的大时代背景下,与时俱进,保持自身职业的可持续发展。因此,从业者在获得研学导师资格以后,积极参加职业相关培训,不断提升自我,显得尤为必要。

问题:

你认为还有哪些有效的培训路径可以用于我国研学导师的培养?

第四章 研学导师教育教学技能

学习目标

1. 了解研学旅行课程设计、教学方法的内涵。
2. 熟知研学旅行课程设计的要素和环节。
3. 掌握研学旅行课程评价。
4. 掌握研学旅行教学常用的教学方法。

知识框架

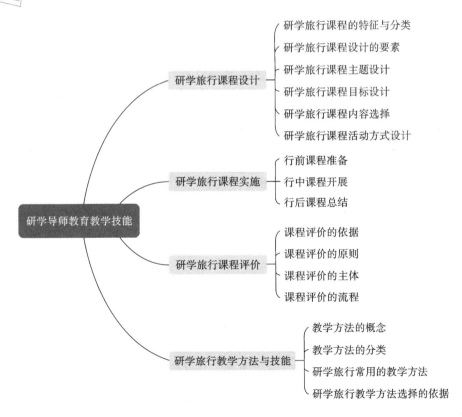

学习重点

1.教学重点:研学旅行课程设计的要素、研学旅行课程主题设计、研学旅行教学方法。

2.教学难点:研学旅行课程评价、研学旅行教学方法的优化组合。

学习引入

陶行知先生说:"生活即教育,社会即学校,教学做合一。""要解放孩子的头脑、双手、脚、空间、时间,使他们充分得到自由的生活,从自由的生活中得到真正的教育。"教育部等11部门发布的《关于推进中小学生研学旅行的意见》(以下简称《意见》)开宗明义地指出要因地制宜开展研学旅行,这对于中小学校树立全面的课程意识,打破"学术类"课程的藩篱,使学生的学习从教室走向社会、走向更大的世界,有着十分重要的现实意义。能让学生主动学习、热情参与的研学旅行活动课程必将大受学生欢迎。研学旅行课程是培养人才的重要资源,是组织实施研学旅行教学的主要依据,甚至在一定程度上决定了研学旅行活动终极目标的实现。优质的研学旅行课程应体现出知识观、教育观和教学观。

研学旅行课程的知识观着眼于增长见识和丰富知识。研学旅行课程能弥补学校正式课程和学习中的不足,其教学指向在于增长见识、丰富知识并关注精神层面的修养,正如《意见》中所说:"研学旅行要因地制宜,呈现地域特色,引导学生走出校园,在与日常生活不同的环境中拓展视野、丰富知识、了解社会、亲近自然、参与体验。"

研学旅行课程的教育观崇尚浪漫和思想的自由。《意见》指出"让广大中小学生在研学旅行中感受祖国大好河山,感受中华传统美德,感受革命光荣历史,感受改革开放伟大成就,增强对坚定'四个自信'的理解与认同"。教育是一种精神修炼和文化探索,研学旅行活动课程是教育本质内涵的具体体现,学校借助这一课程,可将教师教育的关注点引向如何提高每个学生将来"有价值的生活"的可行能力。对于学生来说,修炼"有价值的生活"能力,不仅能获得具体的日常生活能力,更能提升自由选择的能力,从而达到自由地选择、开发和实践自己的人生计划,自由地发现自身全部价值的目的。

研学旅行课程的教学观强调借用技术来支撑和增强学习。《意见》要求"根据小学、初中、高中不同学段的研学旅行目标,有针对性地开发自然类、历史类、地理类、科技类、人文类、体验类等多种类型的活动课程"。研学旅行活动课程的教学,要做到"立志高远、目的明确、活动生动、学习有效",避免"只游不学"或"只学不游"现象。"将观念建立在直接的旅途之中"是研学旅行课程教学的特点,教学中可采取知识整合的教学方式,鼓励学生建立起对社会现象、自然现象的一致性理解。《意见》还强调"教育部将建设研学旅行网站,促进基地课程和学校师生间有效对接"。借助网络平台和信息技术手段,可以支撑学习过程,增加学习途径。

研学旅行活动课程属于中小学综合实践活动课程，研学旅行课程设计如果缺乏科学性、针对性、有效性就无异于"穿着马甲"的旅行。因此，设计出既有内涵又具实操性的研学旅行课程是作为一名研学导师必须具备的技能。

第一节　研学旅行课程设计

研学旅行课程设计是指以研学旅行课程理论为指导制定研学旅行课程标准、选择和组织研学旅行课程内容、预设研学旅行活动方式的活动，也是研学旅行课程目标、研学旅行教育经验和预设研学旅行活动方式的具体化过程[①]。

一、研学旅行课程的特征与分类

(一)研学旅行课程的特征

通常意义上，课程主要是指学校为实现各级各类教育目标而设定的各门学科及其目的、内容、范围、进程、安排的总和。它包括学校老师所教授的各门学科和各种有目的、有计划的教育活动。分科课程与活动课程是当前中小学学校教育中的两种基本的课程类型。

研学旅行的本质是教育，它属于活动课程类型，是一种校外综合实践教育。

作为一种综合实践教育活动的研学旅行课程，除具有分科课程的基本特征外，还具有其自身的独特性。

1. 教学目标的层级性

研学旅行以立德树人、培养人才为根本目的。研学旅行课程目标设计时不能仅仅以知识与技能的传授为终极目标，而是要加强研学旅行过程与方法的设计，更要注重情感态度价值观的提升。由于研学资源的差异、学生个体的差异及学习结果的层次性和差异性，研学旅行课程需要根据这些差异性来设计相应的课程目标，从而保障课程目标的针对性，因此，研学导师在设计课程目标时，必须确定课程目标的层级性。

2. 教学内容的开放性

不同于一般分科课程内容的系统性，研学旅行课程的内容可以以颗粒化、碎片化的形式呈现，比如每一条研学旅行线路都可以独立设计课程教学目标，各线路的教学内容之间可以不具有关联性和连贯性。另外，在课程内容的选择上少了分科课程内容的局限性，研学旅行课程内容更加开放多元，理论上任何内容、一切现有的物质文明和精神文明都可以成为研学旅行课程的教学资源。

3. 教学过程的实践性

研学旅行不同于一般分科课程，课程的实施必须通过学生的亲身实践来完成，理论

---

① 李岑虎.研学旅行课程设计[M].北京:旅游教育出版社,2020.

学习、课堂学习不能取代实践过程。学生必须亲身经历整个研学旅行过程,才能完成课程的学习。

4.教学结果的发散性

研学旅行不同于一般的分科课程,其教学结果与学生本人的特点密切相关。参加同样的研学旅行,参观同样的景点,每个参加研学旅行的学生关注点不同、文化背景不同、思维方式不同、情感态度与价值观不同,使得每个人的收获和感悟也一定不同。

(二)研学旅行课程的分类

由于研学旅行是一个新生事物,研学旅行课程的设置有较大的自主性,因此研学旅行课程的分类还没有找到统一的标准和依据,我们期望在充分讨论、探索的基础上,逐步形成科学性、规律性和规范性的认识。

1.依据研学资源类型的分类划分

依据《研学旅行服务规范》(LB/T 054—2016)中对研学资源类型的分类划分,研学旅行课程包括以下几种。

(1)知识科普型:依托各类博物馆、科技馆、历史文化遗产场所等资源,引导学生开阔视野并增强文化自觉和自信而设计的课程。

(2)自然观赏型:以山川、江、湖、海、草原、沙漠等自然资源为依托,引导学生感受祖国大好河山,树立关注自然、保护生态而设计的课程。

(3)体验考察型:以各农庄、实践基地、夏令营营地或团队拓展基地等资源为依托,引导学生了解基本国情和改革开放成就而设计的课程。

(4)励志拓展型:依托各红色教育基地、国防教育基地等,引导学生了解革命历史,传承红色基因,培育新的时代精神而设计的相关课程。

(5)文化康乐型:以各主题公园、演艺影视城等资源为依托设计的相关课程。

2.依据研学旅行课程授课形式不同划分

依据研学旅行课程授课形式的不同,可将其分为微讲座和微课程。

(1)研学旅行微讲座。

研学旅行微讲座有别于传统导游的讲解词,它聚焦教育点或知识点,是为研学旅行过程设计的用时较短的专题性讲座课程。其显著特征在于它是一个"以讲助学"的教育活动过程,它是植入研学旅行过程中的一个有效环节,既可以有独立的课程目标,也可以和本次研学课程的整体目标相统一、相衔接,能辅助完成研学旅行课程的整体目标。其要素包括:讲座主题、讲座对象、讲座时长、授课空间、教学目标、教具(学具)使用要点、整体教学思路、微讲座评价。

微讲座内容可以是了解文明旅行常识、安全防护救护与灾害应急知识,也可以是了解非物质文化遗产和民族特色,掌握乡情、市情、省情和国情;了解相应的自然、人文知识,掌握与研学旅行课程方案直接相关的学科内容等。

微讲座的特点是在时间上可长可短,几分钟、半小时均可;在方式上灵活多变,不拘一格;在内容上丰富多彩;在实施的场景上随心所欲,车上、船上、会议室、餐厅,甚至行进过程中都可以结合实际情况随机安排授课。

(2)研学旅行微课程。

微课程是指在研学旅行过程中,针对某一个或几个教育点或知识点而设计的教育课程。重点在于运用多种教育手段和素材生动地阐明所讲内容,可以听,可以看,可以体验参与,便于学生理解和认知。

微课程要素在涵盖微讲座要素的基础上增加了教学内容与方法。

微课程与其他课程的差异在于:一是从学生学习方式方法上,微课程主要采用参与式和体验式学习方法,以学生为主体,通过研学导师指导、学生参与和体验来达成学习目标;二是在课程的使用范围上,微课程主要在研学基地使用;三是在课程时长上,微课程以15分钟一节课来进行设计,一天最多不超过8节课;四是在教学目标上,微课程主要围绕一个目标来进行课程设计与实施;五是在授课场地及方式上,微课程主要是以户外授课为主,授课方式主要通过体验式活动来完成。

二、研学旅行课程设计的要素

研学旅行课程设计至少包括课程主题、课程资源、课程目标、课程内容、课程实施、课程评价、课程师资和研学手册八大要素。

(一)课程主题

研学旅行课程属于综合实践活动课程,因此,每次活动必须有一个确定的主题,且主题设计必须具有可操作的内容。例如:"孔子——半部《论语》治天下,寻梦圣人越千年""三国文化研学旅行""见'疫'勇为——勇做抗疫卫士"。

(二)课程资源

分科课程的资源一般包括教科书、教辅材料、练习册、教学课件、教具、实验器材等。然而研学旅行课程比较特殊,其资源必须依赖各种校外研学旅行基地(营地),如文化遗产地、科普教育基地、爱国主义教育基地、职业体验基地、户外拓展基地、自然保护区等。除此之外,还包括研学旅行手册、推荐阅读材料、电脑软件、教具、实验器材等必要的课程资源。

(三)课程目标

研学旅行课程的目标应该从学生发展核心素养的角度来制定,具体可包括知识、能力、方法、情感、态度、价值观等。但不是每一个研学旅行课程都必须包括这些,而是需要根据研学旅行主题和目的地来选择目标。

(四)课程内容

研学旅行课程内容是根据研学主题、研学目标、研学基地、研学时间等多方面因素综合考虑确定的。研学旅行课程的内容就是参观考察的对象和学习方式。

(五)课程实施

课程实施就是根据研学旅行课程设计方案逐步付诸实施的过程,以课程目标为主导,依照流程,逐步完成预设学习内容的各个环节。课程实施包括行前、行中和行后三个阶段,只有"三段式"课程全部完成,才算完成课程的实施。

(六)课程评价

研学旅行评价不同于学科评价,研学旅行评价必须采用过程性评价,需要多元主体参与,研学后的成果展示与交流也是评价的一部分。

(七)课程师资

研学旅行的师资构成复杂,具有特殊性。研学旅行师资可以分为专业教师和辅助教师两大类。专业教师主要负责学生专业活动的知识讲解、活动安排、课题指导等工作。辅助教师主要负责学生日常生活、活动的组织管理及安全健康保障。从师资来源看,分为学校教师、第三方机构领队、业内指导专家、研学基地(营地)服务人员、家长志愿者等各类人员。

(八)研学手册

研学手册是连接师生的重要桥梁,也是研学旅行课程的主要载体,它相当于学生的学习作业本,兼有学习计划、阅读资料、练习题、评价单、学习日志等多种功能,是学生研学旅行的必备资料。

研学手册通常会在行前分发给学生,发挥其"指南针"的作用,帮助研学导师、学校师生了解此次研学旅行课程目标及学习重点,指明学习方向。研学手册的内容对应研学活动的实施阶段,分为行前、行中和行后三个阶段,具体包括:行前准备——导入概要、知识储备、出行指南和安全预案;行中实施——总体行程、课程主题、体验创作;行后总结——研学日志、拓展学习、研学报告、研学评价、参考文献等。在研学旅行实施过程中,教师要督促学生完成所有研学手册的学习内容。

研学旅行课程设计的主要环节及流程如图 4-1 所示。

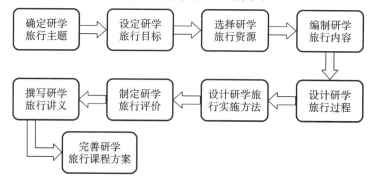

图 4-1 研学旅行课程设计主要环节及流程图

案例分析

【案例一】 三国文化揭秘——襄阳古隆中研学旅行课程设计方案

一、课程名称

三国文化揭秘——襄阳古隆中研学旅行

二、课程对象

襄阳市田家炳中学高中二年级学生

三、课程资源

本课程以"三国文化"为背景,以古隆中景区和全国首部大型实景影像话剧《草庐·诸葛亮》为载体。通过读三国书籍、查三国典籍、讲三国故事、论三国英雄、观三国演出、演三国话剧、扮三国人物、唱三国歌曲、诵三国诗文等方式,让学生走近家乡,了解家乡,熟知并牢记与家乡有关的历史名人、山水文化,从而热爱家乡,宣传家乡,建设家乡,助力襄阳历史文化名城建设。

四、课程目标

(1)知识与技能目标:通过参观古隆中景区,聆听专业讲解和开展三国主题活动,多角度、全方位地了解三国人物,感知三国文化,学习诸葛智慧。

(2)过程与方法目标:通过自我探索和导师引导式的实践教育方法,让学生了解三国时期的历史知识和文化内涵,形成学生自有的人文沉淀。

(3)情感、态度与价值观目标:通过研读历史,培养学生的人文底蕴,激发学生对中华文化与历史的深切认同与浓厚兴趣,传承与发扬中华优秀传统文化。

五、课程安排

课程设置	课程说明	课程时间
课前导入	行前一课	1课时(40分钟)
	三国历史知多少	灵活安排
研学当日 (共计2天)	参观考察课程	7课时
	专家讲座课程	3课时
	体验互动课程	4课时
	分享总结课程	1—2课时
课后建议	拓展延伸课程	自定

六、研学日程

1.课前导入

(1)行前一课(授课人:研学导师/老师)。

讲述此次研学的具体行程安排、注意事项、简单的背景知识。

(2)三国历史知多少(学生自主完成)。

①阅读文学经典《三国演义》,了解与古隆中、襄阳有关的三国历史人物。

②分组完成关于"三国文化"的N个专题资料收集、整理(比如与三国有关的成

语、歇后语、襄阳的三国遗存、诸葛亮的智慧、襄阳三国宴菜单里的典故等)。

③思考:如何客观评价诸葛亮?

2. 研学当日

课程说明	课程地点	内容简述
参观考察课程	古隆中景区	游览三国古迹,知晓三国故事。了解三顾茅庐、古隆中对策的典故和主要人物
体验互动课程	古隆中研学基地	开展讲三国故事、演三国话剧、唱电视剧《三国演义》主题曲等团体活动,模拟再现三国争霸情景
专家讲座课程	湖北文理学院	邀请历史名家,解读三国文化
其他课程	研学全程	安全、文明、环保教育
分享总结课程	教室或室外空旷的场地	组织研学课题研讨会(根据小组课题开展);开展"赤壁之战"辩论会(主题自定)

3. 课后建议

(1)阅读《三国演义》和《易中天品三国》两本课外书。

(2)观看电影《赤壁》,从影视作品中感受三国的战火硝烟。

(3)利用寒暑假前往黄鹤楼、赤壁古战场、荆州古城墙、当阳关陵庙等历史遗迹,深入考察三国历史文化。

(4)选取自己感兴趣的研学课题进行深入研究,多角度、全方位探究三国,评价三国历史事件或人物。

七、师资安排

(1)古隆中研学实践教育基地研学导师:负责带领学生开展研学考察、体验活动和引导分享。

(2)学习带队老师:协助研学导师指导课前导入内容的学习,本课程建议由学校历史教师带队,以便在活动中解答相关问题。

(3)湖北文理学院历史学教授:讲述三国历史人物和三国历史趣闻,主要负责湖北文理学院三国历史讲座。

(4)随团人员:负责团队后勤保障并协调解决其他可能出现的问题。

八、课程评价

为评估和检验学生的研学旅行效果,请相关负责老师和学生积极参与评价工作,对行前、行中与行后三个阶段的评价内容分别做出评价。

1. 行前准备评价

评价人:年级项目负责老师

评价项目	评价内容
资料准备	搜集有关三国的历史人物、著名战役等相关资料,并进行整理和分析
学习态度	认真搜集,记录整理清晰,积极参与前期的研学课题分组

2. 行中课程评价

评价人：带队老师、研学导师、同学

评价项目	评价内容
学习态度	认真记录有关研学课题的内容，积极进行反思和提问
纪律意识	服从老师管理，听从指挥，维护大局
文明环保	不浪费粮食，节约用水用电，注重公共场合的行为规范
安全意识	不追逐打闹，注意自己和他人的安全

3. 行后分享评价

评价人：年级项目负责老师

评价项目	评价内容
课题报告	原创成果、研究方法、研学内容的意义及创新思维的体现
辩论表现	语言表达、逻辑思维、快速反应和沉着应对

三、研学旅行课程主题设计

研学旅行必须有明确的主题，主题决定了整个活动的内容和方向，研学课程设计的第一步就是活动主题的设计。

主题是某个活动的名号，要求高度概括活动的内容，既能传递研学旅行某一活动或项目的主要信息，又能吸引大众的注意。一个好的研学旅行主题就是研学活动的"灵魂"，要能反映参与者、资源（环境）及目标之间的内在逻辑联系。

（一）主题的类型

通常情况下可将主题分为单一主题、分类主题和综合主题三大类。

1. 单一主题

单一主题是指以某个明确的主题作为学习的核心目标或内容开展研学活动，如农业研学、工业研学、中草药研学、海洋研学等。单一主题的特点是主题突出、内容明确、目的性强、实践操作性强，较为适合短期的研学活动。

2. 分类主题

分类主题隶属于综合主题，是针对不同类别、侧重某方面内容的一种综合主题设计，是在综合主题中有聚焦、有侧重、有主次的主题，如西柏坡红色研学、重庆饮食文化研学等。根据资源特征，研学分类主题可分为历史文化类、自然教育类、科技创新类、体育健康类、艺术审美类、职业体验类和可持续发展类。

3. 综合主题

综合主题是多个单一主题的融合，综合主题的研学旅行内容是并列的、独立的，不存在逻辑上的先后关系，可根据开展活动的时间长短进行内容上的增减，且不会影响整体研学旅行活动的开展。一般情况下可依托地域特色设置研学综合主题，如北京研学、陕西研学、湖北研学均属于综合研学主题。例如湖北研学旅行活动中，素有"九省通衢""百湖之市"之称的武汉可开展自然地理类的探究学习；号称"最美工业城"的黄石可开展历史工矿遗产类的探究学习。

【案例二】 追忆红军精神，品读红色文化
——中央红军标语博物馆研学旅行主题课程

福建省永安市洪田中心小学六年级组织了以"追忆红军精神，品读红色文化"为主题的红色研学旅行活动。中央红军标语博物馆位于福建省三明市永安市洪田镇马洪村上坪自然村，是三明市首批"中央红军村"。现保存红军标语、漫画和留言条近300条，为全国数量最多、密度最大、落款最全的中央红军标语群。通过参观中央红军标语博物馆，学生了解"红军标语"在土地革命战争时期的重要性和积极性，以及红军艰苦卓绝而又光荣伟大的革命历史，从而珍惜今天和平、幸福、美好的生活。研学中，学生通过聆听故事和参观活动，分享各自的感受和收获；通过穿军服、戴军帽、队列训练、输送物资等感受革命者的心路历程；通过做红军餐、吃红军菜，体验当时红军艰苦的生活。一趟红色研学之旅，让学生感悟红色革命文化的内涵，感受革命情怀，体验并理解红军的艰辛与付出，感受红色文化与现实生活的关联，学以致用，以实际行动树立奋斗目标，增强学生的社会责任感和使命感，立下报效祖国的远大理想。

资料来源 李岑虎《研学旅行课程设计》。

【案例三】 陕西访古

在陕西省研学旅行活动中，省会西安作为十三朝古都，历史古迹众多，人文底蕴深厚，号称是中国活的历史博物馆，可开展以"陵寝文化"（乾陵）、"千古一帝"（秦始皇帝陵博物院）、"皇宫探秘"（兴庆宫遗址）、"书法宝库"（碑林博物馆）、"丝路花雨"（大唐西市博物馆）、"固若金汤"（西安古城墙）、"慈航普度"（大慈恩寺）、"史海钩沉"（陕西历史博物馆）、"民族风情"（化觉寺回民巷）、"关中遗韵"（袁家村）、"梨园春色"（华清池）、"乐享美食"（信义坊）、"书山问道"（西安交大）、"长乐未央"（大唐不夜城）、"文明曙光"（半坡遗址博物馆）、"秦砖汉瓦"（阿房宫）、"梦回大唐"（大明宫遗址公园）、"金山银山"（翠华山）、"盛世华歌"（西安园博园）、"人文始祖"（黄帝陵）、"大河奔流"（壶口瀑布）、"峥嵘岁月"（延安）、"响遏行云"（秦腔）、"无韵离骚"（司马迁墓）为主题的研学活动。

（二）主题设计的原则

1. 凸显教育

研学旅行是校外实践教育活动，教育性要求是研学旅行课程主题的本质要求。凸

显教育原则要求课程内容要以中小学生自身发展需求为中心,尊重学生的自主选择权,充分调动学生参与研学实践教育的意愿和积极性。研学导师要善于捕捉和利用课程实施过程中生成的有价值的问题,指导学生深化课程主题,不断完善活动内容,使研学旅行课程的内容更有利于实现课程主题的教育性目标。

2. 因地制宜

教学资源的地域化、教学条件的城乡差异及各学校不同的校园文化等,要求各地必须依据不同的资源状况设计和开发相应的主题,并转化为具有操作可行性的课程方案。主题确定一定要着眼本校、本地实际情况,凸显地域特色,具体问题具体分析。例如,湖北恩施的土司文化、福建永定的土楼文化就是当地学校开展研学旅行的绝妙主题。

3. 源于生活

源于生活是指选定的研学课题应来源于学生周围或生活中发生的事情,而非远离他们的生活及事件。只有尊重学生学习的主体性,给予其充分的自主性,才有利于学生个性,尤其是独立性、积极性和创造性的发展;只有着眼于学生生活,让学生有更多的机会自己去体验乃至创造,使其享受探究的乐趣和活动的愉悦,才能使学生获得并增强社会责任感。

4. 指向现实

指向现实是指确定的课程主题是对学生自身、家庭、社区、社会等方面有一定实际意义的主题。许多活动主题都基于学生具体问题的解决。研学旅行课程主题的确定,要考虑课程的现实指向性、可行性,要选择一些对学生自身、家庭、学校及所在地区具有实际意义的、值得去研究的、内容积极且对学生成长有利的活动及课题。

四、研学旅行课程目标设计

研学旅行课程目标是指研学旅行课程本身要实现的具体目标和意图,它规定了中小学生通过研学旅行课程学习后,在发展德、智、体、美、劳等方面期望实现的目标。研学旅行属于综合实践活动课程,以立德树人、培养学生综合素质为根本目标。

研学旅行课程的目标主要包括总目标、课程目标和活动目标三个层次。

(一)总目标

研学旅行课程的总目标是指所有的研学旅行活动课程都必须达成的目标,即无论研学旅行的线路有何差异,学习游览的资源属性有何区别,通过课程的实施都必须达成的教育目标。《中小学综合实践活动课程指导纲要》对研学旅行活动课程总目标的表述为:"学生能从个体生活、社会生活及与大自然的接触中获得丰富的实践经验,形成并逐步提升对自然、社会和自我的内在联系的整体认识,具有价值体认、责任担当、问题解决、创意物化等方面的意识和能力。"这个总目标对每个学段进行了细分(见表4-1)。

表 4-1 《中小学综合实践活动课程指导纲要》各学段目标内容

目标	小学阶段	初中阶段	高中阶段
价值体认	通过参与少先队活动、场馆活动和主题教育活动，参观爱国主义教育基地等，获得有积极意义的价值体验。理解并遵守公共空间的基本行为规范，初步形成集体思想、组织观念，培养对中国共产党的朴素感情，为自己是中国人感到自豪	积极参加班团队活动、场馆体验、红色之旅等，亲历社会实践，加深有积极意义的价值体验。能主动分享体验和感受，与老师、同伴交流思想认识，形成国家认同，热爱中国共产党。通过职业体验活动，发展兴趣专长，形成积极的劳动观念和态度，具有初步的生涯规划意识和能力	通过自觉参加班团活动、走访模范人物、研学旅行、职业体验活动，深化社会规则体验、国家认同、文化自信，初步体悟个人成长与世界、社会进步、国家发展和人类命运共同体的关系，增强根据自身兴趣专长进行生涯规划和职业选择的能力，强化对中国共产党的认识和感情，具有中国特色社会主义共同理想和国际视野
责任担当	围绕日常生活开展服务活动，能处理生活中的基本事务，初步养成自理能力、自立精神、热爱生活的态度，具有积极参与学校和社区生活的意愿	观察周围的生活环境，围绕家庭、学校、社区的需要开展服务活动，增强服务意识，养成独立的生活习惯；愿意参与学校服务活动，增强服务学校的行动能力；初步形成探究社区问题的意识，愿意参与社区服务，初步形成对自我、学校、社区负责任的态度和社会公德意识，初步具备法治观念	关心他人、社区和社会发展，能持续地参与社区服务与社会实践活动，关注社区及社会存在的主要问题，热心参与志愿者活动和公益活动，增强社会责任意识和法治观念，形成主动服务他人、服务社会的情怀，理解并践行社会公德，提高社会服务能力
问题解决	能在教师的引导下，结合学校、家庭生活中的现象，发现并提出自己感兴趣的问题。能将问题转化为研究小课题，体验课题研究的过程与方法，提出自己的想法，形成对问题的初步解释	能关注自然、社会、生活中的现象，深入思考并提出有价值的问题，将问题转化为有价值的研究课题，学会运用科学方法开展研究。能主动运用所学知识理解与解决问题，并做出基于证据的解释，形成基本符合规范的研究报告或其他形式的研究成果	能对个人感兴趣的领域开展广泛的实践探索，提出具有一定新意和深度的问题，综合运用知识分析问题，用科学方法开展研究，增强解决实际问题的能力。能及时对研究过程及研究结果进行审视、反思并优化调整，建构基于证据的、具有说服力的解释，形成比较规范的研究报告或其他形式的研究成果

续表

目标	小学阶段	初中阶段	高中阶段
创意物化	通过动手操作实践,初步掌握手工设计与制作的基本技能;学会运用信息技术,设计并制作有一定创意的数字作品。运用常见、简单的信息技术解决实际问题,服务学习和生活	运用一定的操作技能解决生活中的问题,将一定的想法或创意付诸实践,通过设计、制作或装配等,制作和不断改进较为复杂的制品或用品,发展实践创新意识和审美意识,提高创意实现能力。通过信息技术的学习实践,提高利用信息技术进行分析和解决问题的能力,以及数字化产品的设计与制作能力	积极参与动手操作实践,熟练掌握多种操作技能,综合运用技能解决生活中的复杂问题。增强创意设计、动手操作、技术应用和物化能力。形成在实践操作中学习的意识,提高综合解决问题的能力

【案例四】 《收获丰收喜悦　探寻红薯文化》研学课程设计方案(片段)

研学总目标

价值体认:引领学生了解红薯的来源、种类、种植及管理过程、食用价值、食用方法,激发学生对中华农耕文明、饮食文化的自豪感和文化自信。

责任担当:号召广大学生心中有信仰、学习有方向、脚下有路、前方有光,激发学生对学习和传承优秀传统文化的责任担当,为乡村振兴和发展全域旅游献计献策。

问题解决:从红薯在中国的传播路径、红薯改变了中国人的膳食结构两方面认识红薯,进而科学地食用红薯。

创意物化:在挖红薯的过程中获得丰收的喜悦,在土法烤红薯的环节通过分工协作,人人动手,获得劳动的体验和美味的享受。

(二)课程目标

对于研学旅行课程来说,课程目标是依据课程的资源属性设计的,不同线路课程的资源属性不同,课程的具体目标也不同。另外,课程在实施过程中学生的学习结果也各不相同。基础教育课程改革确定的新课标的三维目标是知识与技能、过程与方法、情感态度与价值观。

三维目标是相辅相成、相互促进的一个有机联系的整体。三维目标不是三个目标,而是一个问题的三个方面,三位一体,不可分割。在落实三维目标的过程中,要以"知识与技能"目标为主线,渗透"情感态度与价值观",并将其充分体现在学习探究的"过程与方法"中。

【案例五】"探秘武大樱花 树立文明旅游新理念"研学课程设计方案(片段)

课程目标

1.知识与技能目标

(1)了解樱花的种类、花期;了解武大樱花的来历;了解武大的建筑风格。

(2)掌握文明旅游的概念,并运用到生活中。

2.过程与方法目标

学生课前阅读研学手册内容,并自行构建知识框架,对武大樱花有一个总体认识,对赏樱花中的不文明行为有所了解。

3.情感态度与价值观目标

树立文明旅游观念,提升人文素养;增强保护景区生态的意识。

(三)活动目标

活动目标是指在研学旅行活动过程中,细化到每一个具体活动的教学目标。一次研学活动一般都由多个具体的小活动构成,每一项具体的活动都应该有一个具体的活动目标。如果把每次小活动设定为一个单元,那么这个活动目标就可以理解为单位目标,也就是每个活动的教学目标。

五、研学旅行课程内容选择

研学旅行课程的开发首先应根据国家对课程的要求和学校的教育理念制定课程的总体目标,然后根据课程的总体目标选择合适的课程内容。研学旅行作为一门课程,其课程内容除具有一般课程内容的系统性和完整性、科学性和规范性外,还需具有实践性、教育性、体验性和发散性的特点。

(一)课程内容选择的依据

1.根据学生需要选择课程内容

研学旅行课程内容要根据学生需要来选择,要契合学生的真实需要,要能够激发学生的学习兴趣,从而使学生在学习过程中得到某种满足。比如2020年新冠肺炎疫情之后,学生对家国情怀、敬畏自然、珍爱生命、科学探索等研学内容的需求意愿强烈,研学旅行应更多地选择这些方面的内容。

2.根据课程目标选择课程内容

研学旅行课程内容应与课程目标的要求相对应。如果课程目标是培养学生解决问题的能力,那么课程内容的设计就应让学生发现问题并解决问题;如果课程目标是让学生了解和体验某种民族文化,那么课程内容就应该具有体现这种民族文化的典型资源,让学生有机会走进这种资源情境,近距离观察体验这种民族文化。

3.根据学段特点选择课程内容

研学旅行课程内容要与学生的能力基础相匹配,这就要求其课程内容具有学段特征,同一研学旅行课程资源,在不同学段的课程中,其内容的呈现应有所区别。课程内容的深度、广度及表现形式都要与学生的学段特点相适应。

4. 根据时间选择课程内容

研学时间短,选择的教学内容相对就少;研学时间长,选择的教学内容就多。对于同一课程目标,若研学时间较长,就可以有多元化的课程内容。所以一般来说,学校在组织研学旅行时,都会同时提供多条线路的课程供学生选择,而不同线路的课程内容,都要能够实现研学旅行课程的总体目标。

(二)课程内容的选择

《关于推进中小学生研学旅行的意见》对中小学研学旅行课程内容有明确的说明:小学阶段以乡土乡情为主要内容,初中阶段以县情市情为主要内容,高中阶段以省情国情为主要内容。因此,开展研学旅行活动,就必须结合乡情、市情、省情等,也要结合所在区域、学校、学生的情况,依托优秀传统文化、革命传统教育、国情教育、国防科工、自然生态等来设计研学旅行活动课程。

1. 优秀传统文化类

优秀传统文化类包括以文物保护单位、博物馆、非遗场所、优秀传统文化教育基地等为核心的场所,有助于学生传承中华优秀传统文化,传承中华传统美德、中华人文精神,坚定文化自觉和文化自信。各校可结合当地丰富的人文资源,让学生体验民俗文化、地域文化、历史文化、建筑文化等,在与平常不同的生活中丰富知识,树立正确的文化观念。同时,还可通过与市内外、省内外、国内外友好学校交流互访等方式,让学生领略不同地方的文化,开阔视野,提升文化修养。

2. 革命传统教育类

革命传统教育类包括爱国主义教育基地、革命历史类纪念设施遗址等资源,能够教育引导学生了解革命历史,增长革命斗争知识,学习革命斗争精神,培育新的时代精神。各校可利用爱国主义教育基地、革命历史类纪念设施遗址等资源开展革命传统教育,并依据学生的年龄特点、学科特点和教育培养重点,开展各种主题的研学教育活动,如爱国主义教育、缅怀革命先烈等专题研学旅行,以达到实践体验教育、提升综合素质的目的。

3. 国情教育类

国情教育类包括体现基本国情和改革开放成就的美丽乡村、传统村落、特色小镇、大型知名企业、大型公共设施、重大工程等资源,能够引导学生了解基本国情及中国特色社会主义建设成就,激发学生爱国之情。各校可通过研学活动,让广大中小学生在研学旅行中感受我国改革开放的伟大成就,增强对坚定"四个自信"的理解与认同,形成正确的世界观、人生观、价值观。

4. 国防科工类

国防科工类包括国家安全教育基地、国防教育基地、海洋教育基地、科技馆、科普教育基地、科技创新基地、高等学校、科研院所等资源,能够引导学生学习科学知识、培养科学兴趣、掌握科学方法、增强科学精神,树立总体国家安全观,树立国家安全意识和国防意识。各校在研学活动中,可通过考察安全教育基地、科技馆、天文馆、航空航天馆、科普教育基地等,让学生学习安全知识、军事知识,加强国防教育,参与军事训练,接受组织纪律教育;探究科学技术在生活、生产中的应用,培养学生的科技实践创新能力。

5.自然生态类

自然生态类包括自然景区、风景名胜区、世界自然遗产地、生态保护区、野生动物保护基地等资源,能够教育引导学生感受祖国大好河山,树立爱护自然、保护生态环境的意识。各学校可以当地乃至全国特殊地区地理、地形、地貌考察为目标,以特殊地区动物、植物、生态专题探究为主线,让学生用双手去触摸,用眼睛去观察,用头脑去思考,了解独具特色的地理文化,激发他们热爱祖国、热爱家乡、热爱自然、热爱生活的情感。

六、研学旅行课程活动方式设计

研学旅行课程活动方式是研学导师在开展研学旅行教学时,为完成研学旅行教学目标,在一定的教学环境中通过合适的教学内容和恰当的教学方法去设计学习者的学习经历而使用的各种学习形式。

在研学旅行活动实践中,研学旅行活动方式多种多样,参考《中小学综合实践活动课程指导纲要》和《大中小学劳动教育指导纲要(试行)》中提到的主要方式,可将研学旅行课程活动方式归纳如下。

(一)考察探究

考察探究是学生基于自身兴趣,在研学导师的指导下,从自然、社会和学生自身生活中选择和确定研究主题,开展研究性学习,在观察、记录和思考中,主动获取知识,分析并解决问题的过程,如野外考察、社会调查、综合实践等。

考察探究注重运用实地观察、访谈、实验等方法获取材料,形成理性思维、批判质疑和勇于探究的精神。

主要流程:明确研学旅行目标;发现并提出问题;提出假设,选择方法,研制工具;获取证据;提出解释或观念;交流、评价探究成果;反思和改进。

(二)社会服务

社会服务指学生在研学导师的指导下,走出教室,参与社会活动,以自己的劳动满足社会组织或他人的需要,如公益活动、志愿服务、勤工俭学等。

社会服务强调学生在满足被服务者需要的过程中,获得自身发展,促进相关知识技能的学习,提升实践能力,成为履职尽责、敢于担当的人。

主要流程:明确研学旅行目标;明确服务对象与需要;制订服务活动计划;开展服务行动;反思服务经历,分享活动经验。

(三)职业体验

职业体验是指学生在研学导师的指导下,在实际工作岗位上或模拟情境中见习、实习,体认职业角色的过程,如军训、学工、学农等。

职业体验注重让学生获得对职业生活的真切理解,发现自己的专长,培养职业兴趣,形成正确的劳动观念和人生志向,提升生涯规划能力。

主要流程：明确研学旅行目标；选择或设计职业情境；实际岗位演练；总结、反思和交流经历过程；概括提炼经验，行动应用。

（四）艺术审美

艺术审美作为学生全面发展的基础课程，注重体验，注重学生身体的协调和鉴赏能力的提升。课程多关注自然风光的描绘、人物与景物的拍摄、建筑结构和风景园林的赏析等，可以是戏剧欣赏或体验活动，可以是美术工艺制作类实践活动，还可以组织学生在户外写生、摄影、制片，用画笔或镜头记录美好的生活，内容十分丰富。

在活动过程中，以美育人，以文化人，鼓励学生善于发现美，学会欣赏美。了解我国传统手工艺品的文化背景和制作过程，参与制作，提高动手实践能力，激发学生对传统手工艺的热爱，提高他们的艺术鉴赏能力及审美、人文素养。

主要流程：明确研学旅行目标；确定赏析对象；选择并准备活动工具；进行创作或参与制作；交流展示作品，分享心得和感受。

（五）设计制作

设计制作指学生运用各种工具、工艺（包括信息技术）进行设计，并动手操作，将自己的创意、方案付诸现实，转化为物品或作品的过程，如动漫制作、编程、陶艺制作等，它注重提高学生的技术意识、工程思维、动手操作能力等。

在课程实施中，鼓励学生手脑并用、灵活掌握、融会贯通各类知识和技巧，提高学生的技术操作水平、知识迁移水平，体验工匠精神等。

主要流程：明确研学旅行目标；创意设计；选择活动材料或工具；动手制作；交流展示物品或作品，反思与改进。

（六）体育健康

体育健康与国防教育、心理教育密切相关，常见于青少年营地课程，既可以侧重于体能训练和拓展，也可以侧重于团队合作和心理游戏。体能拓展类课程，如野外生存训练、营地军事训练以及学校入学教育的军训等，都可以很好地弥补城市学生生活空间上的不足，让学生暂时放飞身心，在广阔的大自然和集体活动中陶冶情操、磨炼意志。

这类课程通常与其他课程整合设计，可以在持续数日的营地研学实践中，加入体育健康类活动内容，实现营地课程的综合教育目的。也可单独设计课程。

主要流程：明确研学旅行目标；选择、准备活动所需物资；帮助学生做好心理建设；活动技术、技巧和流程讲解示范；学生参与活动；总结分享。

（七）劳动教育

劳动教育是发挥劳动的育人功能，对学生进行热爱劳动、热爱劳动人民的教育活动。当前实施劳动教育的重点是在系统的文化知识学习之外，有目的、有计划地组织学生参加日常生活劳动、生产劳动和服务性劳动，让学生动手实践、出力流汗，接受锻炼、磨炼意志，培养学生正确的劳动价值观和良好的劳动品质。

劳动教育是新时代党对教育的新要求，是中国特色社会主义教育制度的重要内容，是全面发展教育体系的重要组成部分，是大中小学必须开展的教育活动。它具有鲜明的思想性、突出的社会性和显著的实践性。

主要流程：明确劳动教育目标；选择活动材料或工具；劳动技术和流程讲解、说明、示范；淬炼操作，让学生动手参与劳动；项目实践；反思交流；榜样激励；劳动教育评价。

第二节　研学旅行课程实施

研学旅行课程按照"三段式"步骤实施，结合校内外教育优势，将其分为行前课程准备、行中课程开展和行后课程总结。在研学旅行课程目标的指引下，课程实施的不同阶段要有不同侧重点，比如行前课程突出安全和规则意识培养，行中课程突出培养实践探究能力和动手能力，行后课程突出反思与评价。

一、行前课程准备

行前课程是研学旅行课程实施之前的准备阶段。本阶段研学旅行承办方的研学导师准备工作如下。

(一)线路资源勘察与设计

承办方做好细致的线路资源勘察是科学制定研学旅行课程的前提，也是安全顺利实施课程的重要保证。线路资源勘察的主要工作有：对景区或研学实践基地(营地)的资源属性、安全性进行调研；确定课程实施的时间长度、物质条件、交通保障、最佳路线、实施方式；对拟入住酒店进行勘察，做好旅行饮食规划，与地接导游及景点讲解员就课程实施情况进行交流，对各种资源的图文信息进行收集，为制定研学手册做准备。

(二)课程设计与研学手册的研制

(1)课程设计。在综合整理所获得的信息基础上，按照课程目标、课程内容、课程实施和课程评价四个方面进行课程设计。

(2)研学手册的研制。研学手册是整个研学活动的行动指南，也是实现自我管理、自我教育的基本保障。研学手册应该包括研学旅行组织架构、联系网络、课程简介、行程安排、研学课题等内容，力求做到明确具体、操作性强。

(三)与供应方、保障方的协议

(1)与各类供应方签订合作协议。供应方包括被确定的研学实践教育基地、户外教育营地、入住酒店、提供旅行车辆的交通保障单位、承担地接任务的当地旅行社等。在协议中应重点约定相关的教学和服务质量标准、课程实施时间、双方的权利与责任、意外状况下的约定项目调整办法、付款方式、违约责任等。

(2)与保障方签订保障协议。保障方包括保险公司、驻地公安机关、驻地医疗机构等。其中,公安机关和驻地医疗机构在突发事件发生后依据所承担的社会公共责任履行职责,需要签订保障协议的主要是保险公司。承办方必须依法为参与课程实施的所有人员投保,并按时签订保险合同,确保研学旅行活动的全程在保险合同的有效期内。

(四)为学校提供行前课程

承办方必须为学校提供必要的行前课程,供学校在安排行前课程时选择使用。其具体内容包括:课程资源详述;相关专题报告;提供建立联系、交流信息的渠道。

(五)安全防范措施和应急预案

(1)要制定安全注意事项。这是提供给学生的,行为的主体是学生,是在课程实施中学生自己应承担的安全责任。但承办方必须将注意事项告知学生,并及时对学生进行提醒和提示。

(2)制定安全防范措施。安全防范措施是活动承办方应该采取的措施,制定和采取措施的行为主体是承办方。这些措施必须能够起到规避和防范事故发生的效果。

(3)制定应急预案。安全注意事项和安全防范措施是以预防事故的发生为目的,而应急预案是在一旦出现安全事故或紧急情况时,为将损失降到最小而采取的必要措施。一般应急预案应包括:地质与气象灾害应急预案、交通事故应急预案、食物中毒应急预案、突发疾病应急预案、意外伤害应急预案、暴恐袭击应急预案、机动车火险应急预案、财务失窃及证件丢失应急预案等。

(六)对研学导师的培训课程

(1)对学校带队教师的培训。主要包括以下内容:开展科学研究的一般方法和研究规范;研究报告的结构和范式;研学旅行课程目标的制定与陈述;研学旅行课程内容的选择与表达;研学旅行课程实施的组织与方式;学生管理的技巧与规范;研学旅行课程的成果与评价;研学旅行的安全与防范等。

(2)对承办方研学导师的培训。对研学导师的培训主要是让导师了解景点背景知识,具有景点的讲解能力,特别是要理解研学旅行和观光旅游活动的区别,要对研学旅行的教育性有深刻的认知,能对学生的研学活动进行专业指导。同时,导师必须及时掌握研学旅行的最新动态和技巧,以便在今后能够带领学生更好地进行系统化、专业化的研学活动。

(3)安全责任培训课程。作为带队研学的主要负责人,研学导师的安全责任培训必不可少。安全责任培训课程主要向研学导师进行安全防范知识和技能培训,使其详细了解安全防范的注意事项和安全保障措施,让每一位带队教师明确安全责任和安全岗位,防患于未然。

二、行中课程开展

行中课程是研学旅行的开展实施阶段。这个阶段要做的事情更多,需要有效的管理来保障课程的实施。概括起来,行中课程主要包括乘车管理、食宿管理、活动管理、教学管理、学习管理、评价管理六项核心内容。

(一)乘车管理

乘车管理包括往返家庭过程中的乘车设计与管理、通往旅行目的地过程中的交通设计与管理、活动过程中的交通设计与管理等。乘车管理包括乘车秩序、座位安排、文明要求等内容,最好的乘车管理方式是自我管理和小组合作管理。

(二)食宿管理

食宿管理属于生活管理,也是安全管理的重要内容之一。食宿管理中,较好的管理方式是提前设计好餐桌人员分配、餐桌号、餐桌长以及住宿人员房间分配、住宿管理制度规定、查岗查房等内容,以便实现食宿管理的有序化、自动化、科学化、效能化以及学生自治。

(三)活动管理

活动管理贯穿研学旅行课程实施的全过程。目前比较普遍的管理方式是以学校、年级、班级为单位的大一统管理,这种管理可以保障预设性、有序性,但是缺乏灵活性、生成性和个性化。学校与基地、营地、营运机构积极配合,为学生设计更多的模块化、个性化、微型化的选择性、探究性、合作性课程,构建新型研学活动管理模式。

(四)教学管理

(1)教学环境。研学旅行课程不同于在学校教室内教学的课程,它是一种真实场景中的教学,是实景教学。在这样的教学环境下,知识的习得不是以阅读和教师讲授等间接方式为主,而是以观察、体验等直接的习得方式为主,以阅读、讲授等间接方式为辅,教学环境开放、多元。不同的教学环境决定了不同的教学方式和学习方式。

(2)教学团队。①教师的团队化。研学旅行课程的执教教师与学校学科课程执教教师不同,其教学不是由一名教师完成,而是由一个团队合作完成。研学教师团队由学校带队教师、承办方的研学导师、景区或基地(营地)讲解员以及安全员等人员组成,他们分工协作,共同完成教学任务。②教师的跨界化。研学教师团队主要来自教育界和旅游界两个专业领域,如何把双方各自的专业优势有机结合,是决定跨界合作教学效果的重要因素。来自旅游界的研学导师在教学中要注意突出教学指导的教育性;来自学校的带队教师要在教学工作中发挥自己的教育专长,引导学生深入思考,落实关于核心素养培育的教学目标,体现研学旅行不同于观光旅游的特征,这正是研学教师团队的专业性表现。

(五)学习管理

(1)学习方式。研学旅行课程是实践中的课程,是行走中的课程,是情境化的课程,这就决定了研学旅行中学生的学习是一种自主实践学习,是一种自主探究学习,是一种以亲身体验为主的学习。

(2)学习任务。研学旅行的主要学习任务是培养学生科学探究的能力,培养学生应该具备的核心素养,形成正确的态度和价值观,知识的习得则是次要的学习任务。

(3)学习素养。在研学旅行过程中,学生要学会带着任务和问题领会与体验:领会研学导师或景区讲解员讲解的学习资源,学会在学习中思考,在思考中学习,交流与咨询应在讲解完成或阶段性任务完成时进行。另外,还要培养学生在不同类型的学习资源中应具有的素养,比如在博物馆和纪念馆中应保持安静,特别是在教师集体解说时,保持安静是一种基本的素养。

(4)学习成果。研学旅行课程的学习成果不以考试为评价手段,不以分数为呈现形式。研学旅行课程的学习成果包括外显成果和内化成果两个方面(见表4-2)。

表4-2 研学旅行课程的学习成果的分类

外显成果	文本成果	包括研究性学习报告、随笔、散文、游记以及完成的模块作业等
	影像成果	包括在研学旅行过程中拍摄的照片、视频等资料
	制作成果	包括在研学旅行过程中参加手工活动制作的手工艺品,在研学旅行过程中采集的标本,采购及收集的有代表性的纪念品等
内化成果	知识成果	学生在研学旅行中通过识记、观察、探究等自主学习活动所习得的知识,拓展了其知识边界,丰富了知识内涵,优化了知识结构
	能力成果	学生在观察、探究、分析、应用等研究过程中所形成的分析问题、解决问题的能力,思考问题的逻辑思维能力,科学研究的基本素养等
	态度成果	学生在研学旅行的真实情境中,经过体验感受所获得的态度、倾向和价值观的变化
	行为成果	学生文明行为的改善和提升,文明习惯的养成和自觉

(六)评价管理

评价管理是指根据课程内容对学生的一般行为给予适时指导,依据研学手册中的评价指标和评价量表对学生的行为表现做出评价。应及时提醒和引导学生注意景区或基地(营地)的特殊要求,对这些特殊要求的执行情况做出即时性评价。评价结果会作为最终成果认定时的参考指标。

三、行后课程总结

研学旅行行后课程是研学旅行实践活动的评价总结阶段,这个阶段非常重要,直接反映了研学旅行课程实施效果,但也是最容易被学校和研学导师忽视的阶段。研学导师行后课程的内容包括：研学成果汇报与成绩认定；课程评价与反馈；教学反思；行后分享与考评等。

(一)研学成果汇报与成绩认定

学生的研学成果形式多样，可根据课程主题及活动内容等选择文本成果、影像成果、制作成果。研学课程结束后，可以采用专题汇报演讲、学习成果交流、作品展览等形式来展示。在各类评比展示结束后，结合评比展示的结果，由校内外研学导师对学生研学旅行学习成果给出评价。初中和小学根据学校的相关规定，对学生的学习成果进行成绩认定与表彰；高中学校根据有关规定把学生的学习成果记入学生发展素质评价报告，并予以学分认定。

(二)课程评价与反馈

(1)研学导师需要兼具质检员的职能，不仅需要将过程中出现问题的环节和人员及时反馈给有关部门，也需要考查记录研学场所的适宜程度和研学活动的实施效果，及时记录并反馈。

(2)对本次活动或教育服务产品进行跟踪、回访、总结、分析，对教育效果进行评估，有工作记录，适时与公司相关部门分享和反馈产品效果，必要时写出相关的书面报告。

(3)针对实际带团情况，对产品升级提出可行性建议。

(三)教学反思

研学导师在每一次研学旅行活动后都需对整个课程实施过程进行反思和总结，主要是针对自己在研学过程中的完成程度和教学方式、方法等方面进行反思。

①教学目标完成度，课程效果(阶段目标和思路设置是否合理、学生参与度等)，教法反思(布课方法、知识点的选择、教学教具的使用、教学环节等)；②研学过程中，自己与其他板块同事的配合情况；③突发事件的处理；④根据以上内容提出相应的改进措施并完善备课教案。

【案例六】"羊肉飘香·我是初级烧烤师"研学课程设计方案(片段)

研学反思

课程设计环环相扣，知识结构由浅渐深，课程内容涉及面广，对于研学旅行指导师提出了更高的知识储备与实操要求。烧烤场所空间有限，可设计不同的研学内容，如羊肉的切割、腌制、穿串、烧烤，避免人员拥挤，以达到更好的学习效果。

(四)行后分享与考评

为深化研学课程的育人价值，还应在研学旅行结束后安排总结会，对学生的作品、交流表达、参与程度等进行回顾、梳理和反思,让学生有意识地去思考,完成课程目标。

研学导师回团后,根据课程实施过程中的观察对学生的表现和活动效果做梳理和总结;根据学校安排,进校参与研学旅行总结会,从学生们的研学成果中,评选出优秀作品,并对学生们在本次研学过程的表现给予肯定,在总结和对比中提升研学课程的育人效果。

第三节 研学旅行课程评价

研学导师不仅要会设计课程,熟练地实施课程,还要知晓如何评价课程。课程评价一直是课程研究领域较为棘手的问题,研学旅行作为一门特殊的实践类活动课程,在课程评价方式、评价维度等方面应区别于传统学科课程。研学旅行课程评价可采取综合评价机制,强化自评、互评等反思教育的引领作用,以便更加真实、客观、公平地反映学生的成长情况。

一、课程评价的依据

(一)2016年教育部等11部门:《关于推进中小学生研学旅行的意见》

2016年11月,教育部等11部门印发《关于推进中小学生研学旅行的意见》,该文件明确提出:各地要建立健全中小学生参加研学旅行的评价机制,把中小学组织学生参加研学旅行的情况和成效作为学校综合考评体系的重要内容。学校要在充分尊重个性差异、鼓励多元发展的前提下,对学生参加研学旅行的情况和成效进行科学评价,并将评价结果逐步纳入学生学分管理体系和学生综合素质评价体系。

(二)2017年教育部:《中小学德育工作指南》

2017年8月17日,教育部发布《中小学德育工作指南》,该文件明确指出:各级教育行政部门要将学校德育工作开展情况纳入对学校督导的重要内容,建立区域、学校德育工作评价体系,适时开展专项督导评估工作。学校要认真开展学生的品德评价,将其纳入综合素质评价体系,建立学生综合素质档案,做好学生成长记录,反映学生成长实际状况。

(三)2017年教育部:《中小学综合实践活动课程指导纲要》

2017年9月25日,教育部发布《中小学综合实践活动课程指导纲要》,该文件在课程实施中明确提出:综合实践活动情况是学生综合素质评价的重要内容。各学校和教师要以促进学生综合素质持续发展为目的设计与实施综合实践活动评价。要坚持评价的方向性、指导性、客观性、公正性等原则。

从以上国家层面出台的相关文件提出的要求中可以看出,对研学旅行课程必须进行评价,而且要把研学旅行评价纳入综合素质评价。

(四)教育学原理关于课程评价的理论依据

教育学原理中讲到,教育评价是对教育活动满足社会与个体需要的程度做出判断的活动,是对教育活动现实的(已经取得的)或潜在的(还未取得,但有可能取得的)价值做出判断,以期达到教育价值增值的过程。教育评价的目的,是教育评价活动欲达到的效果,也就是教育评价主体期望通过评价过程及评价结果对教育活动产生的预期影响。研学旅行作为一种学校教育的延伸,也同样需要遵循教育规律,需要在教育过程中开展教育评价。

二、课程评价的原则

研学旅行课程评价的原则是研学旅行课程评价必须遵循的基本要求和准则,它体现了研学旅行的初衷和价值。

(一)发展性原则

发展性原则是指研学旅行课程评价以学生的发展为目的,评价学生是否有进步,取得了哪些进步等,重视评价的发展功能,旨在建立促进每一位学生的全面发展和能力提升的评价。比如,通过课程评价,让学生找到自己的强项和弱项,然后及时调整课程,让各种能力都在研学旅行课程中得以利用和发挥,从而促进学生创造力的发展,逐步实现学生的全面发展。

(二)主体性原则

主体性原则是指在研学旅行课程中自始至终地贯彻教育主体性思想,以学生为出发点,在评价中将学生的主体地位落到实处,强调以学生自评、互评为主,在评价中不断增强学生的自我意识,提升学生的主体性。学生是研学旅行课程参与的主体,对自己在研学旅行课程中的表现及课程体验具有绝对的发言权,因此,在研学旅行课程评价中,必须体现学生的主体性原则。

(三)过程性原则

过程性原则是指以过程作为评价的价值取向,评价指向教育过程本身,关注教育活动的内在价值,要求评价贯穿整个教育过程,开展全过程性的评价。研学旅行课程评价不仅要关注学生课程成果的质量,更要关注学生在课程实施中的参与程度、解决问题的能力、创造力以及获得的直接经验和教训,关注学生参与整个课程的全过程。

(四)真实性原则

真实性原则是指在进行研学旅行课程评价时要把学生在真实情境中的真实表现作

为评价的基础,并对其在未来生活中的表现有一定的预判。真实性评价特别重视研学旅行整体目标在学生身上的真实达成情况,重视学生在特殊领域的发展,通过真实评价情境的设置和对学生真实性的全面把握,对学生的实际情况做出精细分析,从而促进教师在坚持统一目标的前提下,对不同的学生提出不同的要求,从而对具体的课程安排和指导更具针对性。

(五)综合性原则

综合性原则是指研学旅行课程的评价内容要兼顾认知、情感与动作技能各方面,进行综合整体的评价,要综合考虑各评价主体所需及各类方法的综合运用。由于研学旅行课程在目标、内容和活动方式上的设计安排都不是单一的而是综合的,因而研学旅行课程的评价必须遵循综合性原则。

三、课程评价的主体

研学旅行课程评价的主体即课程评价参与者。研学旅行是一项教育活动,包括教育者、受教育者和第三方机构,在整个研学旅行教育活动中,涉及的参与者包括学生、学生家长、学校带队老师、班主任、研学导师和第三方机构(包含研学旅行基地营地、旅行社)。学生是研学活动的主体,对学生的评价自然就成了重中之重。研学旅行的参与者对学生在研学旅行活动中的表现进行评价,可灵活综合运用以下几种方法。

(一)自我评价

学生自我评价是学生学习过程中的一个重要组成部分,要引导学生用多种方式对自己在活动中取得的进步、成果及不足之处加以记录。自我评价有助于学生认识活动目标以及自我调控进程,增强学习的自信和责任感。

(二)小组评价

研学旅行活动强调团队协作,活动的过程与结果离不开小组的集体力量,因此各评价项目首先由小组根据评价原则进行评价。

(三)带队老师或研学导师评价

带队老师或研学导师在研学旅行活动过程中虽然不是中心,但无论在哪一阶段,他们的指导都是必要的。带队老师或研学导师要根据学生的实际情况,运用发展性评价原则给予学生评价。武汉学知教育研究院在工作实践中对研学旅行课程评价做出了一些探索,根据不同年龄段学生在研学旅行活动过程中课程学习内容的差异,将评价表分为小学版和中学版。小学版学生研学旅行课程评价表如表4-3所示。

表 4-3　小学版学生研学旅行课程评价表

研学旅行课程名称		填写人		自评	互评	师评
研学旅行课程时间		填写日期				
学会做人	主动和同学配合	A.优秀 B.良好 C.待提高				
	乐于帮助同学	A.优秀 B.良好 C.待提高				
	认真倾听同学的观点和意见	A.优秀 B.良好 C.待提高				
	对班级和小组的学习做出贡献	A.优秀 B.良好 C.待提高				
学会学习	活动方案构思新颖独特	A.优秀 B.良好 C.待提高				
	活动方案细致周全、切实可行	A.优秀 B.良好 C.待提高				
	会用多种方法搜集、处理信息	A.优秀 B.良好 C.待提高				
	实践方法、方式多样	A.优秀 B.良好 C.待提高				
学会沟通	积极参与活动	A.优秀 B.良好 C.待提高				
	会与他人交往	A.优秀 B.良好 C.待提高				
学会做事	不怕困难和辛苦	A.优秀 B.良好 C.待提高				
	积极动脑、动口、动手参与活动	A.优秀 B.良好 C.待提高				
学会生活	自理能力提升	A.优秀 B.良好 C.待提高				
	财务管理能力提升	A.优秀 B.良好 C.待提高				
研学效果	完成研学课程相关内容	A.优秀 B.良好 C.待提高				
	研学成果展示及分享	A.优秀 B.良好 C.待提高				
	特别收获					

中学版学生研学旅行课程评价表如表 4-4 所示。

表 4-4　中学版学生研学旅行课程评价表

研学旅行课程名称		填写人		自评	互评	师评
研学旅行课程时间		填写日期				
学习态度	准备好每一次的讨论	A.优秀　B.良好　C.待提高				
	完成自己承担的任务	A.优秀　B.良好　C.待提高				
	积极提出创意	A.优秀　B.良好　C.待提高				
	乐于合作与分享	A.优秀　B.良好　C.待提高				
学习方法	乐于探究,勤于动手	A.优秀　B.良好　C.待提高				
	态度严谨,善于反思	A.优秀　B.良好　C.待提高				
	提炼信息,提高归纳能力	A.优秀　B.良好　C.待提高				
	综合运用,提升统筹能力	A.优秀　B.良好　C.待提高				
创新实践	新技术、新思路的运用	A.优秀　B.良好　C.待提高				
	发挥个性特长,施展才能	A.优秀　B.良好　C.待提高				
团队协作	尊重他人,欣赏队友	A.优秀　B.良好　C.待提高				
	分工合作,各展所长	A.优秀　B.良好　C.待提高				
研学效果	研学成果达到程度	A.优秀　B.良好　C.待提高				
	研学成果的可信度、实际水平	A.优秀　B.良好　C.待提高				
	研学成果展示及分享	A.优秀　B.良好　C.待提高				
	特别收获					

(四)家长和社会评价

研学旅行可以是跨学科、跨行业的活动,通过家长和社会人士的评价,可给予更深入或更客观的过程活动指导,评价的目的不是分等级,而是对后续课程提供指导、激励。

(五)研学旅行手册记录评价

研学旅行手册其实是研学旅行产品设计理念最直接的体现,是旅游和教育界专业经验和智慧的成果,既为学生开展研究性学习提供方向性指导,又为其提供必要的基础性资料。对一个家庭来说,它还可以成为记录孩子成长足迹的别具特色的纪念物。研学旅行手册也是研学旅行活动的行动指南,应该包括研学旅行组织架构、联系方式、课程简介、行程安排、研学课题、研学作业、带队老师或研学导师评价、家长评价、小组评价等方面的内容。在研学过程中,带队老师或研学导师要指导学生分类、整理、遴选具有代表性的重要活动记录、典型事实材料及其他有关资料,进行编排、汇总、归档,填写研学旅行手册中的各项内容,并纳入学生综合素质档案。研学旅行手册是学生自我评价、同伴评价、教师评价的重要依据,可作为综合评价的重要参考。在划分出评价的各种类别后,要根据评价的重点,赋予不同评价项目不同的权重系数,综合评价学生在研学旅行课程实施过程中的发展状况。

四、课程评价的流程

(1)根据学校研学旅行课程的整体设计,选择评价内容与方式,设计学校研学旅行课程评价体系;

(2)在学校研学旅行课程评价体系的整体设计基础上,根据具体的研学旅行课程,设计相匹配的研学旅行课程评价细则;

(3)实施各项研学旅行评价;

(4)汇总评价结果并反馈,建立研学旅行课程评价档案库。

第四节 研学旅行教学方法与技能

了解和掌握研学旅行教学的基本方法,了解在课程改革的过程中所创新的教学方法,认识并逐步实现研学旅行教学方法的优化组合,以确保研学旅行质量。

一、教学方法的概念

各国学者对教学方法的定义有所不同,苏联教育学家巴拉诺夫认为教学方法是教师和学生为完成教学任务而进行理论和实践认识活动的途径[①];西方学者对教学方法的定义是教师为达到教学目的而组织和使用教学技术、教材、教具和教学辅助材料以促成学生按照要求进行学习的方法;我国著名教育理论专家王策三认为教学方法是指为达到教学目的,实现教学内容,运用教学手段而进行的,由教学原则指导的一整套方式

---

① 巴拉诺夫.教育学[M].李子卓,等,译.北京:人民教育出版社,1983.

组成的、师生相互作用的活动①。总体而言,教学方法是教师、学生共同参与教学活动的方法,它不仅是认识活动,还是实践、评价、交往等活动。因此,教学方法体系应在正确的方法论指导下,充分体现系统性、双边性、全面性等特点,把教学方法只看作教师施教活动的方法是片面的,教学方法应是施教、受教双方活动的方法。

二、教学方法的分类

国内外学者根据不同的标准对教学方法进行过划分。苏联教育家巴班斯基以教学活动的过程为标准,把教学方法分为三大类:第一类是组织学习认知活动的方法;第二类是激励学习认知活动的方法;第三类是检查学习认知活动的方法。每一类方法又可以分为多种具体方法②。美国学者约翰·拉斯卡在他的论文《四种基本教学方法》(1984)中以学习刺激的类型为标准对教学方法进行划分,他认为学习刺激作为一种手段是一种与预期学习结果的实现相联系的刺激。据此,约翰·拉斯卡指出世界上有四种基本教学方法:第一种是呈现方法,即将学习的内容呈现给学生,只要求学生注意到呈现,学习比较被动;第二种是实践方法,即让学生解决问题,学习开始主动;第三种是发现方法,即提供学习情境,促使学生在其中发现预期学习结果;第四种是强化方法,即学生对学习做出预期反应后,经过强化而深化学习③。南京师范大学教育系编撰的《教育学》中指出,教学方法根据学生认识活动的不同形态可以分为四大类:以语言传递为主的方法、以直接知觉为主的方法、以实际训练为主的方法、以陶冶为主的方法。

以上对教学方法的分类都有一定的依据,有其合理性,但其划分都未能体现教学中教师与学生的关系。日本学者佐藤正夫从教学中师生关系入手,把教学方法划分为教师提示型、学生自主型和师生共同解决型三种类型④。教师提示型在教学中以教师为教学主体,学生自主型在教学中以学生为教学主体,而师生共同解决型则是介于前两种类型之间,注重通过教师引导学生合作探究完成学习任务。

本书中研学旅行教学方法便是依据佐藤正夫对于教学方法的分类,但由于师生共同解决型侧重于学生主动解决问题,因此,本书中的研学旅行常用教学方法根据国内教学的实际分为两类,一类是直接教学样式,另一类是间接教学样式⑤。

三、研学旅行常用的教学方法

(一)直接教学

直接教学是以教师为中心的教学,研学目标侧重于知识的获得。直接教学在研学中一般运用较多的方法是讲授法、示范法。

---

① 王策三.教学论稿[M].北京:人民教育出版社.1985.
② 单中惠,朱镜人.20世纪外国教育经典导读[M].济南:山东教育出版社,2018.
③ 谢利民,郑百伟.现代教学基础理论[M].上海:上海教育出版社,2003.
④ 佐藤正夫.教学原理[M].钟启泉,译.北京:教育科学出版社,2001.
⑤ 陈志刚,杜芳.课程变革与历史课堂教学方式的转型[J].历史教学,2021.

1. 讲授法

讲授法是目前教学中最基本的、应用最普遍的教学方法，它是以传授系统知识为主要目的，以语言（口头语言和黑板语汇）为主要媒介，以"传送—接收"为主要模式的教学方式的总和。讲授法可分为讲述、讲解和讲演三种方式。讲述是指教师向学生描绘学习的对象、介绍学习材料、叙述事物产生变化的过程。讲解是指教师对概念、原理、规律、公式等进行解释说明和论证。讲述和讲解各有侧重，但在教学中常常结合使用。讲演则是系统全面地描述事实，深入分析和论证事实并归纳、概括科学的结论。

讲授法对于研学导师的语言要求较高，主要表现在：

（1）准确科学。准确科学即研学导师语言的规范性，是研学导师语言科学性的具体体现，是研学导师在讲解时必须遵守的基本原则。主要表现在专业知识、背景知识内容的正确；回答学生的问题时准确无误；语音、语调、语法、遣词造句的规范。

（2）简洁清楚。清楚是研学导师语言科学性的又一体现，主要表现为口齿清楚，简洁明了，表意清晰，层次分明，逻辑性强；教学资源背景情况介绍简洁清楚；研学导师能使用通俗易懂的语言，避免冗长的表达。

（3）生动有趣。研学导师生动形象的语言是教学活动中艺术性和趣味性的具体体现，主要表现在研学导师能使用生动流畅、形象化的语言，力求创造美的意境。研学导师追求语言的生动有趣并不是一味地为了"有趣"而采取无厘头或低级趣味的方式，而是在充分掌握教学内容的前提下注重趣味性、生动性，努力使情景交融，激发学生研究学习的兴趣。

（4）灵活多变。研学导师能灵活驾驭语言，以适应学生不同层次的文化知识基础和审美情趣。主要表现在准确把握教学内容的关键，能根据教学资源时空条件随机应变地进行讲解；把握讲解时的音调和节奏；目光、表情、手势有机配合，调动教学现场积极的学习氛围。

讲授法是一种历史较长、使用范围较广、效果较好的教学方法。这种教学方法的优点是学生接收到的教学内容科学性、系统性、思想性较强，并能在较短的时间内获得大量的系统知识。其缺点是单向的"传送—接收"模式，不利于学生积极参与，学生主观能动性的发挥受到限制，必须改革讲授法。讲授法在应用的过程中要注意当讲则讲，要给讲授法赋予新意，如采用启发式讲授法、合作式讲授法、图解式讲授法、研究式讲授法等，不是不讲，而是少讲、精讲、讲到位。

2. 示范法

示范法是指在研学旅行中由研学教育者通过演示或其他方法将所要表达的某种知识理论、观念等传达出来。在研学旅行中，示范法的实施者主要有研学导师和先进模范者。这里着重说明一下先进模范者，《新时代公民道德建设实施纲要》强调："以先进模范引领道德风尚。伟大时代呼唤伟大精神，崇高事业需要榜样引领。要精心选树时代楷模、道德模范等先进典型，综合运用宣讲报告、事迹报道、专题节目、文艺作品、公益广告等形式，广泛宣传他们的先进事迹和突出贡献，树立鲜明的时代价值取向，彰显社会道德高度。"先进模范者具有优秀品质和高尚情操，他们身上的优秀品质，能起表率作用，其示范性能够引领更多人朝着目标不断前进。研学中要依托爱国主义教育基地，充分发挥先进模范者的榜样示范作用，引导学生学习革命烈士和先进人物的英雄故事、先进事迹、高尚品德,感受先辈们的爱国主义精神,激发学生的家国情怀。

(二)间接教学

间接教学是以学生为中心的教学,通过自主、合作、探究的方式完成学习任务、发展学生能力、获得价值体认的学生参与过程。在研学旅行教学中运用较多的间接教学方法有参观法、探究法、创设情境法、讨论法以及项目教学法。

1.参观法

参观法是指学生在教师的组织、指导下,根据教学任务的要求,以现场(实地、实境、实例)观察、访问为主要途径,以获得感性知识、发展学生能力为目的的一种教学方法。参观法是以大自然、社会作为活教材,能打破课堂和教科书的束缚,将教学与实际生产、生活密切地联系起来,开阔学生的视野,激发学生的求知欲望,并使学生在接触社会的过程中受到教育。参观法的优势在于能够打破课堂和教科书的束缚,能够有效地把书本知识与生活实际紧密结合起来,增强学生的学习兴趣,帮助学生深入理解和领会所学习的理论知识,使学生在接触社会的过程中增加知识信息量,提高学生提出问题、解决问题的能力,增强学生对生活的热爱和社会责任感。此外,参观法有助于密切学校课程内容与生活和时代的联系。

运用参观法的具体要求有:一是研学导师在事前必须根据教学大纲的要求和教学任务的需要,做好准备工作。要制订参观计划和步骤,明确参观的目的和要求等。二是注意引导学生有目的、有重点地去观察、去思考,在这个过程中,研学导师要适当结合讲解、谈话等方法,引导学生把注意力集中到参观的对象上,把感知与理解结合起来,从多方面认识所学的对象,以便更好地理解所要掌握的内容。为了更好地达到这个目的,研学导师还要教给学生观察的顺序与方法,尽量发挥学生多种感官的作用。三是切实做好参观后的工作,参观结束后,研学导师要组织和引导学生通过问答、练习、讨论等方式,把观察的现象与书本知识联系起来,使这种方法真正起到获得感性知识、理解和验证书本知识的作用。

2.探究法

探究法是一种创造性的教学方法。学生在研学导师指导下,根据研学的内容及自身的实际认知水平,将研学主题分为一个个小的研学课题,使教学过程成为学生提出问题、探索发现、解决问题的创造性学习过程。

探究法的一般操作流程是:确定研学课题;收集有关资料;提出设想和理论假设;验证假设;研讨、小结。

运用探究法的基本要求有:

(1)研学导师根据研学目标和内容创设教学情境,从而激发学生探究兴趣和发掘探究潜力。

(2)确定科学的研究课题。课题既要符合研学目标和内容,同时也要符合学生的认知水平,找到学生的最近发展区,即课题难度适中,这样的课题才既有难度又有探究的价值,才能真正激发学生学习的内在动机。

(3)明确研学导师和学生的作用。在探究教学中,研学导师是引导者,基本任务是启发诱导,学生是探究者,其主要任务是通过学生自主或合作探究,发现问题、解决问题。因此,必须正确处理教师的"引导"和学生的"探究"的关系,做到既不放任不管(即让学生毫无头绪、漫无目的地探究),也不过多干预。

3. 创设情境法

创设情境法是指研学导师根据研学主题、研学目标的需要,创设一定的情境,引导学生去探究,在探究中发现问题并解决问题的研学教学方法。利用创设的情境进行研学,更容易调动学生参与研学,激发他们研学的积极性、主动性,使他们更易理解和接受研学的内容,在此过程中亦能充分挖掘学生的创新意识和能力。

创设情境法强调知识是在具体情境中建构的,它与具体情境紧密相连,研学导师应把学生置于一定的社会情境中,通过社会互动或活动来促进学生学习,这对于改善课堂学习的去情境化、抽象化,增强学生的学习动机和学习的互动性,具有重要的指导意义①。创设情境法的一般操作流程为:确定研学目标;创设研学情境;学生自主学习;小组合作;评价反馈;从具体情境到一般情境。

值得注意的是角色扮演式也是一种创设情境教学方式,研学导师通过提供直观、生动的情境,激发学生的学习热情,促进教学目标的达成。学生通过扮演不同角色可以感受到所学知识的不同侧面。有助于学生全面理解和把握知识,有助于他们以更真实的角度去观察社会、体验生活。

4. 讨论法

讨论法是指学生在研学导师指导下,围绕研学核心问题,以班级或小组为单位展开交流,互相启发、积极思考、各抒己见,在交流的过程中进行思维的碰撞,并最终解决问题的一种教学方法。

较为有效的讨论方法有提示引导式、群体互补式、自由辩论式以及角色置换式。讨论法的优点在于能很好地发挥学生的自主性、积极性,有利于培养学生的独立思考能力、表达能力和学生灵活运用知识的能力。讨论法的基本要求是讨论的问题要有吸引力,要善于启发引导学生,讨论结束时要进行小结。

5. 项目教学法

项目教学法是通过项目的形式进行教学,就是在老师的指导下,将一个相对独立的项目交由学生自己处理,信息的收集、方案的设计、项目的实施及最终评价都由学生自己负责,学生通过该项目了解并把握整个过程及每一个环节中的基本要求②。为了使学生在解决问题中习惯于一个完整的方式,所设置的项目包含多门课程的知识。研学旅行教学中一般以小组为学习单位,主张先练后讲,先学后教,强调学生的自主学习,主动参与,让学生从尝试入手,从练习开始,调动学生学习的主动性、积极性、创造性等,学生成为"主角",而老师转为"配角",实现了教师与学生角色的换位,有利于加强对学生自学能力、创新能力的培养。

项目教学法的基本特征主要有以下几点:一是目标指向的多重性。对学生而言,通过转变学习方式,在主动积极的学习环境中,好奇心和创造力被激发,分析和解决实际问题的能力得到提高。对教师而言,通过对学生的指导,转变教育观念和教学方式,从单纯的知识传递者变为学生学习的促进者、组织者和指导者。对学校而言,建立全新的

---

①②甄鸿启,李凤堂. 研学旅行教育理论与实践[M]. 北京:旅游教育出版社,2020.

课程理念,提升学校的办学思想和办学目标,通过项目教学法的实施,探索组织形式、活动内容、管理特点、考核评价、支撑条件等的革新,逐步完善和重新整合学校课程体系。二是培训周期短、见效快。项目教学法通常是在一个短时期内且较有限的空间范围内进行的,而且教学效果可测评性好。三是可控性好。项目教学法由学生与教师共同参与,学生的活动由教师全程指导,有利于学生集中精力练习技能。四是注重理论与实践相结合。要完成一个项目,必然涉及"如何做"的问题。这就要求学生从原理入手,结合原理分析项目和制定步骤。而实践所得的结果又会使学生思考:是否是这样?是否与书上讲的一样?项目教学法最显著的特点是"以项目为主线、教师为引导、学生为主体",改变了以往"教师讲,学生听"的被动教学模式,创造了学生主动参与、自主协作、探索创新的新型教学模式。

项目教学法的一般操作流程为:明确项目主题,确定项目任务,包括设计思路和选题分析;项目教学准备阶段包括分组、组建学习小组、选举组长、小组建设、做好激励评价设计,同时也需辅以现代媒介技术、教学媒体等。

四、研学旅行教学方法选择的依据

研学旅行教学过程的最优化实际上是一种以方法为主、多法配合、灵活运用、充分发挥教学方法的整体综合效应。在实际研学中至关重要的是如何依据不同情况,从众多的教学方法之中选择较合理、较优化的方法。

(一)依据研学目标选择教学方法

研学旅行教学方法选择的根本依据是研学课程目标。研学旅行课程设计都有一定的研学目标和任务,不同领域或不同层次的研学目标的有效达成,要借助于相应的教学方法和技术。比如以学生掌握新知识为研学目标,那么教学方法的选择应侧重讲授法、谈话法等;为使学生获得感性知识,则多使用参观法。研学导师可依据具体的可操作性目标来选择和确定具体的教学方法。本书中的研学旅行课程目标定位采用的是三维目标,三维目标是基础教育课程改革以来对教学目标的表述方式,即知识与技能、过程与方法、情感态度与价值观,三维目标的定位对研学旅行课程也同样适用。由此可见研学旅行课程目标的第一层面为知识要求,而实现这一目标采用的研学教学方法一般为讲授法和参观法。

以前文案例五"探秘武大樱花 树立文明旅游新理念"为例,其研学课程设计方案中确定的研学目标知识层面是了解樱花的种类、花期;了解武大樱花的来历;了解武大的建筑风格。研学中研学导师通过讲解,配合参观法让学生了解樱花的种类多达8种以上,而不同品种的樱花其花期也会不同,早樱一般在3月中旬左右就开花了,而晚樱一般在4月甚至到5月才开花;讲述武大樱花的由来,1939年侵华日军将武汉大学改为医院,栽植樱花树以慰伤员思乡之情。不过当年栽植的日本樱花树不过50多株,主要分布在武大现在的樱园大道上。1972年中日邦交正常化,日本首相田中角荣向周恩来总理赠送了1000株大山樱,周恩来总理将其中50株转赠给武汉大学。1982年,为纪念中日友好10周年,日本又赠送了100株垂枝樱苗。1992年,在纪念中日友好20周年之际,日方又赠送了樱花树苗200株。如今武大校园各处的樱花树苗,除园林工人自行培育的之外,大多来源于此。武汉大学不仅樱花美,建筑也美。武大的建筑风格把中国元素与西方元素完美地融合在一起,形成了既具有古典美又具有现代美的建筑。研学导师分别讲解武汉大学行政楼、理学楼、樱园宿舍、老图书馆等建筑的建筑风格。

(二)依据研学旅行课程内容特点选择教学方法

不同的研学课程内容有不同的要求和特点,研学教学方法的选择和使用也会不同。有的研学内容需要采用讲授,有的研学内容需要研学对象自主学习、合作探究、实际操作等。以革命传统教育类研学为例,一般会依托爱国主义教育基地、革命历史类纪念设施遗址等资源,运用榜样示范法、参观法、讲授法让学生感受到革命先烈们的英勇及家国情怀。研学旅行课程是一门综合实践类课程,研学旅行课程内容区别于一般学科课程内容,其独特性主要有研学旅行课程内容的实践性、教育性、体验性及学习结果的发散性[①]。研学旅行课程内容的以上特征要求其教学方法不能以直接教学为主,要更多地采用学生自主探究、体验的方式,注意多种教学方法的优化组合。

(三)依据研学对象的特征选择教学方法

研学活动中研学导师的指导目的还是为了研学对象的"学",因此,学生的实际特点,如学生的年龄特点和知识水平都直接制约着研学导师对教学方法的选择。这就要求研学导师能够科学而准确地研究分析研学对象的上述特点,有针对性地选择和运用相应的教学方法。通常情况下,低年级的学生注意力易分散,理解力不高,但学习兴趣的可塑性强,教学方法宜多样、新颖,如采用角色扮演或直观演示法等;而高年级学生的学习兴趣具有一定的稳定性,同时具有较高的分析、推理等逻辑思维能力,对一些深刻的、具有普遍意义的问题也能有自己的思考和见解,因此可侧重选择能加强其思维深刻性和综合性、发展学生创新能力的教学方法,如讲授法、分析探究法等,以更好地激发学生自主观察、分析及独立操作的潜能。

(四)依据研学导师自身素质及特点选择教学方法

研学活动中每一种教学方法的运用对研学导师也提出了相应的能力要求,研学导师只有充分领会所选择的教学方法才有可能在实际研学活动中有效地发挥其功能和作用。有的研学教学方法虽好,但因研学导师缺乏相应的素养,即使使用这种教学方法也很难产生较好的研学效果。因此,研学导师在选择教学方法时,还应当根据自己的实际情况,扬长避短,选择最适合自己的教学方法。如有的研学导师拥有较强的语言表达能力,但演示操作能力较弱,那么在研学中可相对多地选择讲授法,需要实际操作时可用视频演示或讲解操作的方式代替。当然,开展研学活动对研学导师的综合素质能力要求本身就很高,研学导师只有不断提高自身的综合素质,才能肩负起研学活动的重任,保障研学活动的教学效果和质量。

(五)依据教学环境条件选择教学方法

研学导师在选择教学方法时,要在时间条件允许的情况下,最大限度地运用和发挥教

---

① 彭其斌.研学旅行课程概论[M].济南:山东教育出版社,2019.

学环境条件的功能与作用。如示范教学法需要用到直观教具,研学中采用示范演示需要提前准备好教具,以便发挥出教学方法的最优效果。与此同时,值得注意的是,研学过程中如果不具备相应的条件,研学导师可因陋就简,尽量创造条件,但不宜过分强调。

研学导师选择教学方法的目的,是要在实际研学活动中有效地运用。首先,研学导师应当根据具体教学的实际,对所选择的教学方法进行优化组合和综合运用。其次,无论选择或采用哪种教学方法,研学导师都要以启发式教学思想作为运用各种教学方法的指导思想。另外,研学导师在运用各种教学方法的过程中,还必须充分关注学生的参与性。

> **本章小结**
>
> 研学旅行课程作为一种综合实践教育活动课程,其课程设计是一项非常复杂而系统的工作,涉及交通出行、教学、餐饮住宿、评价反馈等多个方面。研学旅行课程设计必须遵循一定的步骤,其基本环节为确定研学旅行主题、目标、资源及内容,设计研学旅行线路及实施方法。研学导师要了解和掌握研学旅行教学的基本方法,能够根据研学旅行课程内容、研学对象及研学导师自身情况等因素实现研学旅行教学方法的优化组合,以确保研学旅行质量。研学导师除了能够设计研学旅行课程、运用多种教学方法实施研学课程外,还要评价研学旅行课程,尤其是对研学对象的综合评价,在评价之余反思研学课程的实施,从而促进研学旅行课程的不断优化,实现研学旅行课程育人的终极目标。

 课后训练

一、单选题

1. 经过深思熟虑设计制定的研学旅行课程方案能给研学导师带来研学旅行的安全感、自信心,甚至能全面调动研学导师的教学激情,研学导师会觉得身心放松,准备充分。这说明( )

A. 课程设计能弥补研学旅行教材的不足

B. 课程设计能提高研学导师的研学旅行教学自信心

C. 课程设计能得到各方帮助,确保顺利执教

D. 课程设计能培养出优秀的研学导师

2. 研学旅行课程主题是研学旅行教育活动的(   )。

A. 焦点与中心   B. 重心与内容

C. 主旨与核心   D. 宗旨与核心

3. 我国学生核心素养以培养(   )为核心,其框架由文化基础、自主发展、社会参与三个方面构成。

A. 全面发展的人   B. 自由发展的人

C. 自主创新的人   D. 独立发展的人

4.注重运用实地观察、访谈、实验等方法,获取材料,形成理性思维、批判质疑和勇于探究的精神的课程是(　　)
　　A.设计制作式课程　　　　　　B.社会服务式课程
　　C.劳动教育式课程　　　　　　D.考察探究式课程

5.在研学旅行中,学生的内化学习成果不包括(　　)。
　　A.知识成果　　B.能力成果　　C.文本成果　　D.态度成果

二、多选题

1.研学旅行课程实施方案按照研学旅行前中后的基本步骤,包括以下环节(　　)。
　　A.研学准备设置问题　　B.研学导入提出问题　　C.研学新课解决问题
　　D.研学总结拓展问题　　E.研学评价反思问题

2.研学旅行课程主题设计的理论依据主要有(　　)。
　　A.国家教育方针、政策　　B.教育学　　　　　C.心理学
　　D.中小学实践活动　　　　E.课程理论

3.研学旅行是一门综合性课程,为此,课程开发要注重多学科融合、多主体参与,跨越(　　)。
　　A.学科边界　　　　　　B.资源边界　　　　　C.课堂边界
　　D.时空边界　　　　　　E.课程边界

4.《中小学综合实践活动课程指导纲要》对研学旅行活动课程总体目标表述为:学生能从个体生活、社会生活及与大自然的接触中获得丰富的实践经验,形成并逐步提升对自然、社会和自我的内在联系的整体认识,具有(　　)等方面的意识和能力。
　　A.价值体认　　　　　　B.责任担当　　　　　C.问题解决
　　D.创意物化　　　　　　E.创新能力

5.根据每个阶段及其任务的不同划分,研学旅行过程的基本环节主要包括研学旅行前的准备、研学旅行中的上课、研学旅行后的服务等环节。对这三者之间的关系表述正确的是(　　)。
　　A.为了上好课,研学导师在开展研学旅行前必须做好准备,即备好课,学生也要做好相应的课前准备。
　　B.为了巩固和发展研学旅行成果,研学旅行后研学导师还要运用其他研学形式为学生提供研学旅行后的服务。
　　C.研学旅行中备课是研学旅行过程的中心环节,是实施研学旅行目标的主要手段。
　　D.为了保证研学旅行有效的进行与改进,还必须对研学旅行过程进行后续的跟踪服务。
　　E.研学旅行前的备课是前提,研学旅行中的上课是中心,研学旅行后的服务是延续。

三、判断题

1. 课程设计能提高研学导师的研学旅游出行带团的自信心。（   ）
2. 1997年10月，国家教育发展委员会下发《中华人民共和国义务教育法》，第一次以文件的形式对素质教育做出了正式的规范性表述。（   ）
3. 家乡土地污染状况及防治这个主题适合任何年级的学生。（   ）
4. 传统的学校课程以学科课程为主，所学内容也为某一学科单一的系统性知识。研学旅行是一门综合性课程，因此，课程开发要注重多学科融合、多主体参与，跨越学科边界、课堂边界、资源边界、时空边界。（   ）
5. 每一条线路的课程都有一个研学主题，课程资源一般应围绕研学主题选择，每一个资源应该充分表现课程主题的全部。（   ）
6. PBL教学模式需要针对一个真实而具有挑战性的驱动性问题进行设计。（   ）
7. 学生在参观侵华日军南京大屠杀遇难同胞纪念馆的过程中，深刻领悟到两点：一是不忘历史、奋发图强；二是和平来之不易，悲剧不能重演。这属于情境体验式教学模式中的提升情境。（   ）
8. 整个研学旅行过程，始终发挥班干部、共青团员、少先队员等先模人物的模范带头作用，依靠先模学生，引领全体学生全身心投入研学旅行。（   ）
9. 无论哪种模式的研学旅行课程，务必做到人人动手，个个参加，亲自体验，确保每个学生都能成功，享受成功的喜悦，享受研学旅行带来的快乐。（   ）
10. 在整个研学过程中，安全问题十分重要，所以研学导师要和学生提前讲明注意事项，之后全靠学生自觉遵守，这也是培养学生安全意识的过程。（   ）

四、简答题

1. 举例说明研学旅行课程设计需要遵循哪些基本原则。
2. 简述研学旅行课程实施的主要步骤。
3. 某个初中二年级学生要到井冈山开展为期一天的"追寻红色记忆 传承红色基因"红色研学之旅，请根据本次研学旅行主题和可能形成的研学成果，制定一份对学生学习成果的评价方案，方案中应包括必要的评价量表。
4. 研学旅行常用的教学方法有哪些？
5. 研学旅行教学方法选用的依据是什么？

第五章
研学导师的服务技能

学习目标

1. 了解研学旅行微讲座、微课程的概念及要素。
2. 熟悉行前第一课的准备工作及授课方法。
3. 熟悉研学导师职责。
4. 掌握研学导师工作流程。
5. 掌握研学旅行课程教案的要素。

知识框架

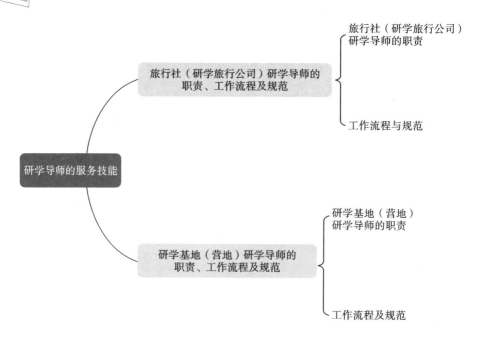

1. 教学重点：研学导师的工作流程。
2. 教学难点：研学导师如何准备并完成行前一课、教案和微讲座等教学工作。

目前，研学旅行已经成为中小学基础教育课程体系中综合实践活动课程的重要组成部分，同时受到了教育界与旅游业的高度关注。研学导师作为研学旅行的关键引领者，在很大程度上决定了研学旅行课程的践行水平和践行效果。因此，专业化的研学导师队伍也就成为研学旅行主办方选择承办方最重要的考量因素。

越来越多的学校和专业服务机构已经充分认识到，研学旅行不仅包含了行前、行中和行后的全过程教育活动，而且包含对安全防控、教育引导、旅行生活保障、课程研发等各环节的全程把控，这都需要专业团队共同协作才能顺利完成。

但需要明白的一点是，导游不能自然而然地成为研学导师。导游服务的本质属性是一种旅游休闲服务，要求导游具有较好的服务理念和休闲服务的技能，导游的核心工作内容以"服务"为主。而研学旅行的本质是"教育"，课程实施的对象是中小学生，它不仅需要服务人员具备服务理念与服务技能，更需要服务人员具备良好的教育理念和专业的教育技能——这包括对课程概念和课程内涵的理解和认识、对中小学生心理特点的认知、对课程实施的基本操作能力的把握等。

研学旅行课程与传统课程完全不同，对导师的专业素养要求自然不同，研学导师本质上是教育者，从研学旅行最初的课程设计开始就参与其中，在研学旅行结束后还需要与学生总结、分享，是从课程设计开始到课程教育目标完成的全环节的参与者和主导者。研学导师的服务技能体现在旅行服务保障、教育引导与教育实施、安全防控、课程研发等环节。

第一节 旅行社（研学旅行公司）研学导师的职责、工作流程及规范

一、旅行社（研学旅行公司）研学导师的职责

研学导师是中小学生校外课程的关键践行者，既要保证实践教育过程顺利实施，又要直接对教育效果负责，是直接面对中小学生，完成生活保障、研学教育及安全防控等专业服务。

(一)课程研发

参与前期课程及产品研发,熟知产品研发思维和课程基础目标;自主研发创作微讲座,提升业务技能,增强实践教育课程效果。

(二)课程实操

负责教育全过程中课程主题知识传授和讲解,尽量保证学生吸收相关知识;主导或协助营地活动导师落地执行预先设计的所有教育活动,提升学生的兴趣度和参与度。

(三)安全保障

高度警惕,实时进行安全防护和提醒,最大限度减少学生意外伤害事故,全力保障学生的人身安全;注意巡查学生活动场所和设施,防止学生物品遗漏,保障学生的财物安全。

(四)生活保障

知晓全部餐饮安排及预订情况,提前落实位次(桌餐)或发放方式(份餐),每餐巡视2—3次,监督餐饮质量和查看学生用餐情况;提前和主办方确认住宿安排,将住宿需求及时准确反馈给组长,单车独立团则自行联系落实营地方对接;知晓大小交通的详细安排和联系方式,每次使用时提前确认,做好票务和座次分配工作。

(五)评价反馈

充分利用实践教育各类评价方式,实时对课程效果和学生知识接收程度进行评价;汇集各类信息,包含课程效果、课程安排合理度、餐饮住宿标准、主办方反馈等信息,及时递交给有关部门,促进课程更新升级。

二、工作流程与规范

研学导师的工作性质需要他了解和参与整个研学旅行课程环节,研学旅行本身就是中小学生课程体系中的综合实践活动课程,按照教学要求应有课前预习、课中授课、课后考核和评价。研学导师的工作按照教学要求分为行前、行中和行后三个板块。

(一)研学导师工作流程

研学导师工作流程图见图 5-1。

(二)行前

1.领取教学计划及物资

(1)领取教学计划:了解本次研学旅行课程的具体实施方案,确定接待细节,如旅游车信息、重点要求、活动场地、接待标准等。

(2)核对附件:附件包括人数确认单、安全抵达单、意见反馈表、研学旅行评价表、分房表、人员名单等。

第五章 研学导师的服务技能

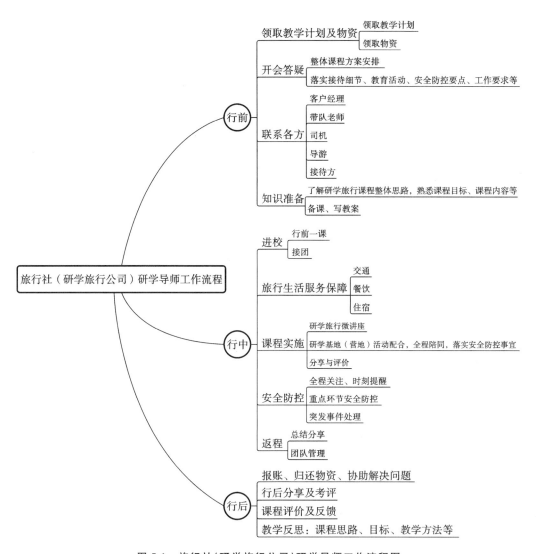

图5-1 旅行社(研学旅行公司)研学导师工作流程图

(3)领取物资:研学导师领取教学计划后,应根据工作要求和教学计划的内容领取相应物资,物资既包括出团常规物资,也包括团队所需物料。准备带团常规物资,包括导游员身份标识牌、车头牌、腰麦、充电器、雨伞、轻便鞋等;课程物品包括研学手册或任务书、教具学具、教育活动物料等。

2.开会答疑

(1)建工作群:将与该团有关的领队、带队老师、营地研学导师、安全员、工作人员、导游员等拉进群,知晓其联系方式。

(2)开行前说明会:了解团队背景、行程及活动安排、行车路线、注意事项,落实接待细节、教育活动、安全防控要点、工作要求等,做到出团之前对团队情况了如指掌,胸有成竹。

3.联系各方

(1)联系客户经理:了解学校对本次研学旅行实施的要求,核对接待方案,了解注意事项。

(2)联系带队老师:确定接团时间和地点,确定人数,提醒带队老师携带相关证件,必要时短信告诉老师重点信息。

【案例一】 示范短信(单日游学产品)

×老师,您好!我是武汉学知旅行公司的研学导师×××,我的电话是××××××,我想跟您确认一下后天研学活动的具体安排。目前出发人数是:×位老师,××位同学,对吗?××日早上××点是学生在学校的集合时间,我会提前随车到学校去接各位,请问您学校的地址是哪里,方便停车吗?后天我们的研学课程主题是"有'劳'万事足",让同学们去劳动教育基地体验劳动。前期我们公司的研学导师已经进校上了行前一课"水稻的一生"。请您今天再让同学们复习一下,同时根据我们发给学生的研学手册做好功课。这两天有问题的话,可以跟我联系,后天早上见。

【案例二】 示范短信(火车团研学旅行产品)

×老师,您好!我是武汉学知旅行公司的研学导师×××,我的电话是××××××,我想跟您确认一下后天研学活动的具体安排。目前出发人数是:×位老师,××位同学,对吗?××日早上××点是学生在学校的集合时间,我会提前随车到学校去接各位,请问您学校的地址是哪里,方便停车吗?请您出发的时候带好教师资格证和身份证,我们乘坐的火车时间是×××,车次是×××。这两天有问题的话,可以跟我联系,后天早上见。

【案例三】 示范短信

×师傅,您好!我是武汉学知旅行公司的研学导师×××,我的电话是××××××,明天早上我们一起去××学校接学生,那里有停车位。请您提前了解××学校的地点,我们的行程是××××,请您提前了解一下明天的线路,也请做好车辆卫生并检查好座位安全设施,谢谢!

(3)联系司机:告知接团时间和地点,确定车位数;联系结束后短信再次确认。

(4)联系导游:落实抵达时间(车次或航班),了解行程安排。

(5)联系接待方:与餐厅、研学基地(营地)等联系。与餐厅联系,了解餐厅环境(停车场情况、师生用餐是否分开、在几楼用餐等),确定餐桌数并要求摆放餐桌号;确定用餐方式(桌餐、份餐、自助餐等),了解菜单、菜式,告知餐饮特殊要求(食物过敏、饮食禁忌等)。与研学营地联系,了解营地周边环境,提前知晓房间情况(楼层、是否分栋、几人间、房间数、房间号等),早餐餐厅提供什么用餐方式(桌餐、自助),早餐时间和餐厅位置。与研学基地联系,了解基地课程实施细节、接待人员、活动场地、活动时长、是否有需要提前告知学生的注意事项等内容。

在了解团队相关信息后,前期与各接待方的沟通和落实接待细节非常重要,例如,学生团的菜单中不可安排有刺的鱼,营地周边是否存在安全隐患,教育活动的具体实施方案等,研学导师都应做到出团前心中有数,以确保团队顺利成行。

【案例四】 武汉学知旅行公司接团前工作任务清单

工作要求	工作内容	完成(√)
接受任务委派,知晓团队基本信息	时间、研学旅行主题、学校等	
找计调人员领取计划及附件	计划书、人数确认单、意见反馈表、车头牌、分房表、人员名单等	
领物资	常规物资(腰麦、号牌等)、教育活动物资	
联系客户经理了解团队情况	团队情况及注意事项	
联系客户	确认人数、接团时间、接团地点、其他注意事项	
联系司机	时间、地点、车位数、追发短信确认	
做好带团准备	工装、麦克风、个人证件、研学知识准备、研学活动熟悉	
联系餐厅、研学营地、研学基地	确定时间、人数、活动内容等细节	

4.知识准备

(1)了解研学旅行课程整体思路。

研学导师在详细了解本次研学课程后,应与课程研发人员沟通,了解课程设计思路、教学目标、教育活动内容,并认真阅读研学手册,熟悉手册上列举的知识点和对学生的引导方向,做好相关知识准备。

(2)撰写教案。

研学导师与课程研发人员充分沟通了解研学旅行整体课程方案后,应结合课程实施的内容,着手准备翔实的教案,应做到备课环节齐全,教案设计灵活,教学过程清晰。

研学旅行已经纳入中小学生教育教学计划,本身就是一门课,研学导师需要结合研学旅行的整体课程方案,为顺利而有效地开展教学活动做好备课准备。研学导师出团前,应准备翔实的教案,研学旅行教案的编写要素应包括课程主题、授课对象、学情分析、课程目标、教学重点、教学思路、教学实施、教学评价。

【案例五】"走近大别山"研学课程设计方案

一、课程主题

走近大别山。

二、授课对象

七至九年级学生。

三、学情分析

七年级学生刚升入初中,性格活泼,自我意识较强。对于红色历史知识了解不够,地理知识较少,在课程实践中研学导师需要多与学生互动,以问题为导向引出学生兴趣点。八、九年级的学生思维活跃,但是正处于青春期,学生自主意识和自尊心都很强,参与活动的积极性较高,但独立思考能力不强。

四、课程目标

通过课程实施使学生对黄冈地区的名人、红色的故事有基本了解,能讲出课程中涉及的3—5位名人的主要事迹,通过登上大别山主峰去了解相关的地理知识,能够分析出鄂东地区名人辈出的历史和文化背景。

五、教学重点

通过课程了解曾经在黄冈生活的文化名人——苏东坡,了解将军故乡,分析黄冈出现众多名人的原因。

六、教学思路

本课程是对鄂东地区人文、地质、红色文化的探究学习,设置教学实施(前置课程、实景课程)、教育活动和总结分享这几大板块。

七、教学实施

(一)前置课程(车程导入)

1.课前提示

自我介绍、行程介绍、安全提醒。

2.阶段目标

通过车程导入让学生对课程内容及黄冈的基本概况有大致了解。

3.课程导入

朗诵苏东坡《水调歌头·明月几时有》,引出苏东坡被贬黄州的历史,进而引出黄冈的名人文化。

4.教学内容

苏东坡生平及著名诗词、大别山的相关知识、南北分界线等地理知识。

(二)实景课程

1.阶段目标

通过课程教学使学生了解黄冈的名人、大别山地质知识及红色文化等课程知识。

2.教学内容

1)东坡赤壁课程点(2.5小时)

(1)让学生对苏东坡的生平事迹、文学成就、饮食贡献以及被贬黄冈的原因有所了解。

(2)能够区分文赤壁和武赤壁。

(3)朗诵《前赤壁赋》。

2)大别山地质博物馆课程点(1.5小时)

(1)知晓中国南北方分界线。

(2)了解大别山的地质、地貌知识。

3)红色讲座课程点(1.5小时)

(1)了解鄂豫皖革命根据地的有关知识。

(2)知道黄麻起义及大别山区人民对中国革命的贡献。

(3)了解千里跃进大别山的历史及其影响。

4)登大别山主峰课程点(4小时)

(1)能够判读地形图。

(2)明白植被随海拔的垂直变化。

(3)知道气温与海拔的关系。

(4)了解我国主要山脉。

3.教育活动

通过研学基地课程点学习,学生能够完成相应的课程活动并学会合作探究学习,在东坡赤壁进行诗词格律的微课程+书法创作的活动,进行书法作品的展示,通过思维导图对红色专家讲座进行小组讨论,登大别山主峰时开展登山竞赛。

4.学具引导

学具:大白纸、马克笔、毛笔。

5.活动操作指南

(1)大白纸、马克笔为红色讲座之后,根据讲座绘制红色思维导图时使用,按班级小组分配大白纸与马克笔。

(2)毛笔与大白纸为学生在东坡赤壁进行书法创作的工具。

八、总结分享

学生通过参观、听课、制作作品等活动形式在行车途中、研学基地的室内场馆或开阔的户外场地分享自己的心得体会。

九、教学评价

(一)教学目标完成度

(二)课程效果(阶段目标和思路设置是否合理、学生参与度等)

(三)教学反思(布课方法、知识点的选择、教学环节、教具学具的使用等)

(四)产品优化建议

(三)行中

1. 进校

(1)行前一课。

行前一课是研学旅行的"前置课程",也是研学旅行中非常重要的一环。它可以让学生在出行前对研学课程有一个初步的了解,研学导师可结合课程思路做专题性讲座,让学生更好地开展探究性学习。行前一课也是一个完整的课堂教学过程,导入、探究式授课、师生互动、测验作业等要素必不可少。最后研学导师应总结归纳,启发引导学生提出新的相关问题,让学生课后再主动探究新的知识点。

行前一课可以采用进校授课和线上授课等方式,从效果反馈来说,进校授课的方式效果会更好,可以更好地与学生互动,了解学生对课程内容的接受程度。为了确保授课的效果,研学导师不仅需要做好授课准备,还需提前确定和落实授课的硬件。

研学导师在接到授课通知后,需提前与客户经理联系,了解授课时间、场地、参加人员、设备等;授课当天研学导师要提前抵达学校,调试电脑、音响、话筒、屏幕等,授课过程中,结合本次研学旅行课程内容提出课后作业和要求。

(2)接团。

对学校的师生而言,研学导师的专业和水平不是从课程介绍开始体现,而是从进校接团的那一刻就开始体现。研学导师良好的工作状态、饱满的精神状态以及专业能力从进校与师生接触,从整队集合,从现场有序的秩序都能一一展示出来。

接团当天,研学导师应与司机一起提前15分钟抵达学校,安排合适的停车位置,同时查看周边环境,如往来车辆是否多、停车位是否在路口等,排除安全隐患。

研学导师应调整自己的精神状态和仪容仪表,保持微笑,语气温柔,衣服整洁,以最好的精神面貌面对老师、学生和家长。第一时间与带队老师碰头,自我介绍,再次核对人员情况,根据实际需求进班接团或者在指定地点等待学生。

接到学生后有序整队,可视实际情况指定小队长,协助管理小队纪律;确定人员到齐之后,排队有序登车,登车途中走人行道和斑马线,注意规避障碍物,观察周边情况,确保学生安全;行进途中,研学导师举号牌走在前,请带团老师走在队伍旁边及队尾,保持队形。

研学导师需要帮助学生摆放行李,提醒学生不要拥挤,注意台阶,同时观察周边电动车及自行车情况,以防冲撞到学生;视实际情况调整座位,第一排和最后一排中间的位置尽量不安排学生就座,有晕车的学生适当靠前坐。

报告组长或领队已登车完毕,听通知出发。

2. 旅行生活服务保障

研学旅行的核心是课程,但生活服务保障也非常重要,交通、餐饮、住宿不仅是生活服务保障,过程中也贯穿了教育内涵,例如用餐礼仪、文明旅行、生活常识等。所以研学导师在研学过程中不仅要保障学生的食、住、行,更需要关注、引导学生,让学生获得全方位的感受与成长。

1)交通

(1)汽车途中团队管理。

①沿途知识介绍:进行沿途导览,根据研学路线,介绍沿途风土人情、人文历史或者开展与研学主题相关的微讲座,做到知识准确充分、内容丰富、讲解生动风趣。

②途中团队管理:再次确认实际出发人数,准确填写人数确认单,明确老师和学生数量及其男女比例,方便分房,找带队老师签字确认。

【案例六】 人数确认单

线路：　　　　　　　发团时间：　　月　　　日

学校：

计划人数：

实际人数	学生	人,其中　　男　　　女。
	老师	人,其中　　男　　　女。

备注：

带队老师签字：　　　　　　研学导师签字：

【案例七】 示范讲解

各位同学,大家早上好,我是大家这趟前往××××研学旅行课程的老师,我的名字叫××,大家可以称呼我×老师。接下来的这几天我将全程陪同各位同学,并为在座的每位同学提供帮助,大家在研学过程当中有什么问题,遇到了什么困难都可以直接来找我,我很高兴能为各位同学提供帮助。

今天在座的各位同学即将离开自己温暖的家、学校、父母,开始接下来几天的独立旅程,我想你们的心情一定很激动吧。在激动之余,×老师想问大家一个问题:出门在外,最重要的是什么呢? 对了,安全最重要。所以特别强调的是,同学们一定要遵守纪律,离开团队的时候一定记得和老师或者身边的同学打个招呼,以方便人数清点。在这里,也希望各位同学在这次研学旅行中游有所学。

我们这次的研学旅行安排了很多有意义的活动,如:任务闯关、开营第一课,还有一个特别好玩的活动贯穿整个研学过程,那就是争章活动。我们将从各个方面对大家进行鼓励,并在你们的研学读本上盖一个漂亮的小印章,大家都有机会争得研学旅行的最高荣誉——成长之星。所以请大家在整个研学活动中详细阅读《研学读本》和任务书,了解每个盖印章的环节并积极争取。

自我介绍,讲解安全注意事项及课程安排。强调研学旅行过程中学生的人身安全和财产安全;强调文明旅游的内容,提醒学生在研学旅行过程中注意自己的行为举止,爱护环境。

研学导师也会根据车程时间,合理安排车程活动。

车程活动内容应符合学生年龄段,便于调动学生的积极性,并关注学生的参与性,及时调整活动或安排休息;车程活动时应提醒学生注意安全,不要随意站立或在车厢内走动;根据车程时间,大约每2个小时安排在服务区停车休息。

下车之前要提醒学生携带好贵重物品,再次确认车牌号并约定休息时间;上下车时研学导师应确认周边环境,一定不可遗漏学生。

(2)火车途中团队管理。

火车相对于汽车而言,管理难度更大,有很多管理细节,例如:安全引导师生进出火车站,火车停靠站点时需做好防控工作,车程中引导学生学习《研学读本》,了解当地研学资源情况等,同时还会涉及分餐、分房等一系列工作。

研学导师在抵达出发火车站后需协助带队老师分配火车座位,并确定每位学生都知晓自己的座位号。抵达火车站时应提醒学生整理随身物品,引导学生下车,帮助学生拿行李,引导学生远离停车场出入口及车辆行驶道路,整队集合,确保所有学生下车并检查车内无遗漏物品后方可通知司机开车。

进出站时研学导师要时刻举牌走在团队前面,老师配合走在学生队中及队尾,维持现场秩序;登车时整队有序排队,注意行李是否有遗落,提示学生中途不要下车,尤其是中途停靠时要把守车门。与地接导游联系,了解当地接待情况。

车程中关注学生,文明出行,组织学生学习《研学读本》和研学手册,了解当地研学资源情况。

抵达前半小时组织学生整理行李。与在出站口等候的地接导游会合后,简短地向学生介绍地接导游,并请地接导游举牌走在前,老师在队中,自己在队尾时刻维持秩序,清点人数,以防学生走失。

(3)飞机途中团队管理。

相较于其他交通方式,乘坐飞机的环节最复杂,如行李托运、安检等,所以研学导师需提前介绍清楚机场登记的相关流程。

抵达机场后收集师生身份证等证件,带领师生前往柜台托运行李,提醒师生确认行李是否有托运违禁品并保管好证件与登机牌。带领师生安检、候机,提醒学生保管好证件、登机牌和随身行李。关注学生动态,提醒学生文明出行。与地接导游联系,了解当地接待情况。

登机后协助学生找到对应座位,放置行李,再次确认人数并提醒学生系好安全带,关闭手机,在飞机上不要随意解开安全带或四处走动,不要在机舱大声喧哗。

飞机落地后,带领学生有序离开,请老师走在队尾,关注是否有学生的随身物品遗漏,前往出口取行李,集合整队清点人数后有序出站并与地接导游会合,向学生简短介绍地接导游,并请地接导游举牌走在前,老师在队中,自己在队尾时刻维持秩序,清点人数,以防学生走失。

2)餐饮安排

为确保团队抵达餐厅有序用餐,研学导师应提前了解师生的用餐方式,如桌餐、份餐、自助餐等,了解师生用餐地点并提前告知,尤其是桌餐,需提前明确桌号并告知学生,抵达餐厅后引导学生有序就座、用餐,并告知学生餐厅内的设施。

用餐时,研学导师应提醒学生注意用餐礼仪,保持用餐秩序;研学导师和地接导游应轮流用餐,保证全程有人巡视学生用餐。

学生用餐结束后,研学导师召集学生在指定地点集合整队,清点人数,检查随身物品,无误后方可集合上车。

3)酒店/研学营地

研学导师应在抵达酒店/研学营地前协助带队老师分房,填好分房表,确保到酒店/研学营地前每位学生都知晓自己的房号和同房同学。

车程中强调入住注意事项;入住之后检查房间设施(开水壶、地毯、床上用品、门锁、浴室门等)是否有损坏或污染,如发现异常情况及时向前台或者老师汇报;文明入住,爱护酒店设施设备,保证房间卫生;不允许男女同学互串房间;不允许私自出酒店大门,有特殊情况需外出必须向老师请示。

抵达后拿房卡、介绍酒店/研学营地设施及消防通道;在电梯/楼梯口分工协作,维持秩序,提示学生不要拥挤,上下电梯时按住电梯按钮,以防突然关门造成人员受伤;安排值班表,定期查房,并安排人员在大厅值班,晚上查房至少2次,再次向学生强调入住注意事项,控制空调温度,检查学生手册填写情况,提醒学生洗衣洗澡,保护房内设施,按时休息。

退房当天,分工协作,在楼层提醒学生及时退房,安排人员在大厅收房卡,在餐厅巡视学生用早餐情况,上车前提醒学生再次检查行李物品。

3.课程实施

(1)研学旅行微讲座。

研学旅行微讲座有别于传统导游的讲解词,它聚焦教育点或知识点,是为研学旅行过程设计的用时较短的专题性讲座课程。其显著特征在于它是一个"以讲助学"的教育活动过程,课程讲座时间短可几分钟,长可半小时,要讲深、讲透、讲出特色,如文旅旅行、中国传统文化专题等的微讲座。微讲座是植入研学旅行过程的一个有效环节,既可以有独立的课程目标,也可以和本次研学课程的整体目标相统一、相衔接,能辅助完成研学课程的整体目标。

①内容:微讲座内容的选择,可以是了解文明旅行常识、安全防护救护与灾害应急知识,也可以是了解非物质文化遗产和民族风情,掌握乡情、市情、省情和国情;了解相应的自然、人文、社科知识,掌握与研学旅行课程方案直接相关的学科内容等。

②授课方式:微讲座的特点就是可长可短、方式灵活、内容多样,研学导师在研学旅行过程中,如在车程中、教育活动间隙、会议室、餐厅等环节中结合实际情况随机安排授课。

③微讲座包含要素:讲座主题、讲座对象、讲座时长、授课空间、教学目标、教具(学具)使用要点、整体教学思路、教学内容与方法、微课程评价。

案例分析

【案例八】"古代建筑中的不倒翁"研学课程设计方案

一、讲座主题

"古代建筑中的不倒翁"。

二、讲座对象

五、六年级。

三、讲座时长

25分钟。

四、授课空间

教室或会议室等室内空间。

五、教学目标

(一)基础目标

(1)认识榫卯以及斗拱的特点结构。

(2)了解榫卯的起源发展以及斗拱的作用。

(3)了解古代建筑不倒的秘密——榫卯结合的斗拱结构。

(4)榫卯结构在古代建筑及现代建筑中的运用。

(二)延展目标

了解背后所代表的匠人精神。

六、教具(学具)使用要点

PPT、视频、榫卯结构知识卡牌。

七、整体教学思路

榫卯结构—发展历史—斗拱结构—斗拱的作用—榫卯咬合斗拱结构的抗震性—在建筑中的运用。

八、教学内容与方法

(一)导入

不倒翁的特点是什么?古代建筑不倒的原因有哪些?建筑不倒的秘密有两个,第一个是古代建筑最基础的拼装结构——榫卯(古代"乐高"),第二个就是斗拱。

(二)榫卯

(1)结构:从古代建筑主要为木质材料入手,介绍材料拼接,引出榫卯结构是一种中国独有的木工技术。

(2)榫卯结构的分类:建筑有大有小,所使用的木件也会有所不同,就会产生不同的拼接方式,榫卯结构自然也会发生相应的变化,如燕尾榫、格肩榫等。

(3)榫卯的起源及应用:榫卯在我国古代的建筑和家具中被大量使用,在"顶天"和"立地"这两个方面起到了重要的作用。建筑中榫卯技术的应用最早可以追溯到距今7000年前的河姆渡的木质建筑,在河姆渡遗址中出土了上百件的榫卯。秦汉时期,随着"秦砖汉瓦"的大规模应用,砖瓦为主要材质的屋顶取代了之前的茅草屋顶,屋顶结构的改变增加了对梁柱系统的承重要求,其连接方式——榫卯同样也面临着新的挑战,由此在梁柱与屋顶的连接处,便有了榫卯咬合而成的斗拱构件。这里出现了一个新的名词"斗拱"。

(三)斗拱

(1)斗拱是中国建筑上的一种特殊结构,它处于两种结构之间(屋顶和梁柱),起到承上启下的作用。斗拱用拱形木块和方形木块层层交错叠加而构成,具有支撑与装饰的双重功能。

(2)斗拱的结构:斗十拱=斗拱。斗拱主要由斗、拱、翘、昂、升等构件组合而成。通过实物拆分结构解说它们的作用。

(3)斗拱的作用:传导重量、增大屋檐、美化装饰。榫卯是斗拱的拼接方式,斗拱是靠榫卯的咬合拼接起来的,斗拱是建筑中非常重要的构件。

(四)不倒翁的秘密

了解了榫卯和斗拱,那不倒翁的秘密到底是什么呢?通过纪录片《紫禁城的秘密》,揭秘故宫能在几个世纪的风雨飘摇中依然屹立不倒的原因。古代把榫卯称为"万年牢",还有句谚语"墙倒屋不塌",所以不倒翁的秘密就是榫卯咬合拼接而成的斗拱构件。并从古建筑的材质、榫卯结构相互之间的受力等方面分析。举例分析,应县木塔又被称为"斗拱博物馆",斗拱在檐下形成一层斗拱群,就像一层巨大的弹簧垫层,可以吸收纵横地震波,对增强建筑的抗震性能十分有效。由于斗拱的使用,中国木构建筑在世界木构建筑发展史中具有领先地位。

(五)榫卯结构的运用

从文化传承的角度引导学生知晓,古建筑不倒翁的秘密流传至今,依然运用于我们的生活,现代建筑和现代家具就运用了榫卯结构,其中很多建筑都是我们比较熟悉的,比如上海世博会的中国馆就运用了榫卯结构,头重脚轻的中国馆通过榫卯、斗拱层层叠加,承担重量。还有重庆美术馆等现代建筑。而在现代的家具生产中,榫卯依旧具有重要作用,只是发生了一些适应性变化,如厨房挂架、桌椅板凳等。现在依旧有一些传统手工艺者在坚持着,如榫卯匠人王震华花了五年时间做的祈年殿模型,没有用一根钉子、一滴胶水。他们以匠人之心,雕刻着一份来自过去古老时光的礼物。

九、微课程评价

(1)什么是榫卯结构?

(2)生活中你见过哪些物品或者建筑是榫卯结构?

(2)研学基地课程配合,全程陪同。

研学导师应提前一天与研学基地(营地)研学导师联系,核对教学计划,了解活动安排,提醒学生做好相应准备;在前往研学基地(营地)途中,对基地(营地)课程主题做讲解,或插入与之相关的微讲座,并做注意事项和安全要点的提示;抵达研学基地(营地)后,研学导师全程陪同学生,时刻关注学生,整理队列,清点人数,提醒学生注意人身、财产安全;配合研学基地(营地)导师一起完成教育活动,多关注学生状况;在涉水、涉险景点分组守在危险处,时刻关注学生安全;如有突发状况,迅速、积极地解决问题,并安抚学生的情绪;景区上下车、各景点离开前、集中上洗手间前后,必须清点人数。

(3)前往常规景区,主导完成教育活动。

研学导师应与导游相互配合,布场、落实教育活动,了解活动场地情况;提醒学生严格遵守安全提示,紧密配合,确保安全,同时提醒学生爱护活动器材;充分理解教育活动的设计思路、实施要求和课程目标;布课方法灵活,重难点突出,教学环节完备,教法恰当,学具教具使用得当,教学目标达到预期效果。

(4)分享与评价。

行前阶段:在制订教学计划时,结合课程目标设计分享、总结及评价环节。

行中阶段:活动实施过程中,研学导师应全程关注学生的状态,认真观察、仔细记录,努力营造氛围,引导学生分享;对学生的体验状态、参与程度、是否提出有价值的问题、任务的完成程度等进行适时点评,以保证教育活动的完成效果;活动结束后,可通过任务书、主题交流、卡牌分享等多种方式适时引导学生分享、总结。

4.安全防控

(1)全程关注,时刻提醒。安全防控工作涉及所有参与研学接待的人员,应明确各自责任和分工,依靠制度和规范而不是经验或热情做好安全防控工作;研学导师必须全方位、全过程地关注安全防护细节;系统地分析和熟悉课程实施的对象、环境、场所、内容、保障和可能发生的意外,做到心中有数。

(2)重点环节安全防控。

接送站安全管理:上下车时研学导师在车门引导,风险节点安排定点防控,不可出现学生被遗留车上的安全责任事故。

研学基地(营地)活动管理:保持队形,有序参观;随时清点人数,学生不可擅自离队;让学生待在安全区域,不涉险、不涉水;实施课程时,提醒学生注意学具的正常使用,不损坏器材。

餐饮安全管理:随时巡餐,协助拿取饮料、流质食物等;提醒学生用完餐原地等待。

酒店/研学营地安全管理:研学导师应在电梯口提醒学生不要拥挤;安全使用酒店/营地内设施;不允许学生互串房间打闹;定时查房,排查安全隐患;在大堂值班,不允许学生离开营地。

5.返程

(1)总结分享。整个研学旅行课程结束后,研学导师还应回顾、梳理、总结过程,引导学生自主分享,完成课程目标。

(2)团队管理。提前一天将火车票座位告知带队老师,请老师分配座位并告知学生;有序带领学生进站,在返程火车上时刻注意学生人身和财产安全;提前半小时与司机联系,抵达车站后整队、集合、清点行李,有序前往停车场,组织学生有序上车,摆放行李;抵达学校后,一定要注意停车位置周边环境,帮助学生拿行李,在校门口维持秩序,按规定把学生送进班级,避免扎堆或拥堵;请带队老师填写安全抵达单、意见反馈表;学生全部下车后,仔细检查车厢,若发现遗漏物件,记下有关情况,以便核实。

(四)行后

1.报账、归还物资、协助解决问题

(1)团队计划书及其附件交还操作人员;归还教育服务活动物资。

(2)根据公司规定尽快报账,应做到账目翔实,票据齐全。

(3)收集校方各层级反馈并做好记录,及时反馈给公司有关部门。

2. 行后分享与考评

为深化研学课程的育人价值,还应在研学旅行结束后安排总结会,让学生对自己的作品、交流表达、参与程度等进行回顾、梳理和反思,以完成课程目标。

(1)研学导师回团后,根据课程实施过程中的观察对学生的表现和活动效果做梳理和总结。

(2)根据学校安排,进校参与研学旅行总结会,从学生的研学成果中,评选出优秀作品,并对学生们在此次研学过程的表现给予肯定,在总结和对比中提升研学课程的育人效果。

3. 课程评价与反馈

(1)研学导师需要兼具质检员的职能,不仅需要将研学过程中出现问题的环节和人员及时反馈给有关部门,也需要考察记录研学点的适宜程度和研学活动的实施效果,及时记录并反馈。

(2)对本次活动或教育服务产品跟踪、回访,进行总结、分析,对教育效果进行评估,要有工作记录,适时与公司相关部门分享和反馈产品效果,必要时写出相关的书面报告。

(3)针对实际带团情况,对产品升级提出可行性建议。

4. 教学反思

研学导师在每一次研学旅行活动后都需对整个研学过程进行反思和总结,主要是针对自己在研学过程中的完成程度和教学方式、方法等方面进行反思和总结。

(1)教学目标完成度,课程效果(阶段目标和思路设置是否合理、学生参与度等),教法反思(布课方法、知识点的选择、教具学具的使用、教学环节等)。

(2)研学过程中,自己与其他板块同事的配合情况。

(3)对突发事件的处理。

(4)根据以上内容提出相应的改进措施并完善备课教案。

第二节　研学基地(营地)研学导师的职责、工作流程及规范

一、研学基地(营地)研学导师的职责

研学基地(营地)研学导师主要落实中小学生团队教育活动的实施,例如专题微课程能拓宽学生知识面,提升实践教育效果;通过环保教育、文明教育等活动增强学生的环保意识以及文明出行意识;通过开营仪式、闭营晚会等活动,营造仪式氛围,增强学生

参与感；通过主题类体验活动（如拓印、成长礼等），让学生在动手体验过程中了解相关步骤，深化课程主题知识等。

（一）执行教育活动

（1）主导教育活动的规则发布及操作指引，保证活动开始之前参与者及活动辅助人员清楚规则及流程。

（2）全程关注学生的参与情况，排疑解难。

（3）根据现场人数情况合理分流，或适当增加活动空间，合理布置活动线路。

（4）安全教育到位，安全防控细致，保障学生安全。

（5）提前布场，整理活动物料，活动结束后清理归还。

（二）研发教育活动

根据市场需求、课程质量反馈和营地发展方向调整等实际情况持续开发新活动和新课程，促进营地活动更新，促进营地保持长久竞争力。

（三）保障生活服务

具体落实师生在研学基地（营地）内的用餐、住宿、日常生活所需等工作。

（四）落实安全防控

提前对团队即将前往的研学目的地、停车场、集散场所、营地和餐厅等场所进行周密细致的安全排查，沟通或记录隐患，提醒接待方做好相关防控；时刻关注学生动态，随时随地对学生和一线工作人员进行安全提示。

（五）进行意见反馈

对学生的活动参与度和完成度等进行综合评价并做好记录；将活动实操情况（点位设计、动线设计、学生参与度和兴趣度等）反馈给活动开发人员，促进课程升级。

二、工作流程及规范

研学基地（营地）研学导师主要是负责基地（营地）的课程实施，在研学过程中负责设计与实施一系列教育体验活动，如开闭营仪式、闭营晚会、劳动教育活动、自然生态类活动等，通过详细的规则说明和专业的操作示范，增强学生的体验感。同时，在基地（营地）内提供生活保障服务，并确保整个过程的安全。

（一）研学基地（营地）研学导师工作流程

研学基地（营地）研学导师工作流程图见图5-2。

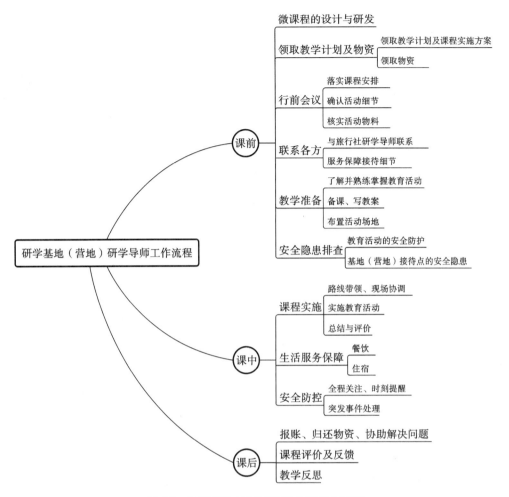

图 5-2　研学基地(营地)研学导师工作流程

(二)课前

1.微课程设计与研发

微课程是指在研学旅行过程中,针对某一个或几个教育点或知识点而设计的教育课程。重点在于运用多种教育手段和素材生动地阐明所讲内容,可以听,可以看,可以体验参与,便于学生理解和认知。微课程要素包括课程主题、课程对象、课程时长、课程场地、授课设备、课程目标、教具用具、整体教学思路、教学内容与方法、微课程评价。

基地(营地)研学导师是研学基地(营地)课程研发和实施的核心人员,应结合基地(营地)核心资源,设计研发及实施教育方案,指导学生开展各类体验活动,从而完成课程目标,确保教学效果。

案例分析

【案例九】

一、课程主题

柳。

二、课程对象

四至六年级。

三、课程时长

约 25 分钟(不含实地探访及动手实践)。

四、课程场地

教室/空地(有垂柳的地方)。

五、授课设备

话筒/腰麦。

六、课程目标

通过学习本课程,学生能够知晓柳树的特点及种类,会区分其他树与柳树,知晓柳树在日常生活中有哪些运用(吃、用等),通过观察了解柳树在江边、湖边生长对环境有什么作用。

七、教学用具

柳条、小剪刀。

八、整体教学思路

(一)自我介绍及课程导入(4 分钟)

与学生互动,提问:你觉得春天的标志是什么?《数九歌》说:"一九二九不出手,三九四九冰上走,五九六九沿河看柳,七九河开,八九燕来,九九加一九,耕牛遍地走。"沿河看柳意味着什么?大家学过唐代诗人贺知章的《咏柳》,为什么说二月春风似剪刀?由此引出"柳"的话题,引出柳树的种类及特点。为何到处都有柳树的身影?通过前面的学习,学生了解了为何柳树能成为一种随处可见的植物,柳树有什么特点。引出课本中的诗词,让学生了解不仅自然界可以经常见到柳树的身影,诗词中也可以见到。加深学生对柳树的印象。

通过授课让学生完成课程目标:知晓柳树的特点及种类,会区分其他树与柳树,对柳树能有基本了解。

(二)柳树的食用和药用价值(2 分钟)

对比茶树的叶子可以食用饮用,从而推出柳树也是可以食用饮用的,还是一味中药,在日常生活中使用比较普遍。

(三)柳编技艺(2 分钟)

柳树在生活中的运用是非常广泛的。

通过以上两点让学生完成相应课程目标:知晓柳树在日常生活中的运用(吃、用等),并加深对柳的认知,没想到小小一棵树还有大大的功能。

(四)制作柳哨(15分钟)

动手制作一个柳哨,增加整个活动的趣味性。

(五)延展小课堂(2分钟)

通过学习柳树的小知识,再结合日常生活的观察以及提问,了解柳树在水岸边生长对环境有什么作用。

通过以上两点,本次课程的趣味性增加,拓展了学生的知识。融入本课程知识点,使学生加深课程印象。

九、教学内容与方法

(一)自我介绍及课程导入

1.自我介绍

大家好,我是大家本次课程的导师×老师。

2.课程导入

春风惠我,万物复苏。"五九六九,沿河看柳",沿河看柳意味着柳枝吐出了鹅黄,昭示着春回大地。大家学过唐代诗人贺知章的《咏柳》:"碧玉妆成一树高,万条垂下绿丝绦。不知细叶谁裁出,二月春风似剪刀。"高高的柳树长满了翠绿的新叶,轻柔的柳枝垂下来,就像万条轻轻飘动的绿色丝带。这细细的嫩叶是谁的巧手裁剪出来的呢?原来是那二月里温暖的春风,它就像一把灵巧的剪刀!同学们,你们觉得春天是什么样的?(互动:绿色、暖和等),我听到有同学说到绿色,那春天的绿色有什么啊?(小草、大树等),对了,春天我们常见的绿色树木有很多,其中就有我们课程的主人公,很多古人都曾经描写过它。比如:"两个黄鹂鸣翠柳,一行白鹭上青天""山重水复疑无路,柳暗花明又一村""渭城朝雨浥轻尘,客舍青青柳色新"。对了,很多同学都已经猜出来它是谁了。它就是不拘环境、随处生根、有强大生命力的柳树。

通过一套树木的卡牌,让学生认出柳树,并形容特征,从而引出柳树的基本形态,让学生知道柳絮的知识以及雌雄柳树的区别。

同时,在卡牌中穿插罕见的柳树种类,如紫柳、细柱柳等,让学生对柳树的品种产生好奇。简要介绍自然界中有多少种柳树,中国有多少种、大致品种及生长特点。

(二)柳树的食用和药用价值

李时珍在《本草纲目》中说柳絮可治吐血、咯血、金疮血,柳叶对恶疥疮痂有疗效,柳根能祛风、止痛、消肿,柳树可入药。举例:柳树的食用方法有柳叶茶、凉拌柳芽、柳叶饼。

(三)柳编技艺

介绍并可自制卡牌展示我国非常著名的柳编工艺技术:临沭柳编、东林柳编、襄阳柳编。

(四)制作柳哨

(1)材料和工具:光滑柔嫩的新鲜柳条和剪刀。

(2)用剪刀将柳条剪成合适的长度。

(3)在粗的一端小心剥开一点,然后一只手捏着露出一点柳芯,另一只手捏着柳皮,轻轻扭动外皮。

(4)揉搓柳条旋转一下,使树皮和木质部分脱落。

(5)抽出木芯,形成吸管状。
(6)用剪刀修整管状的树皮两端,剪掉破裂和粗糙的部分。
(7)用剪刀刃将一段光滑的树皮表皮削去0.3—0.5厘米,形成一个簧片构造。
一个可以吹响的柳哨就做好啦!
(五)延展小课堂
(1)学习了那么多有关柳树的知识,同学们在哪些地方可以见到柳树呢?
(2)柳树非常喜欢在水边生长,你们觉得柳树种在江边、湖边对环境有哪些帮助?
(组织学生交流互动)
十、微课程评价
(1)提问式评价:通过课程你对柳树多了哪些了解?
(2)互动式评价:小组交流有关于柳树的诗词、成语。
(3)作业式评价:通过今天的课程总结柳树的思维导图。
(4)总结:通过提问能够加深学生对课程知识点的印象。
通过提问和让学生制作柳哨,增加学生对柳树的印象以及课程趣味性。

2. 领取教学计划及物资
(1)领取教学计划及课程实施方案。
①找计调人员领取接待计划,熟悉接待计划,了解活动当天路线安排、生活保障服务等相关情况。
②熟悉课程实施方案,包括场地、时长、物料、人员配比等。
(2)领取物资。
①领取常规物资:身份标识牌、腰麦、号牌、工装等。
②领取教育活动物资,核对物料数量和品种。
③提前安排好大型物资运输。
(3)行前会议。
本团同伴开行前会,落实课程安排细节:活动数量、场地(户外或室内)、时长、是否分线等。
了解活动细节:活动人员分工(主带、配合)、注意事项等;核实活动物料:核实物料数量、配比、种类是否与课程方案配套;强调安全注意事项,梳理需要重点注意的隐患点。
(4)联系各方
与旅行社研学导师联系:确认接团时间地点及停靠位置、计划人数,核对课程方案和接待细节。
服务保障接待细节:提前落实团队在基地(营地)的住宿分配、用餐场地、生活服务接待标准等。
(5)教学准备。
了解并熟练掌握教育活动,熟悉教案,布置活动场地,如传统拓印的工具摆放、农事课程的农具摆放等,大型活动的氛围布置等。检查活动场地的设施设备:教学设施设备能否正常使用,调试音响设备(如试播音乐、PPT,试用话筒等),桌椅板凳是否与数量匹配。

(6)安全隐患排查。

教育活动的安全防护:熟悉课程教具学具使用的环境和方法,提前排查是否存在安全隐患,如安全使用剪刀,活动周边是否涉水涉险,安全警示布置是否落实。

基地(营地)接待点的安全隐患:提前对基地(营地)内的停车场、集散场所、餐厅等场所进行周密细致的安全排查,沟通或记录隐患,提醒接待方做好相关防控。

(三)课中

1.课程实施

(1)路线带领,现场协调。

接团当天与旅行社研学导师保持联系,准确统计全团人数,提前安排团队的住宿分配、桌号分配等工作,确保各车导师在抵达前明确相关安排。接团前再次检查活动场地,观察周边环境,了解场地细节。接团后迅速与旅行社研学导师对接,向学生做自我介绍,组织学生整队集合;以车为单位进入基地(营地),介绍基地(营地)基本设施、活动路线、注意事项及安全要点。课程实施期间基本掌握整团状态,合理安排小组动线,关注课程效果,必要时协助组员解决相关问题。根据现场人数情况合理分流,或适当增加活动空间,合理布置动线。

(2)实施教育活动。

①活动导入。

导入是活动的起始环节,导入的目的是吸引学生的注意力,激发学生的兴趣和好奇心,使学生在好奇心的驱使下积极投入学习活动,从而形成"我要学"的主动学习意愿。

活动导入的原则:要与教学目标契合;要与学龄和学情契合;基地(营地)研学导师的语言、肢体动作、表情要与导入内容契合;导入时要注意氛围的营造,切不可为了导入而导入。

活动导入的常规方法:谈话导入、情境导入、游戏导入、谜语导入、图片导入、故事导入、复习导入、设置悬念导入、歌曲导入、实验导入、材料导入等方法。

②活动规则介绍。

为确保教育活动的顺利实施,活动规则的介绍就尤为重要,它能有效地帮助学生完成活动,基地(营地)研学导师发布活动规则时应把握以下原则:活动规则清晰、简洁,重点突出;活动规则应量化、细化、可查、可考,用词要规范严谨,避免出现"好像""可能"等含糊不清的词语;活动规则要遵循可行性原则,规则难度不宜偏高或偏低,导致活动虎头蛇尾。

③学具使用、引导。

在教学中使用好学具,基地(营地)导师不仅要掌握学具使用的技巧和学具使用的时机,还要熟悉注意事项,这样才能充分发挥导师的主导作用与学生的主体作用,激发学生的学习兴趣,有效地组织、管理和调控教学活动,提高教学质量。

根据活动方案,使用学具时要有明确的步骤引导,使学生知道"做什么"和"怎样去做";根据教学的需要配以教具的演示和必要的启发、讲解,从而展示学具操作的步骤及其内在逻辑性;在学具操作的过程中,基地(营地)导师必须深入到学生中去,以便及时发现问题,并对学生的操作规程加以指导。

④现场指导：全程关注学生的参与情况，排疑解难。

（3）总结与评价。

基地（营地）研学导师要全程关注学生，发现和鼓励每个学生的进步，积极引导学生在研学过程中自我评价；尊重学生个性特点，注重以鼓励为主的发展性评价；充分利用各类评价方式，实时对课程效果和学生知识接收程度进行评价；对学生的活动参与度和完成度等进行综合评价并做好记录。

2. 生活服务保障

餐饮、住宿中涉及的内容和要求要与旅行社（研学旅行公司）研学导师的职责、工作流程、规范相一致。

3. 安全防控

（1）全程关注，时刻提醒。

时刻关注学生动态，规范学生言行举止，避免学生因过激或出格行为造成意外伤害，如打闹受伤、疯跑摔伤等；确保电话畅通，实时掌握团队动态信息，随时做好处理团队突发问题的准备，保持高度安全意识，保持安全防控的前瞻性。

（2）重点环节安全防控。

活动空间涉及水域、山路、玻璃装饰、护栏和高台等安全隐患较大的位置，应提前设置警示标志，或安排人员值守，重点防控。进行仪式类活动或集中观看表演时，严格分流，管控队伍，避免发生拥挤、踩踏。就餐时维持秩序。研学营地内引导学生顺利入住，特别注意电梯口的安全引导及疏散，做好当天总结，梳理第二天注意事项，在重要出入口值班。

（3）突发事件处理。

遇学生生病或发生意外伤害事故时，沉着冷静，仔细判断现场情况，必要时陪同学生前往医院治疗，垫付费用并保留相应单据，及时向相关人员报备情况。任何情况下都不得自行给学生提供口服药物。

遇到安全类突发事件必须第一时间上报给相关人员，切勿自作主张处理安全类问题。

认真分析安全事故出现的原因，总结反思，警钟长鸣。

（四）课后

1. 报账、归还物资、协助解决问题

（1）确保团队安全离开研学基地（营地）。

（2）请老师填写人数确认单、安全抵达单、意见反馈表。

（3）清理活动现场，收拾打包活动物资，入库盘存。

（4）报账，归还常规带团物资。

（5）记录当天团队突发情况，以及处理办法，落实遗留物品对接。

2. 课程评价及反馈

（1）课程结束后，根据活动效果，整理过程记录笔记并提出可行性建议。

（2）汇集各类信息，包含课程效果、活动安排合理度、餐饮住宿标准、主办方反馈等，及时递交给有关部门，促进课程更新升级。

3.教学反思:课程思路、课程目标、教学方法等

(1)研学导师应全程对产品负责,关注团队动态,对于行程安排是否合理、修学活动实操效果、产品教育效果等方面适时关注,做好记录。

(2)根据活动效果完善备课教案。

研学导师本质上是教育者,需要从课程的设计之初就参与其中,需要准备进校的课程,在研学旅行结束后还需要与学生总结、分享,是从课程设计到课程教育目标完成全环节的主导者。旅行社(研学旅行公司)研学导师的职责主要包括课程研发、课程实操、安全保障、旅行生活保障及评价反馈,其工作流程与规范涉及行前(领取教学计划及物资、开会答疑、联系各方、知识准备)、行中(进校、旅行生活服务、课程实施、安全防控、返程)、行后(报账、分享与考评、课程评价与反馈、教学反思)。研学基地(营地)研学导师的职责主要包括各类教育活动执行、教育活动研发、生活服务保障、安全保障、评价与反馈,其工作流程与规范涉及课前(微课程设计与研发、领取教学计划与物资、课前会议、联系各方、教学准备、安全隐患排查)、课中(课程实施、生活服务保障、安全防控)、课后(报账、课程评价及反馈、教学反思)。

课后训练

一、选择题

1.中小学生研学旅行是由教育部门和学校有计划地组织安排,通过( )的方式开展的研究性学习和旅行体验相结合的校外教育活动。

A.分团出行、分组食宿　　B.集体出游、集体活动

C.集中出游、集中食宿　　D.小队出行、各自食宿

2.研学导师工作流程中,行前阶段不包含( )。

A.领取计划及物资　　B.开会答疑

C.联系各方　　　　　D.微讲座

3.研学旅行教案的编写要素不包含( )

A.课程主题　　B.学情分析　　C.教学重难点　　D.研学费用

二、判断题(请在括号里标注"√"或"×")

1.研学导师的工作性质要求研学导师了解和参与整个研学旅行课程环节,所以说在课程研发阶段研学导师就需要参与。( )

2.作为研学导师,当进入景区有导游带领时,要让导游走在前面带领队伍,自己走在队尾,维持秩序。( )

3.抵达目的地时,研学导师先行下车,待师生全部下车之后,即可离开。( )

三、问答题

1. 什么是研学旅行微讲座?
2. 行前第一课的准备工作及授课方法是什么?
3. 详述旅行社(研学旅行公司)研学导师工作流程。
4. 详述研学基地(营地)研学导师工作流程。
5. 研学旅行课程教案编写的具体要点是什么?

四、实训题

根据以下研学旅行课程方案,撰写当天研学课程的教案。

1. 课程名称

药食同源巧用膳——中医药科普课程。

2. 课程对象

六年级学生。

3. 课程目标

(1)知晓药食同源的概念,了解日常生活中 3—5 种药食同源的食物。

(2)学习中医诊病的基本流程和方法,体验抓药、包药操作。

(3)通过聆听讲解、活动体验、互动分享的形式深入了解中国传统医药知识,能说出中医"四诊"的内容。

4. 课程内容

(1)参观中医药文化博物馆,了解中医和中药的知识。

(2)听专家讲座,让学生知道人为什么会生病。

(3)学习辨别中药材,了解什么叫"药食同源"。

(4)学习导引术,掌握长寿的秘密。

(5)体验抓药、包药,自制保健小药包。

5. 课程安排

(1)课前准备。

①向老师或父母了解在我们的日常生活中,有哪些与食物和健康有关的俗话、谚语(如:"冬吃萝卜夏吃姜,不用医生开药方"等)。

②查阅书籍资料,了解阴阳、五行各代表什么。

(2)研学当日。

时间	研学内容	开展方式
上午	课程一:杏林探秘 课程时长:60 分钟 课程师资:博物馆讲解员 参观叶开泰中医药文化博物馆,了解关于中医和中药的知识。 课程二:中药辨辨辨 课程时长:60 分钟 课程师资:医药专家 开展中医药普及讲座,让学生知道人为什么会生病;学习辨别中药材,了解那些可以入药的食物	参观游览 聆听讲解 身体践行 观察辨别

续表

时间	研学内容	开展方式
上午	课程三：幸福拉伸 课程时长：30分钟 课程师资：研学导师 学习八段锦/五禽戏的导引之法，养成锻炼身体的好习惯。 涉及知识点： (1)中医"四诊"的名称和基本含义； (2)药食同源的含义和常见食材； (3)身体导引方法	参观游览 聆听讲解 身体践行 观察辨别
下午	课程四：杏林初体验 课程时长：60分钟 课程师资：医药专家 参观叶开泰中药文化街区，了解中药店日常工作。选代表体验在药房照方抓药。 学习如何认方、取药、包药，完成自己的小药包。 涉及知识点： (1)常见药材名和计量单位； (2)中药简易包装方法	抓药体验 手工制作

(3)研学成果。

中药香囊或保健足浴药包。

(4)课程延展。

①和同伴分享活动过程中的收获和不足。

②和家人分享当天学到的知识。

第六章
研学导师的管理技能

学习目标

1. 了解中小学生身心发展的概念、规律，掌握不同年龄段学生的身心发展特点。
2. 能够给予学生有针对性的研学指导，能运用教育方法科学施教。
3. 掌握有效的沟通管理技巧和方法，能照顾学生情绪，提升研学的有效性。
4. 帮助学生解决研学中遇到的问题，注重学生的全面成长。

知识框架

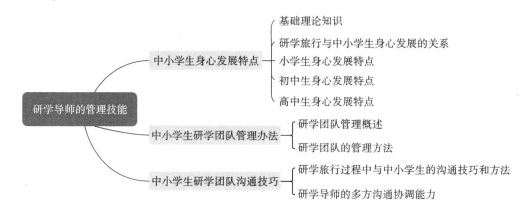

学习重点

1. 教学重点：了解中小学生的身心发展特点，给予学生科学、有效的研学旅行实践指导；及时分析解决研学旅行过程中的问题并与学生有效沟通，保证研学的效果。
2. 教学难点：熟练运用相关心理学知识和教育手段，在研学旅行中通过集体活动和真实体验促进学生身心全面发展。

第六章 研学导师的管理技能

学习引入

研学旅行的主体是中小学生，中小学阶段是学生身心发展的关键时期，在这个时期开展研学旅行，既是落实立德树人的根本任务，也是为增强中小学生综合素质提供新的教育路径。习近平总书记在党的十九大报告中提出了"教育要培养担当民族复兴大任的时代新人"，这一思想为教育培养什么人、怎样培养人、为谁培养人指明了方向。在2018年的全国教育大会上，习近平总书记强调"要把立德树人融入思想道德教育、文化知识教育、社会实践教育各环节"。教育部等11部门印发的《关于推进中小学生研学旅行的意见》指出："开展研学旅行，有利于促进学生培育和践行社会主义核心价值观，激发学生对党、对国家、对人民的热爱之情；有利于推动全面实施素质教育，促进书本知识和生活经验的深度融合；有利于满足学生日益增长的旅游需求，从小培养学生文明旅游意识。"它表明研学旅行突出集体活动，强调在集体中通过真实体验促进学生身心全面发展。

研学旅行充分体现了"知行合一"的教育理念，是融合了学习、研究、体验的一体化、全方位的跨学科实践性课程，是培养学生核心素养、全面发展的新教育形式，也是促进中小学生身心和谐发展的重要方式，更是学校教育活动的必要补充和延伸。在研学旅行实施过程中，研学导师兼具教师、导师、领队、辅导员等多重身份。那么，在研学过程中，如何正确认识学生？怎样科学指导学生开展研学旅行？如何有效地与学生进行沟通？都是研学导师在开展研学活动时必须面对和解决的问题。近代教育强调以"学生为中心""以学生身心发展的规律为指导"，研学导师更要关注学生身心发展，在研学旅行中做出正确的引导，让研学旅行真正起到教育的作用。为此，就要从了解学生、正确认识学生做起，既要遵循中小学生身体的发育规律，更要遵循他们的心理发展规律，做良师益友型导师。学生的身体发育规律和心理发展规律从根本上决定着教育管理方法。如果使用的教育管理方法违反了学生身心发展规律，教育效果必然会大打折扣，甚至会适得其反。研学导师应该根据中小学生的身心特点，基于学生发展的实际需求，制定不同学段的研学实践目标和课程，并选择相应的活动方式和管理策略，使每一次的研学实践都更贴合学生实际，从而提高研学旅行的质量和水平，构建更加适合学生年龄和个性特点的研学目标和体系，推动中小学生研学旅行工作科学、规范、有效开展。

第一节　中小学生身心发展特点

一、基础理论知识

(一)身心发展的概念

身心发展是作为复杂整体的个体在生存过程中不断发生变化的过程，特别是指个体的身心特点向积极的方面变化的过程。身心发展包括生理发展与心理发展两方面。生理发展也称为身体发展,是指机体各组织系统正常发育和体质的增强。心理发展包括心理活动内容的发展和认知过程的发展。其中,心理活动内容的发展包括知识、道德品质的发展;认知过程的发展包括感觉、知觉、记忆、思维等能力的发展。身心发展是身体和心理统一、和谐的发展,生理发展是心理发展的物质基础,心理发展也影响着生理发展①。

(二)身心发展的一般规律及应用

身心发展的一般规律是指不同个体在身心发展过程中表现出来的共同规律,主要表现为顺序性、阶段性、不平衡性、互补性和个别差异性。

1.顺序性

身心的发展是一个由低级到高级、由简单到复杂、由量变到质变的连续不断的发展过程。身体的发展是沿着从头部向下肢的方向和从中心部位向全身边缘的方向进行的。心理的发展总是由具体思维发展到抽象思维,从机械记忆发展到意义记忆,从喜怒哀乐等一般情绪发展到道德感、理智感、美感等高级情感。可见,身心发展是渐进的、有顺序的、连续的发展。因此,研学导师要在研学旅行活动的课程开发、活动设计、过程指导中做到循序渐进,由简单到复杂,从具体到抽象,有顺序、有步骤地开展研学活动。

2.阶段性

身心发展是一个不断地由量变到质变的发展过程,既有顺序性又有阶段性。每一个身心发展现象都以先前的发展水平为基础,是对先前生理发育和心理活动的继承与发展。每个发展阶段都在为下一发展阶段做准备,是前一阶段成长发育与经验的积累结果。阶段性表现在身心发展的变化都会依次经过不同的阶段,且每一阶段都有相对固定的特性,与年龄变化有着密切的关系。不同年龄阶段的学生,在身心发展的各方面都会表现出不同的特征。根据中小学生的年龄阶段,可划分为童年期(又称学龄初期,6—12岁)相当于小学阶段;少年期(又称学龄中期,13—15岁)相当于初中阶段;青年初期(又称学龄晚期,16—18岁)相当于高中阶段。研学导师要根据不同年龄阶段的特点分阶段开展研学旅行,匹配不同的研学任务,在研学旅行的安排、课程方法的设计、研学活动的组织方面都要考虑年龄特征。

3.不平衡性

在连续不断的发展过程中,个体身心发展的速度是不均衡的。具体表现在两方面:同一方面的发展速度在不同的年龄阶段是不均衡的;不同方面在不同发展时期具有不均衡性。比如人的身高、体重大部分会在婴儿时期与初高中时期迎来两次发育高峰。研学导师要遵循身心发展的不均衡性,在学生发展的关键期或敏感期进行及时的教育指导,会起到事半功倍的教育效果。

4.互补性

互补性反映了个体身心发展各组成部分的相互关系。它首先是指机体某一方面的机能受损甚至缺失后,可通过其他方面的超常发展得到部分补偿。如失明者可通过听

---

① 余文森,王晞.教育学[M].北京:北京大学出版社,2019.

觉、触觉、嗅觉等方面的超常发展来补偿。其次是指心理机能和生理机能之间的互补。人的精神力量、意志、情绪状态对整个生理机能起到调节作用,能帮助人战胜各种困难。研学导师在实际研学过程中应该结合学生实际,扬长避短,注重发现学生的自身优势,激发学生的信心和积极性,促进学生身心协调、统一地发展。

5. 个体差异性

由于遗传、环境、教育和主观能动性的不同,个体身心发展存在着个别差异。比如同一年龄段内,有的学生比较内向和深沉,而有的则比较外向和好动,表现出性格特征的差异。个体差异性在研学旅行的实践活动中表现得特别突出,研学旅行的对象一般以团体为单位,研学导师只有做到因材施教,充分发挥每个学生的潜能和优势,才能让每个学生在研学中获得更好的体验。

二、研学旅行与中小学生身心发展的关系

影响身心发展的因素主要有遗传、环境、教育、主观能动性四个方面,其中遗传是生物前提,环境是外部条件,主观能动性是内在动力,学校教育起着主导作用[①]。研学旅行的本质,就是通过集体旅行、集中食宿方式开展的研究性学习和旅行体验相结合的校外教育活动,是学校教育和校外教育衔接的创新形式。可以看出,研学旅行的实施过程涵盖了影响身心发展因素的环境、教育和主观能动性三个方面。也就是说,高品质且有效的研学旅行对中小学生的身心健康成长有着重要的教育意义和实践意义。研学旅行与中小学生身心发展的关系应当是相互促进和相互依存的关系,这主要表现为:一方面,中小学生身心发展决定了研学旅行必须结合学生身心发展特点的实际需要,全面考虑中小学生年龄、认知、情感、社会性等发展变化规律,注重研学的系统性、科学性;另一方面,研学旅行本身就有提升学生核心素养的功能,研学将学习融于生活之中,营造体验式的教育环境,对中小学生身心发展起着积极作用,可以有效促进中小学生身心和谐发展。解决研学旅行实践中的应用问题,从学生掌握知识、形成技能、获得发展能力等方面出发指导研学旅行,当这些特点和规律被研学导师自己所理解和接受,并善于从科学角度去分析和认识学生的发展特点和状况,就能够使研学旅行建立在科学的基础上,在实践中科学施教。研学导师只有具备一定的教育心理学基础知识和掌握必要的心理学理论,才能让研学旅行更有专业性和针对性,充分发挥研学旅行的教育功能。

三、小学生身心发展特点

(一)小学阶段学生的一般特征

小学阶段又被称为学龄初期,这个时期的学生在教育的影响下,认知能力、个性特质都在发展变化,也是身心发展的一个重要转折时期。小学阶段是个体成长发育最快、变化最快、可塑性最强、接受教育最佳的时期,个体具有容易兴奋、灵活性高、易疲劳、恢复较快的特点,同时也是基本道德观念和基础心理素质的形成阶段。小学的学习强调

---

① 范红丹.心理学(小学)[M].北京:北京大学出版社,2018.

的是儿童整体素质的提高,包括基本知识的获得、基本能力的形成、基本行为规范和价值标准的建立等,也就是我们通常说的基础教育阶段,根本任务就是打基础,对小学生的身心发展培养要从提高学习力、训练观察力、增强记忆力、放飞想象力、集中注意力、提升思维力、激发创造力、训练自我控制力和培养互助合作力这九大方面入手。

(二)小学生的身体发展

(1)骨骼发育:小学生的骨骼还没有完成骨化,骨骼含钙少,易弯曲、脱臼、变形,需要进行良好的姿势训练,但是要注意强度和标准性的要求。

(2)肌肉发育:小学生的肌肉纤细,力量和耐力都很弱。对小学生的运动能力及运动精确性要求不能过高,适当的跑、跳、投、掷等活动可以进行,但不能长时间连续地写字、演奏乐器、练球或做手工劳动等。

(3)牙齿发育:小学生处于替牙期,大部分的孩子从六岁开始陆续换牙,乳牙脱落,恒牙长成,要注意牙齿的日常保护,避免龋齿或牙外伤。

(4)心肺功能:小学生的肺活量随着年龄的增长会显著增加,但小学生的心脏容积小于成人,搏动频率快于成人,进行适当有效的体育锻炼是可以提高肺活量的,但要注意不能让小学生进行剧烈的体育运动和繁重的体力劳动,以免损害心脏。

(5)神经系统发育:神经系统在这个时期迅速完善,特别是大脑结构基本接近成人,需要充足的睡眠时间保证。

(三)小学生的心理发展

按照身心发展的顺序性和阶段性特征,小学生的心理发展建立在学龄前儿童的基础上,保留了某些学龄前儿童的特点。

1. 认知发展

(1)感知、记忆、注意力特点。

小学阶段,正规、系统的学习成为主导活动,学生接受新事物的能力很强,感知觉发展的准确性、系统性不断提高,但不够精确,比较笼统,对时间和空间的概念比较模糊。小学生的记忆仍以无意识记、具体形象识记和机械识记为主,总结起来就是"听过一遍就忘了,看过一遍就有印象了,做过一遍就会了"。他们观察事物会更加细致有序,但目的性和精确性不够,缺乏深刻性。他们的注意力不稳定、不持久,可连续集中注意力20—25分钟,且不善于分配自己的注意力,眼、耳、手、脑的配合往往不够。他们最感兴趣的是具体的事实和实际活动,例如:讲有趣、生动的故事,动手创作,参加体育运动等。

(2)思维特点。

小学生的思维从具体形象思维逐步向抽象逻辑思维过渡,思维的基本过程日趋完善,他们的抽象逻辑思维在很大程度上仍是直接与感性经验相联系的,具有具体形象性。在发散思维的指导方面,要由低年级到高年级循序渐进,不能脱离具体形象直接要求小学生进行抽象思维,对他们思维能力的指导要注意目标性和准确性,重点从敏捷性、灵活性、深刻性、独创性和批判性几个方面逐步培养[①]。

---

① 林崇德.发展心理学[M].北京:人民教育出版社,2015.

(3) 想象与语言表达能力。

小学生的想象从形象片段、模糊向着越来越能正确、完整地反映现实的方向发展。低年级具有模仿、简单再现和直观的特点,随着语言表达能力的提高,想象的创造成分日益增多。从口头语言到书面语言,他们对具体形象的依赖性会越来越小。例如:小发明创造家、小小演讲家等比赛都有利于小学生的想象力和语言表达能力的提高。

2. 个性及社会性发展

(1) 情感与意志。

小学生的情感内容随着社会性的参与面增大而日益丰富。情感具有稳定性,比较单纯直接,求知欲和好奇心让他们喜欢向大人提问,愿意去发现新鲜事物。在意志上他们比较依赖家长和老师的权威,具有服从性和可塑性。低年级的学生依赖性表现得更为明显,甚至在长时间离开熟悉环境后会产生分离焦虑,适应新环境的能力随着年龄的增加逐步好转。

(2) 自我意识。

小学阶段的自我意识有了进一步发展,不是直线匀速发展,而是会受到周围环境、教育等方面的影响处于不断发展、稳定、上升的变化之中。小学生开始有意识地参加集体活动,掌握了各种基本的行为规范,也了解了自己在集体中的权利和义务,从而逐步形成对自己、对他人的评价。积极的引导会让学生产生自信、勤奋、自豪等感受,形成集体荣誉感并不断促使自我意识的正向发展[①]。

(3) 社会交往。

小学生的社会交往主要是与父母、同学、老师的交往。家庭教育与学校教育同样重要,家长主要通过沟通方式、家庭氛围等对孩子的个性造成影响。与此同时,随着年龄的增长和与学校同伴友谊的发展,孩子会逐渐摆脱对家长的依赖,独立性增强。同伴关系在小学阶段开始变得愈加重要,当然其中的合作与竞争也会给情绪、情感带来影响,学习的兴趣和动机也会互相影响。小组合作学习的机制在教学中广泛应用,运用恰当会起到积极的促进效果。在小学阶段,老师具有绝对的权威,甚至高于家长,学生对老师讲的道理、方法都非常信服,因此老师在引导学生的时候更要以身作则,提高对自身素质和言行的要求。

总而言之,研学旅行的教育优势就是实践,在研学旅行中直观的体验更加适合小学生的身心发展特点。丰富多彩且充满乐趣的研学活动能激发学生的主体意识、能动性和创造力,研学导师可以在这个过程中有意识地培养学生的创新意识和实践能力。

四、初中生身心发展特点

(一) 初中阶段学生的一般特征

初中阶段是人生进程中一个非常特殊的阶段,身体发育成熟,思维变抽象,在生理上以性发育为主要标志,在心理上以意识到自己不再是孩子为主要标志,而这两者恰恰是同时出现的。于是,这个阶段是幼稚与成熟并存,面临独立与依赖的矛盾、理智与冲

---

① 田友谊,等. 小学教育学[M]. 北京:北京大学出版社,2016.

动的矛盾,面对诸多变化和转折的时期。伴随着初中生生理和心理上的显著变化,其智力也获得了巨大发展,他们能更轻松、更快、更有效地完成各种认知任务,能逐渐熟练地运用假设、抽象概念、逻辑法则以及逻辑推理等手段,提高问题解决的精确性及成功率。他们学习、活动的目的性、计划性和自觉性日渐提高。在这个阶段,个体特征主要表现为:一是感知觉发生质变,更具有意性、持久性,这是初中生对事物本质不断深化理解、语言表达能力不断增强的结果;二是记忆的广度不断扩大,对直观形象的记忆优于抽象形象,对图形的记忆优于文字,也就是视觉记忆占优势;三是初中生的注意力趋向稳定,注意力的稳定性增强。这个阶段的学生已经能够有意识地调节和控制自己的注意力;四是自我意识和独立性的发展,表现出明显的自我中心倾向。喜欢独立地寻求和争论各种事物、各种现象的原因和规律,他们常会独立地、批判地对待一切,但初中生的思维批判性还不成熟,具有一定的片面性,思想存在偏激与极端,所以常表现出一种盲目的冒险精神。

(二)初中生的身心发展及教育

初中阶段在认知发展上处于一种既懂事又不完全明白的状态中,学生的学习成长都处于发展而又发展不完善的矛盾之中。因而,研学导师要利用好初中生身心发展中的优势点来促进学生的积极发展。初中生的身心发展及教育主要注意以下几个方面。

(1)加强学生思维能力的培养。引导学生广泛联想,举一反三,触类旁通,从多个角度探索解决问题,寻找可能的答案,要大胆创新,勇于质疑,给他们提供思维训练的实践,促进学生创造力的发展。

(2)培养学生的全面观察能力。特别要提出明确的观察目的与要求,引导他们从多方面去观察,积极主动地思考,边看边想,对所观察的事物进行分析、综合、归纳和概括,发现事物的本质和规律。

(3)开发学生的记忆潜能。利用好初中生记忆发展的特点,教给学生记忆的方法和策略,让学生动脑动手,让实践活动增强学生的记忆活力和记忆细节,提高记忆的效果。

(4)增强学生辨别是非的能力。随着初中生需要层次的不断递增,自我意识提高,自律性加强。这一阶段,小学时的任性和游戏色彩会逐渐减少,他们开始关注自身生理、心理的变化,关注自我意识和独立性的发展以及自尊、自我实现的需要。要引导他们区分勇敢与鲁莽、友谊和义气、大胆与粗暴等的界限,在集体活动中建立相互帮助和相互尊重的自我认同感和社会责任感。

总之,在开展研学旅行的实践教育中要善于捕捉和利用现时生成的有价值的问题,指导学生进一步深化主题思想,不断丰富活动内容,让学生在全身心参与活动的过程中,有话可说、有事可做、有情可表、有乐分享,从而促进他们在表达、反思、总结、合作等方面的能力提升。

五、高中生身心发展特点

(一)高中阶段学生的一般特征

进入高中阶段,学生的身心各方面已经达到了相当成熟的水平,发育进入成熟和定型阶段。高中生智力的发展,表现在其观察能力、记忆能力、想象能力等能力的发展变化和完善上,但更主要的是体现在其思维能力的提高上。这个阶段个体的特征主要表现为:一是感知觉水平接近成人高峰状态,注意力具有稳定性,能较长时间注意并分配注意力,观察上更具目的性、完整性和系统性,但精确性还不足。二是推理能力的发展,高中生已能在头脑中进行完全局限于抽象符号的推导,开始理性思考问题,能以理论为指导去分析、解决各种问题。三是创造性思维能力结构日趋完整,思维活跃,流畅性和灵活性有很大发展。想象的现实性增强,能自主地确立想象的目的和任务。四是思维的独立性和自我意识的进一步发展,在处理事情的信心度、果断性、自制性方面有提升,同时他们特别关心社会的发展和个人的前途,要求别人了解、理解和尊重自己。五是独立生活能力和社会适应能力在高中阶段增强,但社会经验和认知不足,辨别力不够。

(二)高中生的教育及培养重点

高中生在自我观察、自我评价、自我体验、自我监督、自我控制等方面都获得了高度的发展,并趋于成熟。学习的主观能动性进一步加强,这个阶段,学生对于社会认知的需求增加,也就是对别人是否认可自己的关注度提高。当自我言行受到肯定和赞赏时,会产生强烈的满足感;反之,则易产生强烈的挫折感。自我评价的能力也在这个阶段突显,这个阶段也是形成正确的价值观的重要阶段。在研学旅行中,应当重点培养高中生的社会适应能力、创新实践能力、团队协作能力。对于高中生来说,仅仅学习成绩好还远远不够,还应树立正确的价值观,深刻理解人生的意义和目的,要让高中生将学习生活的近期计划和远期规划较好地结合起来,将自身努力作为实现目标的途径,使其在学习和生活中更加努力、勤奋。正确的人生观和价值观的树立也能使他们的道德评价水平逐渐由他律到自律,由个体认识到整体发展,树立起远大的理想和崇高的精神追求,树立积极的价值信念。最终更加有效地促进学生在个性特长、实践能力、服务精神和社会责任感等方面的不断提升,从而促进学生身心全面健康发展。

第二节 中小学生研学团队管理办法

中小学生研学旅行是通过集体旅行、集中食宿方式开展的研究性学习和旅行体验相结合的校外教育活动。这里有两个关键点:一是集体,二是体验。研学旅行突出集体活动,强调在集体中通过真实体验促进学生身心全面发展。既然是集体活动,那自然就形成研学团队,直面学生研学团队,有效的管理方法和沟通能力成为研学导师必备的技能。

一、研学团队管理概述

研学团队不是一群人简单地排列组合,而是按照一定研学目的、研学计划和研学要求组织起来的,以学生群体为主开展研学旅行的集体。它包括学校领队、带队老师、学生、项目组长、研学导师、安全员、随队医生、司机等,在研学团队的管理中,"管"是手段,"理"是厘清、理顺角色、定位、关系,只有"理清",才能"管顺"。

(一)研学团队的管理要素

研学团队的主要对象是中小学生,基于学生的管理是一门科学,更是一门艺术,在研学旅行过程中我们要在尊重学生身心发展规律的基础上,采用灵活的方法和措施激发其内在潜能,使其形成强大的向心力、凝聚力和创造力,实现优质的研学效果。研学团队的管理是否真正有效,是研学的参与者、管理方法、管理情境几个关键因素共同起作用的结果,缺一不可。这三者的关系,我们可以用以下公式来表达(见图6-1)。

图6-1 研学团队管理公式

这个公式可以这样理解:参与者(谁来管?)指向研学团队参与者及其关系;管理方法(怎么管?)指的是研学团队管理中的策略,从科学层面进行指导;掌握了方法还只是停留在理论层面,管理情境(何时管?)解决了研学管理的实际问题,也就是什么时候采用什么方式进行管理的问题。从这个公式不难看出,研学团队的管理要在了解人的基础上,掌握科学的办法,根据具体情况采取相应对策,随机应变,从而在研学真实情境中收获最好的管理效果。

(二)研学团队参与者及其关系

研学团队主要由参与研学旅行的学生、辅助研学活动开展的学校老师、执行研学旅行的研学导师组成。研学旅行中,学生是主体,学校老师是辅助,研学导师是主导,在本质上更多倾向于学生探究学习和自主学习。

具体来说,在研学团队的管理中,学生是主体、是核心,研学旅行的所有过程都要以学生发展为出发点,尊重学生的主体地位。研学过程通常以任务为导向,研学导师主要起着启发学生、引领团队的主导管理作用,研学导师把握研学过程并连接研学课程点,通过组织、指导、启发等调动学生主观能动性参与研学并实现研学教育目标,与学生是管理与互动的关系。但由于研学旅行时长的局限性,研学导师无法在短时间内对所有学生进行深入的了解,必须依靠学校老师的辅助作用。行前阶段,研学导师与学校老师充分沟通,可以掌握关键信息,如学生的整体情况、有无需要重点关注的学生、原有的班级激励机制等,从而让研学旅行中的团队管理工作更有科学性和延续性。在行中阶段和行后阶段,研学导师与学校老师充分沟通协作,提升学校老师的参与度和积极性,会让研学团队管理更高效。此外,研学导师之间也要做好积极配合和及时补位工作。研学团队参与者关系如图6-2所示。

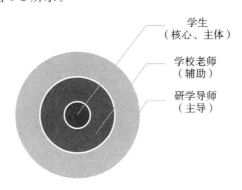

图6-2 研学团队参与者关系

(三)研学团队的管理内容

研学团队是一个集体,是学生研学旅行过程中学习、生活和成长的重要载体,建设及培养有着良好精神风貌的研学团队,是研学导师的核心任务,也是研学成果的重要保证。研学团队的管理内容一般包括组织建设、规则管理、活动管理、日常生活管理。

研学旅行虽然强调学生的主动性,但同时研学导师仍需要组织学生依据研学任务有序地开展各项活动。一是研学导师要"速融",快速融入学生之中,并建立起团队的组织架构。如研学团队的"第一课",利用行前课的时间,与学生用游戏的方式共同确定团队的名称、口号、队旗、队标等,同时指导学生划分小组,选定小组长,从而形成初步的团队组织建设。二是制定师生共同遵守的规则,有效的规则秩序才有益于研学团队的管理和互动。如统一行动的要求:乘车有序、遵守纪律、互帮互助、合理分工等;研学过程的要求:学会观察、边听边想、控制音量、发言有序等。三是在具体活动管理中,要根据实际情况进行管理。如在学生研学过程中调控活动节奏,创设问题情境,督促和激励学生并适时指导,发现和捕捉可能发生的困难、问题、学生的需求等。四是日常生活管理,这是研学中学生的学习、生活、休息的最基本要求,要注重细节的把握和应急事件的处理。

(四)研学导师在团队管理中的角色定位

研学旅行有其特殊性,教学环境从相对封闭单一的校园转变为校外的教育场景。研学导师带领的对象是一群心智正在发展的学生,在研学团队的管理上就需要有一个准确的角色定位,其中的重点在于团队管理是否与学生相匹配。众所周知,学生之间是存在差异的,小学生、初中生、高中生的心理发展特点不同,知识基础不同,他们对研学导师的要求也不同。也就是说,研学导师的角色定位、形象塑造必须与学生相匹配,这样才能更好地开展研学团队的管理工作。总的来说,研学导师是学生研学路上的引领者、陪伴者和合作者。首先需要强调的是,虽然研学导师并不是真正意义上的教师,但在研学过程中又是教育者的角色,这就要求研学导师一定要为人师表,行为举止、语言措辞都要严格要求自己。树立教师的权威性也很重要,从带学生那一刻起,让学生敬畏和信任。这就需要研学导师自身具备让学生钦佩的专业能力,用人格魅力吸引学生,同时也要具备适当的威慑力管理好团队。

二、研学团队的管理方法

(一)研学团队管理的情境及关键词

随着研学的开展,研学导师和学生从陌生到熟悉,研学课程也会由浅入深,研学团队也随之有着管理情境的变化。结合学生研学实际,一般来说,研学团队会经历以下四个时期。

1. 组建期

当研学导师刚接手一个研学团队时,就是团队刚刚组建的时期,这个时期的学生与导师之间还比较陌生,学生们一般会表现得比较矜持,因为他们还不了解研学导师的情况,他们在观察,不会轻举妄动。这个时期的管理关键词是"指挥",以研学导师为主导的管理模式在这个阶段最有效率,也是研学导师树立自己威信的最佳时期。

2. 磨合期

这个时期相对于组建时期,学生对研学导师及环境都逐渐熟悉,并且也达到了学生新鲜感和关注度的时间临界点,学生产生疲惫和消极心理。这个时期的管理关键词是"教练",之前定好的规则和奖惩机制就要开始发挥作用,研学导师不断用丰富的活动、启发式的提问、填写研学手册、进行多元评价等方式激发学生的兴趣,调动和保持学生参与研学的热情,这也是研学导师进一步和学生融合的时期。这个时期,还要发挥好小组或小队的作用,之前选出来的"小干部"们就要各司其职,研学导师扮演好"教练"的角色,教他们做好自主管理。

3. 规范期

这个阶段,研学开始进入深入研究和探索阶段,学生的收获和体验步入正轨,团队的共同研学目标清晰明确,并能形成团队合力,这个时期的管理关键词是"伙伴",研学导师真正成为学生们研学路上的好朋友,一起发现问题,解决问题,收获成长。这个阶段的管理需要研学导师放手,多观察,适时介入指导即可,研学导师"导"的作用逐渐减弱,学生的主观能动性在这个阶段得到更充分的发挥。

4. 收获期

这个阶段,研学旅行告一段落,学生们意犹未尽,学生与学生之间、学生与研学导师之间彼此信任,团队会齐心协力去获得各类成就。研学也应进入评价阶段,是前一时期深化后的成果。这时,管理关键词是"总结",研学导师也应当把自己当作研学团队的普通一员,和学生一起沟通,梳理研学的点滴经历,记录并感知成长的快乐。同时,研学导师还应该从研学过程中反思和总结,不断积累经验。值得强调的是,这个阶段也是研学团队精神容易放松的时期,容易麻痹大意,研学导师更应该在这个阶段强调安全意识和规则意识,保证研学过程的完满。

总之,研学团队的管理不是靠理论学习就能做好的工作,研学旅行是面对有思想、有情感的中小学生的教育活动,要根据具体情况采取相应对策,随机应变,常变常新,这是智慧,也是艺术。研学导师在这个过程中要不断提升综合素养和能力,通过实践积累经验,在研学过程中与学生一起成长。

(二)研学团队管理工作实施路径

对于一个新组建的研学团队来说,做好团队管理,是顺利开展研学任务的前提和保证,要实现管理内容,达成管理目标,就要在研学实践中从以下几个路径来实施。

1. 了解学生基本情况是必备"第一课"

团队组建之初,研学导师和学生都有一个互相了解的过程,在这个过程中,研学导师面对的是几十个学生,学生面对的就是一个导师,所以,研学导师必须抓紧一切契机观察和了解学生,知晓学生的基本情况。因此,行前的准备工作就给研学导师提供了了解学生的机会,同时与学校老师的沟通也很必要。第一次见面课可以有效拉近与学生之间的距离。

【案例一】 热身破冰——研学团队建设第一课

每一次接研学团队我都会先分组,在拓展活动开始之前,首先是分组编队,然后各组开始自己的团队建设。以某小学一年级五班为例,我拿着一叠卡纸,把30名学生分成5组,每组6人,接着我把1—6的数字各写了5张,让学生们抽签,数字一样的学生一个队伍,孩子们兴致勃勃,很快就分好了队伍,每队还推举出一名队长,然后由队长带领大家确定队名,设计制作队旗。接着进行队员分工,每位队员都要安排一个职位,职位名称越有个性越好,旨在让团队中的每位队员都建立起责任意识。一群孩子在一起,创造力总是惊人的,经过学生们的讨论,产生了"葵花""风筝""种子""猛虎""宇宙飞船"五个风格迥异又鲜活的队名,然后,各队队长率领自己的队员进行"风采大展示",把自己队的队名、队旗、队标、队号以及每位队员的职责演绎一番,形式不定。这些活动我一直参与其中,这个过程能打破我和学生之间的隔阂,建立初步了解,感知彼此,为后续的研学拓展训练创造条件。这些项目虽然很简单,但要在规定的时间内完成,就能锻炼学生的快速反应能力、良好的分工协作能力和创新能力。孩子们的表现让我大开眼界,其创造能力远远超出了我的想象,无论是形式还是内容,都让我对研学的过程充满信心。准确地说,我被孩子们征服啦!

案例来源 成都天府新区实验小学自然研学课后记录与反思

2. 制定团队规则是有效管理的"刻度表"

了解学生的基本情况只是研学团队管理的开始,在这个过程中,研学导师要基于对学生的了解,与学生共同制定符合学生实际的规则,从而让团队管理迅速条理化、精细化。如果学生建立不起规则意识,就很容易失控。因此规则意识的建立很重要,关于规则的制定,这里提供一个研学导师和同学们共同制定的"研学约定",供大家参考。

案例分析

【案例二】 研学约定

本次研学主题:感受劳动快乐 亲近美好自然

本次研学地点:种子乐园

为顺利完成此次研学任务,我们共同做出如下约定,希望人人遵守。

第1条:安全为重,预防为主

树立以人为本的思想,坚持学生生命安全高于一切的原则,每天检测学生体温,如有身体情况不适合户外研学活动的学生一定要做好安抚工作,给予批假。

第2条:服从命令,听从指挥

一切行动须听从带队研学导师、辅导员、安全员的指挥,有事脱离团队,一定要先告知研学导师,绝对不能自行离队。

第3条:准备有序,轻装出行

(1)着装:衣服应尽量轻便、舒适,注意早晚温差变化,备好御寒衣服,避免着凉;尽量穿运动鞋,方便行走;建议穿有口袋、有拉链的衣服,便于学生存放纸巾,老师存放贵重物品。

(2)食物:研学旅行基地为学生提供安全健康的餐食,可满足不同年龄阶段学生的就餐需要。为确保学生安全和保护景区环境,学生请勿携带任何食品。

(3)用具:建议携带水杯1个、塑料袋1个、纸巾1小包、口罩2个、小雨伞1把。

(4)禁带:滑板、滚轮鞋、儿童脚踏车、气球、活体动物(含宠物)和国家管制刀具、仿真枪、弹弓、棍棒、易燃易爆物品等有安全隐患的东西。

(5)其他:出行前一天,注意适当休息,确保正常睡眠,切勿过于兴奋,如有晕车,建议提前自备晕车药。

第4条:文明乘车,安全随行

(1)上、下车有序排队,不拥挤,不抢座位。

(2)如晕车,建议尽量选择靠窗、靠前排位置就座,自备塑料袋和纸巾,在车上与人聊天以分散注意力,不在车内走动。

(3)行车途中系好安全带,应将座位上的侧扶手下拉,不要随意更换座位或肆意打闹,切勿将手和头伸出窗外。

(4)行车途中,认真听取研学导师宣讲的研学安全须知,牢记所乘车辆的车牌号或者标记牌、就餐时间、就餐地点、集合时间、集合地点等关键信息。

(5)主动记下研学导师的手机号码。

第5条:随身财物妥善保管

(1)不带零花钱。

(2)如带有贵重品,一定要妥善保管。一旦遗失,请及时报告。

第6条:统一行动,保证安全

(1)活动期间,请听从研学导师的安排,牢记各项具体活动安排的注意事项。

(2)活动期间,原则上不允许独立行动(上厕所须提前报告研学导师或队长)。

(3)如有特殊情况,请及时向研学导师汇报,以便及时、有效处理。

第7条:积极思考,探索问题

(1)记住研学导师布置的研学旅行题目,在研学的过程中找到答案。

(2)改变课堂上的思维模式,在大自然与现实世界放飞心情,激发灵感。

(3)研行结束后做好总结,分组根据研学表现以及研学手册内容评比优秀研学标兵。

第8条:快乐研学,开心第一

(1)有序排队,主动礼让,团结友爱,互帮互助,避免与他人发生争执。

(2)遵守研学体验项目规定,合理选择研学项目。如有恐高症、高血压、贫血、哮喘等症状,应加强自律,主动避开不适合的项目,以免身体不适或发生意外;自觉排队,不要翻越栏杆,不要追赶或在交通车周围嬉戏。

(3)研学过程中注意适当休息,不暴饮暴食,及时补充身体水分,避免中暑,衣服弄湿,及时更换,防止感冒。

(4)如遇特殊情况或脱离团队,保持冷静,不必慌张。可采用多种方式归队:电话联系研学导师,在指定集合地点等候,寻找同校老师报告情况,现场寻求工作人员帮助,暂时跟随同校其他班级学生活动。

案例来源 成都温江区实验学校四年级学生研学旅行前的研学约定

3.活动过程的评价是活动管理"催化剂"

规则建立起来之后,就要在研学团队中推行配套的奖惩机制,这也是树立提高研学导师威信的有效途径之一。无论是小学生还是中学生,都处于未成年,他们的自觉性和自控力都有限,他们即便主观上认同制定的规则,也无法约束自己绝对严格地遵守,那么就需要奖惩来激发或约束他们的言行,增加他们的动力和压力。这个机制既可针对个人,又可针对小组,二者结合也是不错的选择。

4.搭建沟通桥梁是日常生活管理的"黏合胶"

没有规矩不成方圆,但是规矩不是万能的,在研学过程中,除了学习还有生活,研学的课程不是单一的,场景也不是固定的,在这个过程中的衣食住行就如我们的日常生活一样,是必不可少的环节,但研学的场景不在学校或者家庭这样的密闭、熟悉的空间,需要学生在陌生空间、陌生环境中与同学长时间相处。无论是小学生还是中学生,他们的自理能力和社会交往能力都在发展之中,要做好学生的日常生活管理,研学导师就需要"爱心""关心""细心",在这几个"心"的配合下,搭建好与学生沟通的桥梁。学生与研学导师之间有了信任,就会将日常生活的习惯、研学中遇到的问题、与同学相处的问题向研学导师及时反馈。在这个过程中,研学导师要注重学生的身心健康管理,特别是安全意识、卫生意识的养成,在沟通桥梁搭建好的前提下,学生的日常生活管理就会事半功倍。

案例分析

【案例三】 心细如发　呵护有方

　　四川天府新区华阳实验小学五年级学生的国防科技教育研学活动历时五天四夜,学生在基地住宿训练。研学导师赵老师和基地生活老师在研学期间关注每一个学生的基本情况,除了研学过程中的指导管理,从生活细节给予了学生关心,与研学的孩子们打成一片。在研学的最后一天,小李同学走路时不慎摔倒,赵老师及时扶起他并检查情况,驻场医生也第一时间进行了初步检查,没有外伤,小李同学告诉驻场医生说不痛。就在即将结束研学上车时,赵老师敏锐地发现小李同学紧锁眉头,额头也有细密汗珠,在赵老师的关心询问下,小李同学才说出痛得厉害。赵老师及时将小李同学带到医院,检查结果为轻微骨裂。正是由于赵老师的爱心、细心、关心,小李同学才得到及时的治疗。小学生的骨骼发育本来就不完全,骨骼的硬度、强度也不够,要密切关注学生的异常情况。

　　案例来源　四川天府新区华阳实验小学五年级国防科技教育研学后的复盘总结

(三)研学团队管理注意事项

1. 不要盲目工作,放任自流

　　研学旅行本身就是研究性学习,不是单纯的玩,一定要有明确的目标和方向,研学导师要根据不同的研学团队特点,特别是学生的身心发展特点来进行有效管理。在研学旅行开展前研学导师要做好充分的准备工作,要调整自身状态,审视自己的准备工作是否充分、完备、可行;在研学旅行开展过程中要不断审视自己的管理情况,及时根据实际情况调整管理方法;在研学旅行开展后期要做好管理总结,不断提升自己的管理水平和能力。

2. 不能模糊规则,简单粗暴

　　研学导师在团队管理中既要"晓之以理"又要"约之以法",这个"法"就是要及时建立研学团队的规则意识,可以尝试问自己以下几个问题:你会在你带的研学团队中展示和使用什么样的规则?如何制定这些规则?你让学生参与吗?你会怎样把规则交给学生?有违反规则的情况,你会怎么做?

3. 不要空口说教,有始无终

　　在研学过程中,研学导师若不能根据学生年龄特点和心理特征,寓教育于丰富多彩的活动中,而只是言之无物,空口说教,这样的研学活动,学生不易理解,也不会有好的研学效果。研学团队的管理工作都是在具体的事情或活动中进行的,一件事、一项活动,如果研学导师布置完不落实、不督促,甚至想草草完成任务,势必会影响整个研学效果。

第三节 中小学生研学团队沟通技巧

一、研学旅行过程中与中小学生的沟通技巧和方法

研学导师与学生在研学旅行中长时间、近距离接触,与学生的沟通必不可少,在沟通过程中既要从导师的视角来分析问题,也要从学生的视角来解决问题,只有与学生有效沟通,才能准确把握学生的思想动态和需求,从而让研学旅行的过程更有针对性、更有实效性,同时也为研学导师获得更好的职业发展提供支持。

(一)有效沟通的基本条件

1. 同理心是有效沟通的前提

同理心是一个心理学概念,又称作换位思考、共情,是站在沟通对方的立场,体会对方的情绪与想法,设身处地思考与处理问题,并把自己的所知所感传递给对方,也就是我们常说的"将心比心"。同理心不等于同情,通过同理心打开学生心扉,真正走近学生,这是有效沟通的必要前提。在研学旅行中,研学导师将自己当作孩子,用学生的眼光去看,用学生的心情去体验,用学生的思维去推理,这样既能拉近与学生的距离,又能帮助学生发现问题的核心。

2. 真诚是信任沟通的钥匙

在与学生沟通的过程中,学生只有感受到关爱和真诚,才愿意表达真实的感受,这种感知是双向的,学生对研学导师个人的信任度和接纳度有多高,对导师指导的接受度就有多高。因此,导师要与学生平等对话,不要居高临下,要让学生感受到真诚,这才是信任沟通打开心门的钥匙。

3. 接纳与尊重是持续沟通的关键

接纳与尊重不是一味溺爱和迁就,是在自己的价值观和思考模式之下,仍旧给予学生自由表达的空间和适当的指导,而不是轻易做出"好"或"坏"的判断。怎样的教育才会不让学生心存抗拒呢?和学生在一起时,导师的心应该是年轻且包容的。不用太多的说教,无须过分的严肃,怀着一颗质朴真诚的童心和学生融为一体。接纳与尊重可以让学生愿意及时表达自己的感受,保持师生之间积极的回应和持续的沟通。

4. 把握沟通时机是实现沟通效果的手段

与学生沟通的途径有很多,方法各异,关键是把握好沟通的时机。一个研学导师往往面对几十个学生,还有一环扣一环的研学任务衔接,那么与学生的有效沟通就要巧妙渗透在活动开展的过程中,一个鼓励的眼神、一个成功的击掌、一个关怀的询问……都可以达到沟通交流的目的。与学生相处,要选择恰当的方法和时机,这样沟通就不会成问题。

案例分析

【案例四】 怎么爱你都不够

英文中有一个非常可爱的词语——dear。称呼自己的孩子或是爱人"dear",多么亲切,多么柔软,没有隔膜,没有距离,有谁会拒绝这样的温馨?

在平常生活中,我不喜欢喊我的学生为"某某同学",因为我觉得那是在硬生生地把自己和学生划分为两个阵营。我爱称他们"宝贝儿",文笔好的称其为"小作家",字写得漂亮的称其为"小书法家",有点调皮的称其为"淘气包",犯了错误的称其为"你这坏小子",长得帅的称其为"帅哥",助人为乐的称其为"大侠",腼腆文静的女生称其为"小绵羊",进步大的称其为"小飞虎"……我用一个个亲切的称呼向孩子们传递着这样的信息:怎么爱你都不够!

不只是称呼,就是写日记和作文的评语时我也从不愿板着面孔。有时,我会故作惊讶:"宝贝儿,我真不敢相信自己的眼睛了,这是你写的吗?太精彩了!"对于那些语言生动幽默的,我会夸张地写上:"哈哈,你的习作足足让老师笑了两分二十九秒!你太有才了!"落款都是"爱你的黄"。试想,孩子们看到这样的评语,会有怎样的欣喜和激动!

也许会有老师质疑:这样做是否过于孩子气了?我想,苏霍姆林斯基的"让每个孩子都抬起头来走路"这句话,应该成为德育的不二法门。虽然时光的流逝会让我们不可避免地在年龄上与孩子们拉开距离,但思想感情应该是没有年轮的。和孩子们交流的时候,蹲下身来倾听他们的声音,把自己当作孩子,你就会从孩子的视角去考虑事件的前因后果、成败得失,你就会让孩子们觉得"我们都是老师的宝贝",这样,就会让爱和自信在孩子的心田萌芽,就会让每一位孩子都盛开成一朵美丽的花。

案例来源 黄友芹《常怀一颗孩子般的心》

(二)研学旅行过程中的沟通技巧

研学导师与学生的沟通,要讲究措辞,不挫伤学生的自尊,不吝啬表扬和赞美,不要随意下定义,要多观察和思考,用好有效沟通的基本条件,引导要积极向上,以便更好达成活动目标,实现研学旅行的活动意义。

1. 多用"我"和"我们"

所谓"亲其师,信其道",有时候一个简单的语言技巧就会拉近与学生的距离。这个技巧很简单,就是将语言中的"你""你们"变为"我""我们"。

比较以下在研学过程中研学导师布置研学任务要求时的语言表达。

A:"同学们,你们接下来要去×××地方,你们要完成一系列任务,我要求你们不能……"

B:"同学们,我们接下来要一起去×××地方,共同完成一系列任务,我们需要做到……,这些要求咱们能不能一起遵守并且共同完成任务呢?我们一起加油!"

语言用词的简单变化,就能实现把自己和学生从对立的双方变成合作的"自己人",

是赢得学生信任的很有效的沟通技巧。

2.大声重复说教不如小声有的放矢

研学旅行的场景在校外,有些研学导师就觉得有必要时刻提醒学生,多给学生提供信息。有时,同样的话重复了一遍又一遍,不管是常规任务还是新任务,他们都要喋喋不休地一路给学生重复、强调、指导,有可能还没有想好要给学生们说什么就开口了。因为学生多,有时又在户外,为了能让学生听到,导师还经常要提高嗓门。但是,说得越多,声音越大,学生越不理睬。如果表达的信息更加简洁明了,在必要的时间进行必要的指导,就会既准确又更有影响力,对学生来说,沟通就更有意义,就更能激励学生参与。

3.用"我知道……可是……"来替代"你不可以……"

作为成长中的个体,学生身上的问题和不良习惯肯定是难免的,研学过程中,需要纠正学生的问题时,不要简单地直接批评,也不要说"你不可以……",直接批评和拒绝会挫伤学生的自尊心和积极性,用"我知道……可是……"会让学生更好接受研学导师的指导和建议。"我知道"是先理解,站在学生的角度分析问题,"可是"是作为研学导师的建议,温和且容易被接受。

4.用认真倾听来替代"越俎代庖"

倾听是沟通中很重要的技巧,研学旅行中学生是主体,要发挥学生的主观能动作用,让学生多表达,研学导师就要做好倾听者的角色,只有用耳朵听,用眼睛看,用心注意细节,才能进行有效的交流和指导。以研学过程中的知识探究为例,学生正处在求知的重要阶段,在研学过程中好奇心的驱使会让他们有很多疑问。要鼓励学生并指导他们有效发问,比如"你们想问什么问题?""还可以多说一些吗?""还有呢?""关于这个问题,你怎么思考的?看看我们的答案是否一致"。仔细地倾听问题,面带微笑加以肯定,随着研学的深入,有的问题在探究过程中有了答案,有的问题可以让学生想办法解答,或者收集同质性的问题,由研学导师进行解答,这个沟通过程,能激发学生的探究热情,研学导师真正实现"导"的作用。

【案例五】 泉眼无声惜细流

在一次三天两夜的暑期研学旅行中,成都天府新区第七小学四年级的小苏同学在第一天下午研学结束时,就哭着找到研学导师冷老师说要回家,不愿意再继续参加研学了。反复问他原因,他的理由是觉得不开心。因为在研学旅行的过程中,小苏同学的参与度还是很高的,只是当天研学结束后突然要回家,冷老师觉得这肯定不是真实原因。于是温柔询问:"我们好好聊聊,你有没有什么想和老师说的?"在交流的过程中,小苏同学反复提到爸爸妈妈,冷老师通过仔细地倾听和观察分析,最终发现小苏同学应该是轻微的分离焦虑。如果强制让小苏同学留下来也不能获得很好的研学效果。冷老师和学校老师及时沟通后决定,把是否继续参与研学的选择权交给孩子,充分尊重他的选择。在与家长视频联络后,小苏同学最后还是选择继续参加后面两天的研学,并且取得了"优秀研学学员"的称号。孩子毕竟是孩子,在研学旅行中要多听孩子们内心真实的声音,发现问题,解决问题。

案例来源　成都天府新区第七小学研学导师在一次研学旅行后的部分案例分享

5.掌握赞美的艺术

歌德说过:"最真诚的慷慨就是赞美。"当得到别人赞美时,我们的内心会感到特别的温暖和自信。在心理学中,赞美需要属于较高层次的成长需求,研学导师通过赞美去激发学生的兴趣和参与的热情,让赞美成为驱动学生行为的动力,不断激励学生,使学生建立自信,研学体验效果将事半功倍。正确的赞美,从来不是简单的"你真棒",要发自内心的夸赞并及时表扬,有榜样作用的要公开鼓励,赞美的内容要聚焦优点,放大细节,具体可感。

【案例六】　表扬与鼓励的差别

斯坦福大学著名的发展心理学家,卡罗尔·德韦克的一个研究测试就说明了赞美的作用。研究人员让两组孩子完成七巧板游戏,开始的时候所有孩子都能相当出色地完成任务。

对第一组说:"哇,你们真棒,你们真聪明!"

对第二组说:"哇,这么难的你们都能拼出来,说明你们特别善于探索。"

接着,研究人员又给两组孩子分别发放了大量的拼图,让孩子们随便玩。结果发现,被夸聪明的那组孩子更多地去挑选了更简单的拼图,而被表扬善于探索的那组孩子90%的人挑选了更难的拼图。

案例来源　斯坦福实验:"表扬"与"鼓励"的差别有多大?

凡事过犹不及,对学生的赞美要把握好"度",不要一味拔高,也不要反复赞扬,要把握好赞美的时机,结合实际情况赞美学生,让学生充满自信。

二、研学导师的多方沟通协调能力

研学旅行活动涉及的范围广泛,研学旅行的对象是学生,但是教育环境从学校教室转变成校外的开放环境,需要沟通学校、家长、研学基地、后勤保障部门等来协同开展好研学活动,需要研学导师建立起良好的沟通机制,发挥各方主体的主观能动性,使研学旅行协调有序。

(一)与学校老师高效沟通

充分与学校老师进行沟通,了解学生情况,把握学生思想脉搏,是做好研学团队管理的前提。在与学校老师进行沟通之前,需要做好准备工作,不要盲目沟通,最好能够列出明确的沟通要点,如:学生名单、男女生比例、特殊学生情况、安全预案、车辆安排、课程设计要求、研学过程中的分工等。另外,要提前约定好沟通时间,在不影响学校老师正常工作的前提下交流,也可通过电话、微信等方式进行沟通。在研学过程中,也要保持与学校老师的及时沟通反馈,与学校老师成为团队管理的盟友。

(二)与家长及时信息反馈

研学导师与家长的沟通主要涉及学生的活动情况和生活细节,大部分家长的诉求就是及时知晓孩子的状态。研学导师可以通过建立家长群,在群里发布研学旅行的照片、视频等,让家长了解活动情况,拍摄的内容和角度要充分展现学生积极参与活动的状态。若遇到个别学生有突发情况,要及时和学校老师一起单独联系家长,不要在群里盲目发信息交流。

(三)与工作伙伴密切配合

研学基地是研学旅行的实施载体,要与基地工作人员一起合力管理,将研学团队的基本情况、研学课程内容、动线设计、安全事项等信息互通并保证所有参与研学的工作人员知晓。沟通形式多样化,可通过会议、建群、专项工作沟通、单独交流等多种形式进行交流,保证信息传递准确、有效,要特别注重细节的沟通确认,避免出现信息不对称的情况。沟通内容要做到计划前置,目的明确,有条理、有步骤、可操作,以保障研学旅行中各项工作的顺利开展。

总之,研学导师是学生在研学旅行中的良师益友,是连接研学旅行各相关主体的纽带,有效的沟通能够发挥最大合力,有助于激发学生参与的积极性,提升参与度,对于完成研学任务,达成研学目标有着重要的助推作用,好的管理和沟通会让研学旅行的实践成效显著,真正实现研学旅行的育人功能。

本章小结

研学旅行本身就有提升学生发展核心素养的功能,是促进学生综合发展的重要载体。研学导师是研学旅行的主导者,肩负着实现研学旅行价值的重要任务,在研学课程的计划下,根据中小学生的身心发展特点,带领研学团队实现研学目标,在这个过程中给予学生科学、有效的研学旅行实践指导,分析解决研学中生成的问题并有策略地与学生沟通,保证研学的效果。

随着各中小学研学旅行的深入开展,研学课程的内容日趋丰富,对研学导师的能力和水平有了更高的要求。既然是面对学生,研学导师就要关注学生,了解学生,研学导师既不是单纯的教师,也不是单纯的导游,而是二者的结合,是学生研学路上不可或缺的引领者。加强研学导师管理技能的培养,不但可以保证研学旅行活动的实施品质,增强研学活动课程的实效性,而且有助于提高研学导师的专业化水平。

课后训练

一、单项选择题

1. 以下研学旅行安排最符合中小学生身心发展规律及特点的选项是（   ）

    A. 某小学开展科技主题系列研学旅行活动，其中组织一年级学生到科技馆参观一天并聆听专家讲座；

    B. 某县教育局从各学校选择了50名中小学生同时到污水处理厂开展连续三天的研学旅行并要求每个学生在研学旅行结束后完成一份调研报告；

    C. 暑假期间，某微信公众号在网上推广生活技能主题研学旅行，为期五天，20人成团，年龄不限；

    D. 某初中学生的"环境保护社团"在专业老师的指导下，利用社团活动时间和周末节假日开展研学旅行系列课程，主题为"清洁能源发展现状调查及推广"。

2. 在一次高中生研学旅行活动中，座位相邻的两位同学在大巴车行驶途中发生矛盾，动手推搡，互不相让，下列处理方式最恰当的一项是（   ）

    A. 马上询问两位同学发生了什么事情，简单沟通后将两位同学的座位调整分开，下来单独与带队老师一起沟通处理；

    B. 不予理睬，将情况发信息告知带队老师处理；

    C. 训斥批评两位同学，通过大巴车的扩音设备，严肃提醒所有学生不能打闹；

    D. 提醒两位同学注意纪律，反复提醒两次无效后联系带队老师处理。

3. 研学旅行的教育内容需要做到有的放矢、因材施教，是因为参与研学的中小学生身心发展具有（   ）

    A. 顺序性   B. 阶段性   C. 不平衡性   D. 个别差异性

4. 在与学生成功有效的沟通中，同理心是非常重要的因素。下列观点中哪一项最准确地诠释了同理心的内容（   ）

    A. 同理心就是我们对事物的主观认同；

    B. 同理心就是无条件赞同和迎合学生的观点；

    C. 同理心就是对所有学生有求必应；

    D. 同理心就是让对方知道自己是站在对方角度思考。

二、简答题

1. 请简述研学团队管理中研学导师的角色定位。

2. 简述研学团队管理中应注意的事项。

3. 某校初中生参加研学旅行，作为研学导师，你带领的研学小队在其中一个比赛环节中失利，学生们因此十分沮丧，情绪低落，请结合中小学生身心发展特点和沟通技巧，分析和解决上述问题。

三、案例分析题

现有一所小学计划在春季开展一日研学，研学旅行主题词为"环保"与"劳动教育"，研学导师按照学校主题要求，设计了研学旅行课程方案，根据本项目所学知识，对以下方案进行具体分析。

"春回大地 快乐童行"研学实践课程方案

一、课程目标

1. 知识目标

了解营养土搭配方法,探究所种植植物相关知识,学会垃圾分类和废物利用。

2. 能力目标

掌握基础的劳动技能,搭配植物营养土,争做垃圾分类小能手。在劳动中提升实践能力,磨炼意志,增强生活自理能力。

3. 情感目标

尊重劳动,尊重普通劳动者,体认劳动创造财富、创造美好生活,劳动不分贵贱等道理,树立劳动最光荣、劳动最美丽的思想观念。

二、课程特色介绍

1. 地球添绿(配制营养土,种植绿色植物)

了解土壤的基本常识,观察不同土壤,想一想土壤颜色的形成要素,看一看、摸一摸、闻一闻,辨识营养土的结构特征,学习搭配营养土的方法,配置适合植物生长的有机土壤。组建种植小分队,制订详细的种植计划,种植绿色植物,为大自然增添绿色。

2. 生活添美(制作植物标本,废物再生利用)

找寻属于自己的那片独特的叶子,观察植物叶脉,感受植物叶片、叶脉的独特之美。发挥同学们在生活中发现细微事物的能力,提高环保意识,增强动手能力,让每一样东西都可以物尽其用。

3. 智汇生活(垃圾慧分类,地球更添彩)

通过垃圾分类、"定时炸弹""小鸟觅食"等生态环保游戏,学生探索了解大自然中的垃圾如何处理,垃圾为什么要分类。学生在游戏中与伙伴交流和互动,陶冶情操,激发对环境和生命的热爱及感悟。

三、课程流程

时间	活动	具体内容及管理细节预设
8:00—	从学校出发	在学校整队集合、清点人数，依次上车，清点人数时，研学导师和校方带队老师在"学生交接卡"上签字。（预设：安全、有序规范是该环节最重要的部分，必须提前熟悉学生名单，与校方带队老师做好交接工作，确保研学旅行顺利开展。出发途中做好安全告知，车上的管理不可松懈。）
9:00—9:30	春暖花开	感受人与自然的融合，在春暖花开的春日里，用热身活动唤醒学生的热情。（预设："第一课"很重要，需要根据活动观察和了解学生，该阶段新鲜感强，属于研学团队管理情境的组建期，可以用破冰游戏来增加互相之间的熟悉度，在此期间约定好研学旅行中的团队规则）
9:30—10:30	地球添绿	土壤颜色、颗粒、黏度取样、比较、记录；学习配置营养土；种植绿色植物。（预设：此环节为三大主题中的第一个环节，也是实践环节，要注意环节之间衔接的节奏和场地转换动线的设计。）
10:30—11:30	生活添美	观察植物脉络，学习植物标本制作要求，制作植物标本。废物再生利用，制作创意手工。（预设：此环节为三大主题中的第二个环节，也是另一个实践环节，这里也进入了研学团队管理的磨合期，也达到了学生新鲜感和关注度的时间临界点，学生容易疲惫和产生消极心理，之前定好的小组、规则或奖惩机制就要开始发挥作用，适时填写研学手册，进行多元化评价。）
11:30—13:30	食育体验	搭建火灶，进行野炊，感知食物的来之不易，实现"光盘行动"。体验实地劳动活动，明白劳动的乐趣和意义。（预设：此环节将午饭时间与体验结合，趣味性和新鲜感强，这个环节可以进一步拉近研学导师和学生之间的距离，在就餐时间与学生轻松愉快地沟通，适时评价和奖励学生，使他们的成就感持续。）
14:30—15:30	智汇生活	学习垃圾分类，垃圾通过分类收集后，便于学生对不同类垃圾进行分类处置。既提高垃圾资源利用率，又可减少垃圾处置量。（预设：此环节是三大主题的最后一个环节，研学开始深入研究和探索，学生的收获和体验得到进一步深化，这个阶段要适度引导和放手，让学生们用课堂所学知识，一起发现问题、解决问题，充分调动学生的主观能动性去参与。）

续表

时间	活动	具体内容及管理细节预设
15:30—16:00	活动总结	总结当天活动情况（预设：此环节是研学旅行的收获期，学生们意犹未尽，这个阶段，研学导师要把自己当作研学中的普通一员，和学生一起完善研学手册，梳理研学的点滴经历，记录并感知成长的快乐。要强调安全意识和规则意识，保证研学过程的完满。）
16:00—	返回学校	到达学校，依次下车，检查车上是否有遗漏物品。将学生带进校内操场，整队集合，清点人数，严禁学生在校外自行离开。研学导师和校方带队老师在"学生交接卡"上签字。（预设：返程途中，学生比较疲惫放松，研学导师不能懈怠，需要绷紧管理的弦，时刻关注学生动态，到达学校后清点人数、清点物品，与校方带队老师做好交接，整个研学旅行过程中团队管理的闭环才算完成。）

第七章
研学旅行安全防控及应对

学习目标

1. 知晓研学旅行安全防控的重要性。
2. 知晓并掌握研学旅行安全防控队伍岗位设置及职责。
3. 知晓研学旅行安全防控重点工作的主要内容。
4. 掌握安全防控重点工作中接送站的工作流程及要点。
5. 知晓怎样制定研学旅行安全防控应急预案。
6. 熟练掌握研学旅行常见突发事件的处理方法。

知识框架

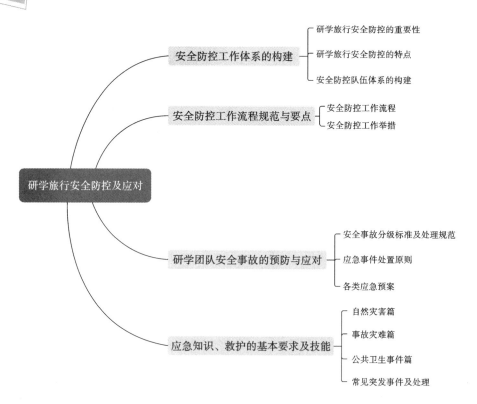

第七章 研学旅行安全防控及应对

1. 教学重点：了解研学旅行安全防控工作的重要性，熟练掌握研学过程中各重点环节的安全防控工作流程，树立"全环节、全过程"的安全防控意识。

2. 教学难点：了解不同环节各岗位的安全防控工作流程和要点，团队成员之间的相互配合。

2007年3月26日，教育部发布了《2006年全国中小学安全形势分析报告》，报告中统计了2006年全国中小学生安全事故发生的主要形式和年龄段，以及事故发生的原因，这些对于当下的研学旅行安全防控同样具有警示和教育意义。

2006年，全国各地上报的各类中小学校园安全事故中，61.61%发生在校外，主要以溺水和交通事故为主，两类事故发生数量占全年各类事故总数的50.89%，造成的学生死亡人数超过了全年事故死亡总人数的60%。其中，交通事故导致受伤人数最多，占全年受伤总人数的45.74%。溺水事故发生的主要原因是中小学生安全意识薄弱，暑期和节假日到非游泳区域游泳导致事故发生。交通事故发生的主要原因是驾驶员违规驾驶。

从事故发生的区域、学段、时间、地点、责任等方面分析，2006年中小学校园安全事故主要表现出以下两个方面的特征。

一是低年级学生更容易发生安全事故。2006年全国各地上报的各类中小学校园安全事故中，43.75%发生在小学，34.82%发生在初中，9.82%发生在高中。2006年小学、初中、高中事故发生数比为4.5∶3.6∶1，死亡人数比为6.6∶4.8∶1，受伤人数比为7.4∶4.7∶1。相对于高年级学生，低年级学生的生活经验和安全知识都比较欠缺，安全意识相对薄弱，自我防护能力也比较差，这是导致低年级学生安全事故多发的主要原因。

二是学生安全事故意识淡薄。这是多数事故发生的重要原因。2006年全国各地上报的各类安全事故中，10%是因自然灾害等客观原因导致的事故，造成的学生死亡人数占全年学生死亡总数的10.84%；90%属其他各类安全责任事故，造成的学生死亡人数占全年学生死亡总数的89.16%，其中，45%的事故因学生安全意识淡薄而发生，18%的事故因学校管理问题而发生，27%的事故由于社会交通、治安等原因发生。

该报告的安全事故分析对当下依然有警示作用，与当下产生事故的许多原因有相似之处，这就说明，在中小学生成长过程中，需要不断地对他们进行安全教育。当下研学旅行在全国广泛开展，如何在研学旅行过程中杜绝安全事故，做好安全防控，是摆在学校、专业服务机构和学生面前的重要问题。

第一节　安全防控工作体系的构建

一、研学旅行安全防控的重要性

中小学生安全工作是学校管理工作的头等大事,是办好人民满意的教育的基础和前提。1996年,国家将每年3月最后一周的星期一确定为"全国中小学生安全教育日",足见对中小学生安全教育工作的重视。学校和学生的安全工作直接关系到中小学生能否安全、健康地成长,关系到千千万万个家庭的幸福安宁和社会稳定。保障学生安全对于学校和学生教学服务机构而言是红线和底线,是开展一切教学工作的基础。

研学旅行是学校教育和校外教育衔接的创新形式,是教育教学的重要内容,是综合实践育人的有效途径,其特性决定了"安全防控"是所有环节中最核心的工作。保障参与活动的中小学生的身心安全,是所有研学旅行从业人员获得客户乃至社会信任的前提条件。

要将安全防控工作做精、做细、做实,需要重视以下几个方面。

(1)树立"安全第一"的工作意识。研学导师应对服务的每一位中小学生负责,必须想尽一切办法减少因自己的过失和疏忽导致的安全事故。这不仅是职业道德的体现,更是出于对生命敬畏的仁爱之心。

(2)认识中小学生的身心特点。研学导师提供的安全防控服务,是针对中小学生的特殊服务形态,必须针对不同年龄阶段学生的成长特点及活动特性,才能做到有的放矢,有助于安全防控工作的整体把握和细节落实。

(3)完备周全的工作制度、科学有效的工作机制、量化可考的评价体系,才能保证将安全防控工作流程的每一个环节、每个细节落到实处。

二、研学旅行安全防控的特点

研学旅行是让学生走出教室、走到陌生的环境中开展体验活动。从熟悉的环境到陌生的环境,不仅学生需要了解和适应,对研学导师来说,更是需要提前熟悉的。研学导师只有熟悉研学旅行的课程环境,才能为学生提供切实有效的安全保障。就安全防控工作而言,研学旅行在活动开展上有以下特点。

一是研学旅行活动单次出行规模大。研学旅行课程的实施标准要求学生集体出行、集中食宿,在实践中,很多学校都是以班级甚至年级为单位组织实施的,这样一来,每次出行的人数相比传统旅行活动多了很多,各个环节存在的安全压力较之传统旅行活动要大很多。

二是研学旅行课程实施周期比较长。按照研学旅行课程标准,小学高年级到高中阶段的研学旅行课程时间都超过一天,多的达到一个星期,需要组织学生在外食宿,学生大规模的集中食宿使得住宿、餐饮等各类后勤保障工作比传统活动课程复杂得多,因此,需要做好一定时间周期内的住宿、餐饮等保障工作。

三是研学旅行过程中安全隐患较多。参加研学旅行的学生因为年龄较小,加之置身校外,处于户外环境中,如何避免学生之间的嬉戏打闹,怎样了解周边环境的安全隐患,如何防范教学过程中的操作意外等问题,都是研学旅行安全工作考量的要点。

四是研学旅行安全工作点多、面广、线长。研学旅行安全工作是全过程性的、系统化的,而不仅仅是节点性的工作。研学旅行安全工作贯穿活动从开始实施到结束的全环节、全过程,包括食、住、行、学等各方面,具体到每一次活动的每一名学生。因此,在课程实施的整个过程中是不能够出现安全防控空白的。

三、安全防控队伍体系的构建

安全防控工作的特性决定了做好这个工作绝对不能依赖经验主义或者是一时的热情,而是需要在持续的过程中以高度的工作责任心和韧性做好自己岗位的工作。同时,完善的制度体系和规范的操作流程是安全防控工作的核心。只有在规范的制度、完善的体系统领下才能将安全防控工作落实到实处,并构建完善的安全防控队伍体系,这样才能真正构建起研学旅行的安全防护网。

安全防控队伍体系涵盖参与研学旅行的所有工作人员,不仅仅是在现场的工作人员才承担安全防控职责,安全工作是全员的责任。

(一)安全防控队伍岗位设置

(1)参与全程防控的岗位:领队、安全员、研学导师/导游。安全员及研学导师应在团队安全防控工作中接受领队的监督及指导。

(2)参与专项防控的岗位:研学导师/导游、接送站专员、住宿专管员、驻地医生、车调车控员、餐饮专管员等,各岗位人员负责各自环节的安全防控及服务工作。

(3)参与监督检查的岗位:安全管理专员。该岗位主要是随团监督检查研学过程中全环节受控的情况,并提供实时指导和帮助,同时完成监督检查的情况记录,反馈关键问题,以便优化工作计划和安排。

安全防控队伍岗位如图7-1所示。

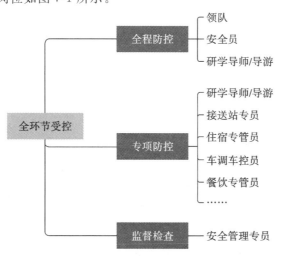

图 7-1 安全防控队伍岗位

(二)安全防控队伍岗位职责与工作规范

1. 领队

1)岗位职责

(1)全权负责研学旅行安全防控工作。

(2)统筹各方安全团队,包括学校带队老师、旅行社研学导师、导游、研学基地(营地)研学导师等,建立协同工作机制。

(3)配合、参与、指导、监督整个安全防控团队的具体工作。

(4)如发生意外事故,负责处理现场救护或救援工作,并及时将有关情况汇报给企业。

2)工作规范

(1)阅读并熟悉研学旅行的安全防控工作清单、针对性安防预案清单等,明确工作要点。

(2)遵守工作要求:规范着装,如佩戴领队工作证或其他标识物;不擅自脱岗;不在岗玩手机或其他电子产品。

3)配置要求

(1)每个团队必须配备至少1名领队。

(2)专职人员必须接受领队专项培训及考核。

(3)外聘人员必须有相关工作经验,且接受领队专项培训。

2. 安全员

1)岗位职责

(1)落实研学旅行的安全防控工作,尤其注意风险节点、风险区域和风险环节,全程进行安全监督并提示。

(2)落实研学旅行的应急处置工作,如简单的急救、送医、救护等,并将有关情况及时上报给领队,手机相关资料、凭证留档备查。

(3)引导并监督相应岗位,如研学导师、车调车控员等,共同按规范落实各环节安全防控工作。

2)工作规范

(1)阅读并熟悉研学旅行的安全防控工作清单、针对性安防预案清单等,明确工作要点。

(2)做好行前准备工作,加入工作交流平台,及时了解重要信息。

(3)遵守工作要求:规范着装,如佩戴安全员工作证或其他标志物;规范携带安防用具,包括医药包、安全绳、口哨等;不擅自脱团;不在岗位玩手机或其他电子产品。

3)配置要求

(1)每个团队必须配备至少1名安全员。

(2)不论专兼职安全员,均须接受安全员专项培训及考核,培训课程必须包括专业急救技巧,如CPR(心肺复苏术)、海姆立克急救法等。

3.导游

1)岗位职责

(1)与学校带队老师、研学导师等协同配合,落实所带学生的安全防控工作,尤其注意风险节点、风险区域和风险环节。

(2)与学校带队老师、研学导师等协同配合,落实所带学生的应急信息汇报及协助处理,如第一时间将意外事故相关情况告知领队、安全员等。

(3)全程陪同、保护、监护所有学生,随时进行安全提示和教育。

(4)特别注意风险节点的安全防控及警示,如上下车时提醒大家注意安全,随时清点人数,关注人流密集的通道或进出口等。

2)工作规范

(1)阅读并熟悉研学旅行的安全防控工作清单、针对性安防预案清单等,明确工作要点。

(2)了解团队中相关人员的信息,包括领队、安全员、学校带队老师、研学导师等,并协同完成各环节专项安防工作。

(3)做好行前工作准备,并加入临时工作交流平台,及时了解重要信息。

(4)遵守工作要求:规范着装,如着工装、佩戴导游标识牌等;不擅自脱团;不在岗玩手机或电子产品等。

3)配置要求

(1)每车必须配备1位导游。

(2)不论专兼职导游,均须接受专项培训及考核,培训课程必须包括专业急救技巧。专项防控岗位职责如表7-1所示。

表7-1 专项防控岗位职责

专项防控岗位	
研学导师	
岗位职责	(1)落实研学旅行各类体验课程实施环节的安全防控工作,如课程实施过程中所涉及的风险节点、风险区域和风险环节的防控,并在课程进行安全提示; (2)落实研学旅行安全教育课程的组织及实施; (3)与团队中相关人员协同完成特定环节的安全防控工作,并协助应急处理各类意外事故; (4)在落实专项安全防控工作的基础上,根据领队安排,配合完成其他各项安全安防工作
工作规范	(1)阅读并熟悉研学旅行的安全防控工作清单、体验课程专项安防方案等,明确工作要点; (2)完成研学旅行的安全教育课程备课工作,明确教学要点; (3)做好行前工作准备,了解安全防控团队成员信息,加入交流平台并及时了解重要信息; (4)遵守工作要求:规范着装,如着工装、佩戴导游标识牌或其他标志物;规范携带专项安防用具,如口哨等;不擅自脱团;不在岗玩手机或其他电子产品

续表

专项防控岗位	
研学导师	
配置要求	(1)每车必须配备1位研学导师； (2)研学导师必须接受安全防控专项培训及考核； (3)研学导师必须接受教育课程实施专项培训及考核
接送站专员	
岗位职责	(1)落实研学旅行接送站环节的安全防控工作,如接送站过程中所涉及的风险节点、风险区域和风险环节的防控,并全程进行安全提示； (2)在落实专项安全防控工作的基础上,根据团队情况,配合完成其他相应工作
工作规范	(1)阅读并熟悉研学旅行的安全防控工作清单、接送站专项安预案等,明确工作要点； (2)与接送站环节涉及的行政服务机构(如火车站、派出所等)建立工作联系,建立安防联动工作机制； (3)遵守工作要求:规范着装,如着工装、佩戴工作牌或其他标志物；规范携带专项安防用具,如安全绳、口哨等；不擅自脱团；不在岗玩手机或其他电子产品
配置要求	(1)每个团队根据实际情况及需要配置接送站专员； (2)不论专兼职接送站专员,均须接受专项培训及考核,培训课程必须包括专业急救技巧
住宿专管员	
岗位职责	(1)落实研学旅行住宿环节的安全防控工作,如住宿全过程及所涉及的风险节点、风险区域或风险环节的防控； (2)落实研学旅行住宿环节的应急处置工作,配合安全员、营地医生处置简单急救、救护、送医等,将有关情况及时上报给相关人员； (3)引导并监督研学营地(酒店)工作人员按照规范落实住宿全过程的专项防控工作
工作规范	(1)具体落实执行住宿专项安全防控工作细节； (2)阅读并熟悉研学旅行的安全防控工作清单、接送站专项安防预案等,明确工作要点； (3)了解周边医院的情况,梳理就医流程； (4)遵守工作要求:规范着装,如着工装、佩戴工作牌或其他标志物；规范携带专项安防用具,如安全绳、口哨等；不擅自脱团；不在岗玩手机或其他电子产品

续表

	专项防控岗位
	住宿专管员
配置要求	(1)200人以下团队配置住宿专管员1人； (2)不论专兼职住宿专管员，均须接受专项培训及考核，培训课程必须包括专业急救技巧
	车调车控员
岗位职责	(1)落实研学旅行的发车秩序及相应安全防控工作，配合落实执行接送站环节的安全防控工作； (2)与研学旅行车队供应方建立工作联系，检查车况、司机资质或相关工作状态，提示司机风险节点或风险环节的注意事项等； (3)配合发车环节的应急处置工作，将相关情况及时上报给领队或其他人员
工作规范	(1)阅读并熟悉研学旅行的安全防控工作清单、接送站专项安防预案等，明确工作要点； (2)做好行前工作准备，加入临时工作交流平台并及时了解重要信息； (3)遵守工作要求：规范着装，如着工装、佩戴工作牌或其他标志物；规范携带专项安防用具，如安全绳、口哨等；不擅自脱团；不在岗玩手机或其他电子产品
配置要求	(1)每个团队根据实际情况及需要配置车调车控员； (2)车调车控员必须接受安全防控专项培训及考核； (3)车调车控员应优先安排企业专职员工担任
	餐饮专管员
岗位职责	(1)落实研学旅行用餐环节的安全防控工作，如食品安全、用餐环境安全及所涉及的风险节点、风险区域或风险环节的安全防控； (2)与研学旅行餐厅或其他供应方(如盒饭公司等)建立工作联动，并提出相应工作要求，如留样24小时等； (3)配合研学旅行用餐环节的应急处置工作，并将相关情况及时上报给领队
工作规范	(1)阅读并熟悉研学旅行的安全防控工作清单、餐饮专项安防预案等，明确工作要点； (2)做好行前工作准备，加入临时工作交流平台并及时了解重要信息； (3)遵守工作要求：规范着装，如着工装、佩戴工作牌或其他标志物；不擅自脱团；不在岗玩手机或其他电子产品
配置要求	(1)每个团队根据实际情况及需要配置餐饮专管员； (2)不论专兼职餐饮专管员，必须接受安全防控专项培训及考核
	驻地医生
岗位职责	(1)负责研学旅行中各类意外伤害事故、医疗问题的专业救护、护理及咨询答疑； (2)落实研学旅行的医疗专业知识的培训及科普

续表

	专项防控岗位
	驻地医生
工作规范	(1)阅读并熟悉研学旅行的安全防控工作清单、应急处理专项安防预案等,明确工作要点; (2)遵守工作要求;规范着装,如着工装、佩戴工作牌或其他标志物;不擅自脱团;不在岗玩手机或其他电子产品
配置要求	(1)具备执业医师资格证; (2)熟悉中小学生户外活动常见意外伤害类型及处理方法

【案例一】 武汉学知悟达国际旅行社安全员工作清单

安全员工作清单

团号:　　　　团队名称:

序号	工作内容	完成情况
1	备齐安全员物资(医药包、袖标、口哨等)	是□ 否□
2	参与行前会,强调安全注意事项,梳理需要重点注意的隐患点	是□ 否□
3	提前了解研学目的地的医务室、周边医院配备情况及所在位置	是□ 否□
4	提前20分钟抵达接团或发车地点,了解车辆停放位置、学生登车路线、上下车附近情况等,以及安全隐患点排查	是□ 否□
5	发团时乘首发车辆先行离校,提前抵达目的地停车位,进行安全预防,注意马路边或停车场的安全防控,协调停车	是□ 否□
6	抵达目的地后,确认当批次所有师生下车且离开停车区域后离开	是□ 否□
7	配合组长协调好目的地的活动安排和人员分流	是□ 否□
8	负责复杂地段(水边、石阶、围栏、玻璃设备等)的定点引导工作	是□ 否□
9	全程跟团,随时做好团队突发问题处理的准备,保持高度安全意识,保持安全防控的前瞻性	是□ 否□

续表

团号:	团队名称:	
序号	工作内容	完成情况
10	如有住宿,注意电梯口的安全引导及疏散。组织召开每天晚上的研学导师、地接工作会议,总结当天情况,提示第二天注意事项,安排重要出入口值班事宜	是□ 否□
11	负责团队中简单医护处理及就医陪同、付费,并保留相应单据	是□ 否□
12	梳理活动点安全注意事项,以图文形式记录下来发送给师资服务中心安全小组及安全防控中心	是□ 否□
13	全程安全员在工作群内发布的安全提示及安全隐患反馈不少于5条	是□ 否□
14	当发生特殊情况时,协调相应人员处理,安全员不能擅离职守;如有突发状况需离岗,应及时上报安防中心做好工作交接	是□ 否□
15	安全员的职责是在团队中负责安全事务,拒绝从事影响本职工作的其他事务	是□ 否□

备注:

安全员: 时间:

安全员跟团常用提示语

(1)车辆已启动,请各车研学导师及导游提示学生系好安全带,拉下扶手。

(2)所有车辆最后一排的中间座位不允许学生乘坐。

(3)请各车研学导师/导游检查车窗是否打开,提醒学生遵守车内秩序,不可将头、手伸出窗外,不可倒坐、跪立在座位上,请研学导师/导游时刻关注车内情况。

(4)车辆停稳,各车研学导师/导游带学生离开大巴5—10米后,务必再次上车检查车内是否遗漏学生或物品。

(5)进入餐厅后请各研学导师/导游引导学生尽快就座,提醒学生不可无故离席,不可打闹,注意烫伤,小心滑倒。

(6)各车学生从餐厅上车后,研学导师/导游务必清点人数,无误后再通知司机开车。

(7)若活动点周边水塘、假山较多,研学导师/导游不得带学生在水塘、假山处活动并注意巡查。

（8）停车场车辆较多，各车研学导师/导游务必确认车辆停放位置后，再带领学生上车。

（9）上下电梯前，请研学导师/导游整理好队伍，有序上下，二人一排。

（10）到达学校，各车研学导师/导游必须确认车内无遗漏学生或物品后，才可通知司机驶离。

跟团安全员需根据现场安全隐患或实际情况，时时在工作群里发出提示和警示，每批次安全员在随团工作群中必须有5条以上安全提示并作为工作考核，请大家熟知。

第二节 安全防控工作流程规范与要点

作为研学团队工作人员应当知晓研学旅行安全防控工作的全流程，梳理流程的重点环节，厘清环节中的核心点位，明确每个岗位的工作职责，真正将安全防控工作落实到人，将防控工作做到精、细、实。

一、安全防控工作流程

研学旅行的安全防控工作流程是按阶段划分的，安全防控工作也是按照不同阶段的要求来完成的，工作流程分为以下几个阶段。

（一）制度建设阶段

建立研学旅行安全防控工作组织，制定相关工作制度，建立完善的工作机制，主要工作包括：

（1）明确研学旅行安全防控管理机构的职能及核心岗位职责。

（2）制定各类专项安全防控工作方案。

（3）组织研学旅行工作人员学习相关制度、方案等。

（二）事前预防阶段

团队出发前安全防控工作的预防性准备阶段，主要工作包括：

（1）资源调研，包括生活保障资源（食、宿、行、娱、购等）和教育资源（讲解、课程、师资等）两个板块的调研，并以调研结果作为课程设计、线路安排的依据。

（2）风险评估，以调研结果为基础，针对不同的课程、线路进行风险评估，并制定接待预案。

（3）对团队工作人员、参与师生进行针对性的安全教育。

（三）全环节的专项阶段

团队出发后的各环节专项安全防控工作，主要工作包括：

(1)具体岗位的专项安全防控的执行。
(2)行中定期的安全教育和提示。
(3)各种突发事件的应急处理。
(4)对各环节安全防控工作的监督、检查和记录。
(5)对各环节安全防控工作的信息收集、整理及相应工作的优化。

二、安全防控工作举措

(一)安全防控工作目标

保证所有参加研学旅行的中小学生、教师及工作人员的生命安全;确保研学旅行教育活动按流程规范开展;确保研学旅行教育活动的较高服务质量;有效预防和规避各类安全责任事故,有效预防和减少各类意外事故;确保研学活动的可持续性。

(二)重点环节安全防控工作

1.接送站安全防控工作

在接送环节,必须清点人数并与带队老师确认并签字(人数确认单、安全抵达单);停车场、马路路口、安检口、电梯上下点等风险节点,必须安排工作人员维护现场秩序并保证学生安全;研学导师在接送过程中也需要时刻提醒学生,做好安全提示和安全教育。

2.交通运输环节安全防控工作

(1)汽车:在汽车运输环节中,研学导师和司机都需了解各自的工作要求,规范操作。

司机在行驶过程中,须规范操作,不可随意变更路线,更不可危险驾驶、疲劳驾驶、开斗气车。在车辆启动前研学导师和司机都应观察是否有学生处在安全危险状态,应在确保学生安全的前提下开车,停车时,需关注周边环境是否安全,不可在人/车流量较大、路口等地方随意停车,送达目的地后,应第一时间检查车上是否有遗留学生和物品,在核实没有后方可离开。

研学导师上下车时应清点学生人数,关注车上、车下、车前、车后等司机盲区内学生状况,判断是否存在安全隐患,应在确保学生安全的前提下通知司机开车;车辆行驶过程中,研学导师应对学生进行安全提示或安全教育,检查学生安全状况,如要求学生在车辆行驶过程中系好安全带,头、手不可伸出窗外,不要随意走动等。

带队老师在交通运输过程中也应积极配合研学导师的工作,组织学生安全乘坐,注意检查学生是否处于安全状态。

(2)火车站/机场/码头:研学导师和接送站工作人员应在停车场、安检口、进出站口、电梯口、候车厅、开水房等重点地方把守,确保学生在以上地点不出现走失、受伤等情况,避免因疏忽引发安全事故;乘坐全程须进行安全提示和安全教育工作;全程关注,保护学生的生命和财产安全。

3.研学营地(住宿)安全防控工作

营地工作人员应确保营地设施设备的正常使用,撤换有安全隐患(玻璃杯、烧水壶等)的物品;有条件的可在有风险的区域(营地的进出口、电梯、水域等)布置安全提示宣传招贴。辅导员须重视学生在营地的安全,做好意外事故的预防、规避及安全提示,如室内设施使用不当造成的伤害、开水泡面造成的烫伤、浴室滑倒、嬉戏打闹造成的意外等。营地专项人员、研学导师、安全员应共同配合,严格遵守查房及值班制度,杜绝学生私自离开营地。须规范学生的离团程序,做到离团前有沟通、离团时有记录、离团后有报备。

在安排房间时,应注意性别,查房应由男、女研学师搭档负责,尤其是高年级团队的查房及值班工作。

4. 研学旅行基地(资源点)安全防控工作

研学基地(资源点)游览参观的安全防控工作,分为室内参观和户外游览,主要是针对参观游览过程中的安全防控工作,不涉及教育活动的安全防控工作。

研学导师须全程跟团,强调注意事项,确保学生不掉队,告知学生若遇到困难,原地等候,第一时间电话求助。

室内(博物馆、红色景点等室内展馆)游览参观过程中应提前与资源点工作人员对接,做好协同工作,了解室内安全通道位置,游览参观时做好安全提示,在电梯、楼梯等通道维持秩序,避免出现拥挤踩踏、摔伤等意外。

户外游览参观时,研学导师应跟学生介绍清楚参观路线、注意事项和安全提示;做好验票口、人流量大的拥挤处、涉水涉险处、分岔路口等存在安全隐患地段的监控和安全提示;避免意外事故(如走失、拥挤踩踏、摔伤、中暑等)的发生;了解资源点的游客中心、医疗室等服务站设置;全程陪同,如团队需分组活动,应强调集合时间、地点、注意事项,并在重要出入口安排人员定点防控。

5. 教育活动安全防控工作

研学导师应提前对教育活动实施场地进行周密细致的安全排查,记录隐患,提醒接待方做好相关防控。活动空间涉及水域、山路、玻璃装饰、护栏和高台等隐患较大的位置,应提前设置警示标识或安排人员值守,重点防控。

熟悉教育活动所需教具/学具的使用情况并做好安全提示,学生活动过程中关注学生动态,规范学生举止,避免因工具使用不当或相互嬉戏打闹造成意外伤害。进行仪式类活动或集中观看表演时,严格分流,管控队伍,避免发生拥挤踩踏。做好特殊环节(如长途徒步、定向运动等)的监控及安全提示。做好特殊季节的风险预防、规避及安全提示,如夏季中暑、冬季冻伤、梅雨季暴雨等。做好特殊地形(如山区、水域等)的风险预防、规避及安全提示。活动过程中遇到财物丢失或人员受伤时,及时补位,主导或协助相关人员处理突发事件。

学生生病或发生意外伤害事故时,应沉着冷静,仔细判断现场情况,与带队老师沟通,陪同学生前往医院治疗,并及时向相关人员报备情况。

6. 餐饮安全防范工作

研学旅行过程中,根据课程安排,学生的用餐方式也相对较多,如桌餐、分餐、盒饭或自助餐等,还会分为室内和户外用餐,研学导师需要特别关注用餐过程中的安全隐患。

研学导师应提前做好用餐的安全提示,在餐厅出入口、电梯、楼梯口、打汤窗口等存在安全隐患的地方监控和定点防控。应特别注意维持团队用餐入座和离开时的秩序，还要注意维持饭菜窗口（自助餐）的打菜秩序，帮学生打热汤，提醒地面湿滑等，保证学生有序用餐。

餐饮的安全防控环节中还有一项工作尤为重要，就是要求餐饮供应商的餐食留样24小时，尤其是提供盒饭的餐饮供应商。菜式须针对学生这一特殊年龄段来安排，例如所有学生餐不安排鱼、腌制品等。

第三节　研学团队安全事故的预防与应对

"不怕一万，就怕万一。"研学旅行难免会有意外状况发生。安全事故的预防和应急工作方案正是发生安全事故时企业开展应急工作的依据。

应急工作的目标如下：

（1）保护所有参加研学旅行的中小学生、老师及工作人员的生命安全。

（2）在研学旅行过程中如发生意外事故，安防团队可按规范流程来组织实施各类应急处置措施。

（3）有效预防和规避各类意外事故带来的重大损失。

（4）确保研学旅行教育活动的正常开展。

应急工作原则如下：

（1）遵循全程受控、持续改进、过程记录的原则。

（2）重点关注应急处置措施中的关键环节和要素，特别强调以下内容：

①做好事前预防，防范风险。

②指挥统一，做到责任明确，各负其责。

③及时报告，逐层负责，根据规范流程处理。

④生命第一，发生事故时，不惜一切代价抢救生命。

⑤以沉着、冷静、积极的态度做好应急处置工作。

一、安全事故分级标准及处理规范

（一）轻微安全事故

1.界定原则

涉及人身或财产安全，但负面影响轻微，不影响团队正常运行，研学导师或随团领队可酌情当场解决处理。

（1）轻微意外伤害包括表皮擦伤、轻微烫伤（红肿）、扭伤（红肿）等。

（2）一般疾病包括水土不服、晕车、轻度中暑、腹泻、皮肤病、感冒、便秘等。

2.处理原则

（1）研学导师和带队老师及时按规范采取措施处理。

(2)如需离队(就医或休息),学生应由安全员或带队老师全程陪护。

3. 处理流程

(1)由安全员或营地医生根据伤情及时对患处进行处理。

(2)如需就医,根据规范由带队老师或安全员带患者就医,并保存好诊断证明和缴费凭据。

(3)随时关注学生伤/病情变化,做好心理疏导安抚,劝其不要强行游览,必要时通知餐厅为其提供送餐服务。

(4)严禁研学导师或工作人员等非专业人员自行给患者使用处方药。

(二)一般安全事故

1. 界定原则

涉及人身或财产安全,但不会危及伤者生命或未造成重大财产损失,负面影响较小,但须住院治疗或观察的突发疾病、意外伤害等。

(1)一般意外伤害包括摔伤、烫伤、扭伤、骨裂、轻微骨折、落水等。

(2)一般疾病包括一切必须到正规医院就医的疾病,如各类常见病、食物中毒等。

2. 处理原则

(1)应急团队现场处置组负责人将事故信息通报上级,并在现场开展应急处置。

(2)应急团队现场处置组负责人统筹、协调组织方(教育客户)及供应方安防或应急团队协同工作,完成各类应急处置。

3. 处理流程

(1)在专业救护人员的指导下对患者或伤者进行救护,不擅自采取任何额外的救护措施。

(2)第一时间联系相关供应方职能部门,要求配合及支援。

(3)如有必要,应立即拨打急救或报警电话。

(4)就医后终止患者或伤者的一切额外活动,听从医生及家属意见采取应对处置措施,包括护送返家等。

(三)重大安全事故

1. 重大安全事故类别

(1)重大交通安全事故,如乘坐汽车、火车、飞机、船舶等交通工具发生的安全事故。

(2)重大恐怖侵害事件,如袭击、暴恐等。

(3)重大集体食物中毒事故。

2. 重大安全事故级别

(1)红色级别:发生交通意外造成学生群死群伤严重事故、发生恐怖袭击并引起学生伤亡事故。

(2)橙色级别:发生交通意外或恐怖袭击等,造成个别学生伤亡事故。

(3)黄色级别:发生集体性中毒、火灾或自然灾害事故,造成学生伤害(无死亡)严重事故。

3. 处理原则

(1)应急团队现场处置组负责人立即将事故信息通报上级及行政主管部门,并在现场开展应急处置。

(2)应急团队现场处置组负责人统筹、协调组织方(教育客户)及供应方安防或应急团队协同工作,完成各类应急处置。

4.处理流程

(1)组织抢救:迅速组织现场工作人员配合相关部门,开展抢救工作,并尽快通知交通、公安部门,有必要的话保护好现场。

(2)启动预案:立即将相关情况详细汇报给总指挥,启动安全预案,安全小组所有成员进入紧急工作状态。

(3)一线处置与后方支援协同配合,包括现场处理、维持治安;保存相关诊断、证据、证明、报告等材料,并向上级定期汇报情况,保持沟通顺畅;开展心理疏导及安抚工作;做好其他学生的安抚工作,持续提供生活保障等各类服务;督导各供应方配合应急处置,并做好当地资源统筹协调;保障各类物资、人力和资金供给与调配,及时提供所需支持;做好家属咨询接待、安置等相关工作;及时与法律顾问、保险公司建立工作联系,做好理赔等后续工作;注意控制社会影响,统一发布对外信息,不擅自接受媒体采访。

二、应急事件处置原则

(一)关于交通供应方工作原则

1.汽车供应方

(1)凡属汽车交通事故引发伤亡的,应立即督导汽车供应方法人单位到现场处理救援和善后。

(2)立即督导汽车采购方法人单位到现场处理救援和善后。

(3)由供方专管负责汽车供应方追责问题。

(4)由企业安排专人负责汽车采购方追责问题。

2.飞机、火车、船舶供应方

(1)飞机、火车、船舶等事故的救援、处置、善后、赔偿等工作以航空公司、铁路部门、船舶公司为主体,旅行社协助处理。

(2)立即督导飞机、火车、船舶采购方法人单位到现场处理救援和善后。

(3)由企业安排专人专项负责飞机、火车、船舶供应方和采购方追责问题。

(二)重大群体食物中毒事故工作原则

(1)立即就地抢救和送往医院救治。

(2)立即督导餐饮供应方法人单位到现场处理救治和善后。

(3)立即督导地接供应方法人单位到现场处理救治和善后。

(三)火灾事故工作原则

(1)以学生生命安全为第一要务,迅速组织逃生,不得组织学生参加灭火。

(2)火灾的扑救以消防人员为主,我方人员应做好学生(客户)的疏散、安抚、救助等工作。

(3)立即督导地接供应方法人单位到现场处理救援和善后。

(四)洪水、地震等气象自然灾害工作原则

(1)立即停止一切活动,启动相应级别的应急预案,所有相关部门进入紧急工作状态。

(2)根据救灾工作的需要,及时向上级主管部门提出救助申请,并在主管部门的指导下进行救灾工作。

(3)立即督导地接供应方法人单位到现场处理救援和善后。

(4)由企业负责前方救灾物资的调集和发放工作。

(5)由企业专人专项负责灾后防疫和卫生整治工作。

(五)恐怖侵害事件工作原则

(1)立即停止一切活动,第一时间稳定局面,转移学生,控制事态扩大。

(2)在警方指导下维持秩序,并处理救援和善后事宜。

(3)立即督导地接供应方法人单位到现场处理救援和善后。

(4)立即启动相应级别的应急处置预案,所有相关部门进入紧急工作状态。

(5)迅速划定现场保护范围,严禁无关人员进入;尽可能保护好现场,为警方调查破案做好准备。

三、各类应急预案

(一)天气预案

(1)活动前一天了解天气情况,通知学生做好相应准备,并提示学生带好雨具或衣物。

(2)发车时如遇突发天气变化,要认真分析趋势和可能,做出延时、变更发车处理。

(3)针对学生可能出现的情绪波动,做好引导、说服教育工作。

(二)重大交通安全事故处理预案

1. 组织抢救

(1)迅速组织现场人员抢救受伤的学生,优先抢救重伤员,并尽快让学生离开事故车辆。

(2)立即呼叫救护车或拦车将重伤员送往距出事点最近的医院抢救(医疗急救中心电话为120)。

2. 各级汇报

(1)立即报案:保护现场,尽快通知交通、公安部门(交通事故报警台电话为122)。

(2)团队汇报:按规范向各方安防团队负责人上报事故经过及伤亡情况,与本批次各方安防执行团队协同完成应急处置及其他学生的安防工作。

3. 启动预案

(1)组织方、承办方及供应方安防及应急团队确认信息后立即启动应急预案,进入紧急工作状态。

(2)各方应急团队均投入现场处置及后方协调支援工作。

(三)车辆故障处理预案

(1)活动前承办方需督促车辆承运公司检查车况,提示承运司机做好相应准备,车况不良必须更换,否则不得发车。

(2)如中途发生车辆故障,处置方案如下:

①安全员或研学导师及时把故障情况通知承办方。

②故障影响安全的,一律停驶,由承办方紧急调车改乘。

③故障未影响行驶,短时内无法修复的,处理同前。

(3)车辆火灾处置方案如下:

①途中车辆失火,应立即要求司机停车并开门组织学生下车,车厢前部学生从前门下车,车厢后部学生从后部应急门下车,如火势较大应及时破窗逃生。

②下车后远离事故车辆,研学导师应做好学生的组织及安抚工作,包括清点学生人数、上报领导、报警等。

③如学生受伤,应立即组织抢救。

④研学导师不应组织学生灭火或自行参与灭火,应以学生安全为重。

(4)车辆换乘时,带队老师维持好学生秩序并反复清点学生人数,严禁学生下车随意走动,以防止交通事故发生。

(四)学生走失处理预案

(1)要求学生穿着统一服装或佩戴统一胸牌,以降低走失风险。

(2)允许学生在研学旅行活动时携带手机(不宜太贵重),师生互留电话号码以便联系。

(3)在上下车、集合时做好清点人数工作,如发生学生走失,应立即组织就地寻找,并及时寻求景区或相关部门的协助,如广播找人等。

(4)不宜组织学生去寻找走失学生,应由带队老师、研学导师或其他工作人员负责寻找。

(5)应及时向上级通报寻找情况。

(五)突发疾病及意外伤害处理预案

(1)学生或老师突发疾病或遭遇意外伤害,研学导师或导游应立即反馈给领队及安全员,视轻重程度送附近医务站诊疗,病情严重的送当地医院急救。

(2)如发生交通事故,应按如下方式处置:

①迅速报告领队及安全员,调动应急车赶到事发现场,视伤情确定立即送医院还是紧急处理后送医。

②若有受伤严重者,应即刻拨打紧急救援电话110和120,并立即组织抢救。

③优先组织学生撤离至安全地点并做好安抚工作,协助保护好事故现场。

④立即成立事故处理小组,分别负责家长、公安、医疗、保险各方接洽,妥善处理善

后事宜。

⑤事后出具书面报告,总结经验教训。

(六)群体食物中毒事故处理预案

(1)设法催吐,让食物中毒者多喝水以加速排泄,缓解毒性。

(2)领队立即上报给企业,讲清楚事故的发生和游客中毒情况,听从指挥。

(3)立即将患者送医院抢救(根据情况统一指挥分散送往医院,原则上每个医院送去的患者不超过3名),请医生开具诊断证明。

(4)调查原因及责任,处理事故的善后工作。

(七)疾病的处理预案

1.一般疾病的处理方法

(1)一般疾病有感冒、发烧、水土不服、晕车、腹泻等。

(2)劝其及早就医,注意休息,不要强行游览。

(3)关心患病学生,必要时通知餐厅提供送餐服务。

(4)如需就医,可优先请研学基地(营地)或随团医生处理。

(5)外出就医必须由安全员或带队老师全程陪护,并保存好就诊资料。

(6)严禁非专业医疗人员自行给患者使用处方药。

2.重病的处理方法

(1)在征得患者家属或带队老师同意后,或根据随团医生建议,立即将患者/重病者送往就近医院治疗。

(2)及时将情况通知给各方安防团队负责人。

(3)患者就医由安全员或带队老师全程陪护,并保存好就诊资料。

(八)极端事件处理预案

1.拥挤踩踏事故

(1)在电梯口、演出场馆或户外舞台等高风险点,与所有工作人员配合,要求学生排队有序进出,并在队伍前、中、后段布置工作人员分段防控,避免拥挤。

(2)如已经出现拥挤情况,保持冷静,提高警惕,并及时带领学生有序撤离危险区域。

(3)万一有拥挤人群向团队方向拥来,立即带领学生撤离或避让至安全区域,要求学生决不可脱离队伍,不可逆着人流前进。

(4)提前对学生进行防踩踏逃生技巧等安全教育。

2.火灾事故

(1)在研学基地(营地)或各室内场馆,应首先了解逃生通道和疏散路线。

(2)火灾发生后立即组织学生逃生,并注意逃生技巧,如将打湿的毛巾和衣服披在身上并掩住口鼻呼吸,弯腰沿着墙壁边向安全出口爬行逃生。

(3)领队及安全员必须确认所有学生都逃离火灾现场,才可完全撤离至安全地带,严禁学生重返火灾现场拿取任何物品。

(4)提前对学生进行火灾安全逃生技巧等安全教育。

3. 各类自然灾害

(1)凡接到自然灾害(如台风、山洪等)预警后,立即对自然灾害所能引发的后果做出评估,有效规避自然灾害对师生安全的影响。

(2)如因此产生各种交通停运、景区关闭等情况,领队应根据专项预案组织学生在安全区域避险直至安全①。

第四节　应急知识、救护的基本要求及技能

一、自然灾害篇

(一)洪水

(1)洪水来临时,要迅速到附近的山坡、高地、屋顶、楼房高层、大树上等位置高的地方暂避。

(2)要设法尽快发出求救信号和消息,报告自己的方位和险情,积极寻求救援。

(3)落水时要寻找并抓住漂浮物,如门板、桌椅、木床、大块的泡沫塑料等。

(4)汽车进入水淹地区时,要注意水位不能超过驾驶室,要迎着洪水驶向高地,避免让洪水从侧面冲击车体。

(5)不要惊慌失措,大喊大叫,不要接近或攀爬电线杆、高压线铁塔,不要爬到泥坯房房顶上。

(二)地震

(1)地震发生后,在室内,要选择易形成三角空间的地方躲避,如内墙角或管道多、整体性好的卫生间、储藏室和厨房等处。不要躲到外墙窗下、电梯间,更不要跳楼。

(2)在公共场馆里,应迅速就近蹲下、抓牢。在门口时,可迅速跑出门外至空旷场地;在楼上时,要找准机会逐步向底层转移。

(3)在室外,要尽量远离狭窄街道、高大建筑、高烟囱、变压器、玻璃幕墙建筑、广告牌、高架桥以及有危险品、易燃品的场所。

(4)在行驶的汽车、电车或火车内,乘客应抓牢扶手避免摔倒,降低重心,躲在座位附近,不要跳车,地震过后再下车。

(5)用湿毛巾、衣服或其他布料捂住口、鼻,防止灰尘呛闷发生窒息。

(6)寻找和开辟通道,朝着有光亮、宽敞的地方移动,不要乘电梯逃生。

(7)一时无法脱险,要节省力气,静卧保持体力;不要盲目大声呼救,多活动手脚,清

---

① 祝胜华,张强.研学旅行安全防控探析:"跟着课表游中国"夏令营安全防控工作经验与启示[M].武汉:华中科技大学出版社,2020.

除脸上的灰土和压在身上的物件。

(8)无论在何处躲避,如有可能应尽量用棉被、枕头、书包或其他软物体保护好头部。

(三)海啸

(1)地震是海啸发生的最早信号,从地震到海啸发生有一个时间差,要利用时间差进行避险和逃生。

(2)如发生潮汐突然反常涨落、海平面显著下降或者有巨浪袭来,都应快速撤离。

(3)海啸发生前,海水异常退去时往往会把鱼虾等许多海洋生物留在浅滩,但此时千万不要去捡鱼虾或看热闹,应迅速离开海岸,向陆地高处转移。

(4)海啸发生不幸落水时,要尽量抓住大的漂浮物,浮在水面随波漂流即可。

(5)在水中不要举手,也不要乱挣扎,应尽量减少动作,浮在水面随波漂流即可。

(6)海水温度偏低,不要脱衣服。

(7)尽量不要游泳,以防体内热量过快散失。

(8)不要喝海水,海水含有大量矿物盐,浓度超过人体生理所能承受的范围,饮用海水非但不能解渴,反而会引起脱水症状,严重时会导致代谢紊乱,危及生命。

(9)要尽可能向其他落水者靠拢,以扩大目标,让救援人员发现。

(四)泥石流、山体滑坡

(1)发现有泥石流、山体滑坡,要迅速向两边稳定区逃离,不要沿着山体向上或下方奔跑。

(2)不要躲在有滚石和大量堆积物的山坡下面。

(3)不要停留在低洼处,也不要攀爬到树上躲避。

(4)一定要设法从房屋里跑至开阔地带。

(5)应选择平整的高地作为营地,不要在山谷和山沟底部扎营。

(五)台风

(1)尽快转移到坚固的建筑物内或底层躲避风雨。

(2)避免外出,必须外出时应穿较为鲜艳的衣服,并在随时能抓住固定物的地方行走。

(3)不要在受台风影响的海滩游泳或驾船。

(六)雷电

(1)不要在旷野中、大树下、电线杆旁、高坡上避雷雨。

(2)不要赤脚站在水泥地上,不要洗澡或淋浴,不要使用移动电话,不要使用带有外接天线的收音机或电视机。

(3)要远离铁轨、长金属栏杆和其他庞大的金属设施,避免站在山顶、制高点等地。

(4)多人一起在野外时,要彼此隔开一定距离,不要挤在一起。

(5)胶底鞋或橡胶轮胎不能抵御闪电。

(七)暴雨

(1)在积水中行走时,要注意观察,尽可能贴近建筑物。
(2)在山区,当上游来水突然混浊、水位上涨较快时,要注意防范山洪、泥石流。
(3)室外积水漫入室内时,应立即切断电源。
(4)下暴雨时不要自驾游。

二、事故灾难篇

(一)道路交通事故

(1)当车辆发生紧急刹车、碰撞、侧翻等突发事故时,车内人员应就近抓住车内固定物,并注意保护头部。
(2)乘坐大巴出游时应系好安全带,提前了解安全锤、灭火器的使用方法和逃生门窗位置。
(3)当车辆发生火灾时,车内人员应立即设法逃出车外,避免张嘴深呼吸或大声呼喊,并注意保护露在外面的皮肤。
(4)当车辆跌入河湖中,车内人员应设法尽快从安全窗、安全门逃出。
(5)当发生交通事故时,应对受伤者的受伤部位进行常识性的检查,并及时止血、包扎或固定。
(6)注意保持伤者呼吸通畅;如果呼吸和心跳停止,要立即进行心肺复苏抢救。
(7)发生重大交通事故时,不要翻动伤者,要立即拨打110或120求助。

(二)水运事故

发生水运事故时,要利用救生设备逃生,紧急情况下必须跳水逃生时应采取以下应急措施。

1. 跳水前
(1)尽一切可能发出遇险求救信号。
(2)跳水前尽可能向水面抛投漂浮物,如空木箱、木板、大块泡沫塑料等。
(3)多穿厚实保温的衣服,系好衣领、袖口;如有条件,穿上救生衣。

2. 跳水时
(1)不要从5米以上高度直接跳入水中,可利用绳索等滑入水中。
(2)两肘夹紧身体两侧,一手捂鼻,另一手向下拉紧救生衣,深呼吸、闭口、两腿伸直,直立式跳入水中。

3. 跳水后
(1)尽快游离遇险船只,防止被卷入旋涡。
(2)如果发现四周有油火,应脱掉救生衣,潜水游到上风处。到水面上换气时,先用双手将头顶的油和水拨开再抬头呼吸。
(3)不要将厚衣服脱掉;如果没有救生衣,尽可能以最小的运动幅度使身体漂浮,会游泳者可采用仰泳姿势。

(4)尽可能在漂浮物附近。

(5)两人以上跳水逃生,要尽可能拥抱在一起,减少热量散失,也易于被发现。

(三)铁路、轨道交通事故

(1)发生事故后,要听从工作人员的统一指挥,待列车停稳后,在工作人员的组织下,有序地向车辆两端紧急疏散。不要盲目跳车,以防摔伤或被其他列车撞伤。

(2)撞车瞬间,要两腿尽量伸直,两脚踏实,双臂护胸,手抱头,保持身体平衡。

(3)列车发生火灾、爆炸事故时,列车服务人员应迅速疏散旅客,尽力切断火源、爆炸源并保持好现场。

(四)航空事故

(1)登机后,要熟悉机上安全出口,倾听、阅读有关航空安全知识介绍,系好安全带。

(2)遇空中减压,要立即戴上氧气面罩。

(3)飞机紧急着陆和迫降时,要保持正确的姿势:弯腰,双手在膝盖下握住,头放在膝盖上,两脚前伸紧贴地板;并听从工作人员指挥,迅速有序地由紧急出口滑落地面。

(4)舱内出现烟雾时,要把头弯到尽可能低的位置,屏住呼吸,用湿毛巾捂住口、鼻后再呼吸,弯腰或爬行到出口处。

(5)若飞机在水面上空失事,要立即穿上救生衣。

(6)飞机撞击地面轰响瞬间,要迅速解开安全带,朝外面有亮光的裂口方向全力逃生。

(五)拥挤、踩踏事故

(1)要保持冷静,提高警惕,不要受周围环境影响。

(2)服从指挥,有序撤离。

(3)发觉拥挤的人群向自己行走的方向来时,应立即避到一边,切记不要逆着人流前进。

(4)陷入拥挤的人流时,要远离店铺、柜台的玻璃或者其他危险物。

(5)若被人群挤倒,要设法靠近墙角,身体蜷成球状,双手在颈后紧扣以保护身体。

(6)如果带着孩子,要尽快把孩子抱起来;如有可能,要抓住身边坚固牢靠的东西。

(六)火灾

(1)火灾发生时,应及时拨打119报警。小火应立即扑救,如果火势扩大,应迅速撤离。

(2)逃生时应准确识别疏散指示方向,千万不要拥挤,快速逃离火场。

(3)火场逃生过程中,要一路关闭背后的门;逃出现场后切勿重返屋内取贵重物品。

(4)火灾发生时,切不可搭乘电梯逃生,更不要盲目跳楼。

(5)如果烟雾弥漫,要用湿毛巾掩住口鼻呼吸,降低姿态,沿墙壁边爬行逃生。

(6)当衣物着火时,最好脱下或就地卧倒,用手覆盖脸部并翻滚压熄火焰,或跳入就近的水池,将火熄灭。

(7)夜间发生火灾时,应先叫醒熟睡的人,尽量大声喊叫,提醒其他人逃生。

(8)一旦发现自己身处森林着火区域,应准确判断风向和火灾延烧方向,逆风逃生。

(9)如果被大火包围在半山腰,要绕开火头快速向山下跑,切勿往山上跑。

三、公共卫生事件篇

(一)食物中毒

(1)注意饮食、饮水卫生,尽量不要在路边摊点就餐,要尽量选择有营业执照的餐馆用餐,少吃、不吃生冷食物。

(2)发生食物中毒后,要立即停止食用可疑食品。

(3)可采用催吐的方法,用筷子、勺或用手指压在舌根部,轻轻刺激咽喉引起呕吐,以吐出导致中毒的食物。

(4)大量喝水,可以是淡盐水,稀释毒素。

(5)保留好可疑食物、呕吐物或排泄物,供化验使用。

(6)及时就医。

(二)流行性感冒

(1)要劳逸结合,注意保暖,防止受凉;少去或不去拥挤、不卫生的公共场所,房间要经常换气通风,保持清洁。

(2)在流感大流行时,应推迟非必要的旅行;必须旅行时,易感人群及体弱者可服用预防药物或接种流感疫苗。

(3)有流感症状时,要注意多休息、多喝水。

(4)流感患者应自觉与同行游客保持一定距离(佩戴口罩、分开吃住)。

(5)若怀疑患有流感应及时就医,并告知相关旅行史或接触史,以帮助诊断。

四、常见突发事件及处理

(一)烫伤

1.急救知识

一旦发生烫伤,立即将被烫部位置于流动的水下冲洗或是用凉毛巾冷敷,可以将纱布或是绷带松松地缠绕在烫伤处以保护伤口。

2.注意事项

不能采用冰敷的方式治疗烫伤,冰会损伤已经破损的皮肤导致伤口恶化。不要弄破水疱,否则会留下疤痕。也不能随便将抗生素药膏或油脂涂抹在伤口处,这些物质很容易沾染脏东西。

(二)发烧

1. 急救知识

(1)用稍凉的毛巾(约25℃)在额头、脸上擦拭。

(2)温水加上75%的酒精,以1∶1的比例稀释,稀释后的水温为37—40℃,擦拭四肢及背部。

2. 注意事项

(1)卧床休息:发烧时卧床休息,以利于体力恢复,早日康复。发烧时体内水分的流失会加快,因此宜多饮用开水、果汁、不含酒精或咖啡因的饮料,补充水分。

(2)定期服药:遵照医生嘱咐,定时定量服用药物。

(三)中暑

1. 急救知识

(1)将中暑患者转移至阴凉通风处。

(2)喝清凉饮料(不宜喝冰水)。

(3)物理降温(如使用冷水、冰、冷气降温)。

(4)虚弱的患者需双脚垫高。

(5)严重时送医。

2. 注意事项

(1)人中暑之后很虚弱,在恢复过程中,饮食应清淡、易消化。补充必要的水、盐、热量、维生素、蛋白质等。

(2)中暑后不要一次大量饮水,中暑患者应采用少量多次的饮水方法,每次以不超过300毫升为宜。

(3)不要大量食用生冷瓜果。

(4)少吃油腻食物,以适应夏季肠胃的消化能力。

(四)流鼻血

1. 急救知识

(1)流鼻血后要上身前倾,以避免鼻血流入口腔和污染衣服。

(2)捏住鼻子的中上部位(贴近鼻根硬骨边缘三角形软骨区域),时间约为5分钟。

(3)还可用干净的足够大的柔软布料或卫生纸填塞鼻孔。

(4)经按压后仍无法有效止血,可再用小冰袋或冷毛巾敷在按压区域。

(5)若无法使出血得到控制,应立即前往医院检查是否有其他问题。

2. 注意事项

(1)用力将头向后仰起的姿势会使鼻血流进口中,可能还会有一部分血液被吸进肺里,这样做既不安全也不卫生。

(2)如果鼻血持续流20分钟仍旧止不住的话,患者应该马上去医院求助医生。

(五)晕车

1. 急救知识

(1)闭目平卧或坐稳,避免头部摇晃。

(2)至窗边通风处。

(3)恶心时呕吐干净。

(4)预防用药(不允许擅自给学生用药)。

2. 注意事项

(1)提前一天早点休息,不要过度劳累和熬夜。

(2)早上提醒学生不要吃太饱,尽量不吃含蛋白质的食物。

本章小结　研学旅行的教育价值已经逐渐被社会所认可,安全问题却成为研学旅行课程践行的最大障碍,加之安全事故的发生一再刺激人们的神经,大家对这类问题的敏感度越来越高,因此,如何有效保障中小学生研学旅行的安全,已成为社会各界共同关心和探讨的问题,尤其是如何才能培养一支专业的安全防控团队,构建完整的队伍体系,如何完善安全防控体系,建立系统预警机制,尽量避免事故发生,即使发生了也能妥善处理,将伤害减少到最小。

课后训练

一、选择题

1. 研学旅行安全由安全管理制度、安全管理人员、安全教育三部分共同组成,进行研学旅行活动必须配置的人员是(　　)。

A. 消防员　　　　B. 医护人员　　　　C. 教练员　　　　D. 安全员

2. 各地教育行政部门和中小学要制定研学旅行工作规程,要做到(　　)。

A. 活动有方案,行前有备案,应急有预案

B. 活动有预案,行前有方案,应急有备案

C. 活动有备案,行前有预案,应急有方案

D. 活动有个案,行前有预案,应急有备案

3. 以立德树人、培养人才为根本目的,以预防为重、(　　)为基本前提,以深化改革、完善政策为着力点,以统筹协调、资源整合为突破口,因地制宜开展研学旅行。

A. 动手动脑　　　B. 确保安全　　　C. 体验教育　　　D. 科学有效

二、判断题(请在括号里打"√"或"×")

1. 如果你是研学导师,当有学生在夏天出现流鼻血的情况时,应立即让学生把头仰起来,避免流血过多。( )

2. 在乘坐汽车出行时,所有车辆的最后一排的中间座位不允许乘坐学生。( )

3. 在带领学生进行研学参观时,如果有学生走失,不宜组织学生去寻找走失人员,应由带队老师、研学导师或其他工作人员负责寻找。( )

三、实训题

(1)根据所学内容,以思维导图的方式呈现研学导师在研学过程中各重点环节的安全防控工作要点。

(2)根据第一节案例中的安全员工作清单,设计研学导师安全防控重点工作清单。

第八章
研学导师应具备的安全基础知识

学习目标

1. 了解研学旅行安全的主要内容。
2. 熟悉研学旅行安全所涉及的法律、法规。
3. 熟知交通安全常识。
4. 掌握心理危机干预的基本方法。
5. 了解旅游保险的类别和常见的投保方式。

知识框架

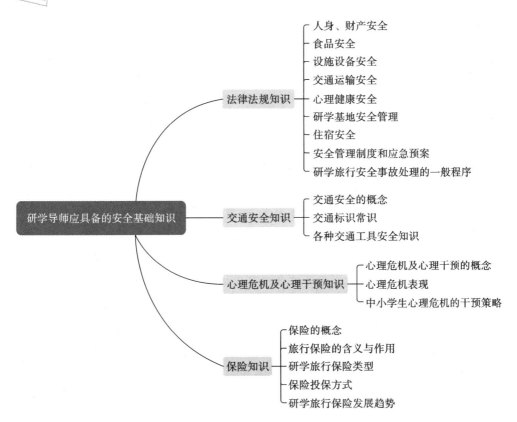

1. 教学重点：有关研学旅行安全的法律、法规。
2. 教学难点：在研学旅行中正确运用安全知识。

1988年3月24日，南京开往杭州的311次旅客列车与正要进站的208次旅客列车发生碰撞，造成旅客及乘务员28人死亡、20人重伤、79人轻伤的特大事故，其中日本旅客死亡27人、重伤9人、轻伤28人，这些日本旅客都是日本高知市青少年修学旅行团成员，死伤者除一名教师外，都是16岁以下的中学生。该事故至今仍然是中国铁路事故中外籍旅客伤亡最多的一次，也是在中国境内开展研学旅行活动伤亡人数最多的一次，教训十分惨痛。

2014年4月16日，载有476人的"岁月"号客轮在韩国海域沉没，导致304人遇难，大部分遇难者为前往济州岛修学旅行的京畿道安山市檀园高中的学生。这是韩国几十年来最严重的海难事故，韩国教育部门因此一度取消研学活动，当时的韩国总理引咎辞职，海洋警察厅由于在救援中尽职不力、处置不当而被解散。

研学旅行的前提和基础是安全，研学旅行的关键和重点也是安全，安全重于泰山，生命大于一切，没有安全保障，研学旅行就无从谈起。研学旅行安全主要包括人身财产安全、食品安全、设施设备安全、交通运输安全、心理健康安全，它涉及研学旅行各环节的安全管理制度、安全管理人员、安全教育等方面的内容。

道路千万条，安全第一条。研学旅行要时刻绷紧安全这根弦，严格恪守"以人为本"的理念，严守研学安全底线，切实保障参加研学活动师生的生命、财产安全。尽管各级管理部门一再强调安全的重要性，但研学旅行安全事故还是时有发生，究其原因，一是思想上不够重视。比如主办方代表、带队老师、研学旅行基地（营地）的经营者安全意识淡薄，参与研学的学生缺乏自我保护和防范意识等。二是制度上不够规范。比如研学旅行基地（营地）安全制度和规范不健全，制度和规范存在漏洞甚至缺失，安全防范也就无从谈起。三是产品设计上不够完善。研学旅游产品设计上存在缺陷，比如对基地（营地）周边排查不到位、配套设施不健全等。四是设施、设备上不达标。比如设施、设备质量有缺陷或隐患，设施、设备老化等。五是执行上不够严格。虽然有安全管理法规、制度和规范，但有制度不执行或者执行不到位，制度流于形式，责任落实不具体、事故处置不得力、责任界定不清晰等。除此之外，还有一些偶然因素，比如自然灾害和不可抗力等也会影响研学旅行的安全。

第一节　法律法规知识

众所周知,安全是天大的事,安全是天下的事,安全是天天的事。在安全专家眼里,安全是一种状态,即通过持续的危险识别和风险管理过程,将人员伤害或财产损失的风险降低并保持在可接受的水平或其以下。从这个定义不难看出,首先,安全是一种状态,既然是一种状态,那安全的程度就会有高低之分,不会一成不变,换句话说,绝对的安全是不存在的,这就要求我们在思想上要高度重视安全,不能有一丝一毫的松懈和麻痹大意;其次,安全是一个过程,即危险识别和风险管理过程,这个过程是持续的,这就要求我们在行动上自始至终都要对安全进行管理与控制;最后,安全的标准是将风险降低并保持在可接受的水平或以下。

研学旅行本质上是一种教育旅游活动,适用于《中华人民共和国旅游法》(以下简称《旅游法》)。该法于2013年10月1日实施,其第六章专门涉及旅游安全。它要求国家建立旅游目的地安全风险提示制度;县级以上人民政府应当制定应急预案,建立旅游突发事件应对机制;旅游经营者应当严格执行安全生产管理和消防安全管理的法律法规及国家标准、行业标准,具备相应的安全生产条件;旅游经营者组织、接待老年人、未成年人、残疾人等旅游者,应当采取相应的安全保障措施;旅游经营者应当就旅游活动中可能危及旅游者人身、财产安全的情形,以明示的方式事先向旅游者做出说明或者警示;旅游经营者应当在旅游安全事故发生后立即采取必要的救助和处置措施;旅游者在人身、财产安全遇有危险时,有权请求旅游经营者、当地政府和相关机构进行及时救助,等等。

尽管法律上对旅游安全做出了诸多规定,但在现实生活中,旅游安全事故还是时有发生,为了避免在研学旅行中发生安全事故,我们有必要了解有关研学旅行安全方面的政策、法规和行业规范。

一、人身、财产安全

人身安全是指个人的生命、健康、行动等与人的身体直接相关的平安康健不受威胁,不出事故,没有危险。财产安全是指拥有的金钱、物资等物质财富受到法律保护的权利的总称。

我国《民法典》明确规定:自然人的生命安全和生命尊严受法律保护。任何组织或者个人不得侵害他人的生命权。自然人的身体完整和行动自由受法律保护。任何组织或者个人不得侵害他人的身体权。自然人的生命权、身体权、健康权受到侵害或者处于其他危难情形的,负有法定救助义务的组织或者个人应当及时施救。

我国《旅游法》也规定:旅游者在人身、财产安全遇有危险时,有请求救助和保护的权利。旅游者人身、财产受到侵害的,有依法获得赔偿的权利。旅游经营者应当保证其提供的商品和服务符合保障人身、财产安全的要求。旅游者在人身、财产安全遇有危险时，有权请求旅游经营者、当地政府和相关机构进行及时救助。

我国《未成年人保护法》对学生的安全保护体现在两个方面：一是学校保护，二是社会保护。这两点同样适用于研学基地（营地），因为研学基地全称为"中小学生研学实践教育基地"，研学基地（营地）有从事研学实践教育工作的专业队伍，具备承接中小学生开展研学实践教育的能力，能够设计规划不同主题、不同学段、与学校教育内容相衔接的研学实践课程和线路，能够组织中小学生集体实践，开展研究性学习。服务的对象主要是中小学生，承担的功能和学校一样，都具有教育的功能。也就是说，研学基地（营地）是学校教育的校外拓展与延伸。

学校应对未成年人进行安全教育，采取措施保障未成年人的人身安全。学校不得在危及未成年人人身安全、身心健康的校舍和其他设施、场所中开展教育教学活动。学校安排未成年人参加文化娱乐、社会实践等集体活动，应当保护未成年人的身心健康，防止发生人身伤害事故。未成年人在校内或者本校组织的校外活动中发生人身伤害事故的，学校应当立即救护，妥善处理，及时通知未成年人的父母或者其他监护人，并向有关部门报告。

社会保护意味着任何组织或者个人不得违反有关规定，限制未成年人应当享有的照顾。公共场所发生突发事件时，应当优先救护未成年人。

我国《消费者权益保护法》也规定消费者在购买、使用商品和接受服务时享有人身、财产安全不受损害的权利。消费者有权要求经营者提供的商品和服务，符合保障人身、财产安全的要求。消费者因购买、使用商品或者接受服务受到人身、财产损害的，享有依法获得赔偿的权利。经营者应当保证其提供的商品或者服务符合保障人身、财产安全的要求。对可能危及人身、财产安全的商品和服务，应当向消费者做出真实的说明和明确的警示，并说明和标明正确使用商品或者接受服务的方法以及防止危害发生的方法。

二、食品安全

2015年10月1日起正式施行的《中华人民共和国食品安全法》，与研学旅行有关的条文包括：食品安全工作实行预防为主、风险管理、全程控制、社会共治，建立科学、严格的监督管理制度。食品生产经营者对其生产经营食品的安全负责，在食品生产经营方面，食品生产经营应当符合食品安全标准。国家对食品生产经营实行许可制度，从事食品生产、食品销售、餐饮服务，应当依法取得许可。学校等集中用餐单位的食堂应当严格遵守法律法规和食品安全标准；从供餐单位订餐的，应当从取得食品生产经营许可的企业订购，并按照要求对订购的食品进行查验。供餐单位应当严格遵守法律法规和食品安全标准，当餐加工，确保食品安全。学校等集中用餐单位的主管部门应当加强对集中用餐单位的食品安全教育和日常管理，降低食品安全风险，及时消除食品安全隐患。

国家旅游局发布的《研学旅行服务规范》（LB/T 054—2016）则在餐饮服务方面提出了以下要求：应以食品卫生安全为前提，选择餐饮服务提供方。应提前制定就餐座次表，组织学生有序进餐。应督促餐饮服务提供方按照有关规定，做好食品留样工作。应在学生用餐时做好巡查工作，确保餐饮服务质量。

三、设施设备安全

2019年3月1日,中国旅行社协会与高校毕业生就业协会联合发布了《研学旅行基地(营地)设施与服务规范》。该行业标准是为了规范和提升研学旅行基地(营地)服务质量,使研学旅行基地(营地)有相对科学、规范的准入条件,引导旅行社正确选用合格研学旅行基地(营地)供应商,保证研学旅行线路产品的服务质量,推动研学旅行服务市场的健康发展。在设施设备方面,规定基地应始终坚持安全第一,配备安全保障设施,建立安全保障机制,明确安全保障责任,落实安全保障措施,确保学生的安全。基地应远离地质灾害和其他危险区域,有完整的针对研学旅行的接待方案和安全应急预案。

基地应正式对社会公众开放满1年,且1年以内无任何重大环境污染及负主要责任的安全事故。应建设或规划由室内或室外场所构成的专门研学场地或教室,确保学生活动的安全性,特殊设备须具备主管单位的检测验收报告。应有相应的旅行接待设施、基础配套设施,保证布局合理、环境整洁、安全卫生达标。

对安全设施的具体要求是:

(1)配置齐全。包括流量监控、应急照明灯、应急工具、应急设备和处置设施、安全和紧急避险通道,配置警戒设施,配备消防栓、灭火器、逃生锤等消防设备,保证防火设备齐备、有效。基础救护设备应齐备完好,与周边医院有联动救治机制。住宿场所应配有宿舍管理人员负责学生安全,安排保安人员昼夜值班巡逻,保障学生的财产和人身安全。

(2)标识醒目。包括疏散通道、安全提示和指引标识等。危险地带应设置安全护栏和警示标志,并保证标志醒目。紧急出口标志应明显,保持畅通。

(3)监控到位。在出入口等主要通道和场所安装闭路电视监控设备,实行全天候、全方位录像监控,保证电子监控系统健全、有效,影像资料保存15天以上。

(4)防范得力。基地内禁止存放易燃、易爆、有腐蚀性及有碍安全的物品。

《旅游安全管理办法》在设施设备安全方面则对旅游经营者提出了要求:

服务场所、服务项目和设施设备符合有关安全法律、法规和强制性标准的要求;配备必要的安全和救援人员、设施设备;建立安全管理制度和责任体系;保证安全工作的资金投入。

旅游经营者应当对其提供的产品和服务进行风险监测和安全评估,依法履行安全风险提示义务,必要时应当采取暂停服务、调整活动内容等措施。经营高风险旅游项目或者向老年人、未成年人、残疾人提供旅游服务的,应当根据需要采取相应的安全保护措施。

旅游经营者应当主动询问与旅游活动相关的个人健康信息,要求旅游者按照明示的安全规程使用旅游设施和接受服务,并要求旅游者对旅游经营者采取的安全防范措施予以配合。

四、交通运输安全

《研学旅行服务规范》(LB/T 054—2016)对交通运输安全的规定:

1. 交通服务

(1) 应按照以下要求选择交通方式：

①单次路程在400千米以上的，不宜选择汽车，应优先选择铁路、航空等交通方式。

②选择水运交通方式的，水运交通工具应符合《水路客运服务质量要求》(GB/T 16890—2008)的要求，不宜选择木船、划艇、快艇。

③选择汽车客运交通方式的，行驶道路不宜低于省级公路等级，驾驶人连续驾车不得超过2小时，停车休息时间不得少于20分钟。

(2) 应提前告知学生及家长相关交通信息，以便其掌握乘坐交通工具的类型、时间、地点以及需准备的有关证件。

(3) 宜提前与相应交通部门取得工作联系，组织绿色通道或开辟专门的候乘区域。

(4) 应加强交通服务环节的安全防范，向学生宣讲交通安全知识和紧急疏散要求，组织学生安全有序乘坐交通工具。

(5) 应在承运全程随机开展安全巡查工作，并在学生上下交通工具时清点人数，防止出现滞留或走失情况。

(6) 遭遇恶劣天气时，应认真研判安全风险，及时调整研学旅行行程和交通方式。

2. 行人和乘车人通行规定

(1) 行人应当在人行道内行走，没有人行道的靠路边行走。

(2) 乘车人不得携带易燃易爆等危险物品，不得向车外抛洒物品，不得有影响驾驶人安全驾驶的行为。

(3) 机动车在高速公路上发生故障时，警告标志应当设置在故障车来车方向150米以外，车上人员应当迅速转移到右侧路肩上或者应急车道内，并且迅速报警。

(4) 任何单位、个人不得在高速公路上拦截检查行驶的车辆。

 知识链接

《中华人民共和国道路交通安全法》对交通运输安全的规定：

第二十一条　驾驶人驾驶机动车上道路行驶前，应当对机动车的安全技术性能进行认真检查；不得驾驶安全设施不全或者机件不符合技术标准等具有安全隐患的机动车。

第二十二条　机动车驾驶人应当遵守道路交通安全法律法规的规定，按照操作规范安全驾驶、文明驾驶。

饮酒、服用国家管制的精神药品或者麻醉药品，或者患有妨碍安全驾驶机动车的疾病，或者过度疲劳影响安全驾驶的，不得驾驶机动车。

任何人不得强迫、指使、纵容驾驶人违反道路交通安全法律法规和机动车安全驾驶要求驾驶机动车。

第四十九条　机动车载人不得超过核定的人数，客运机动车不得违反规定载货。

第五十条　禁止货运机动车载客。

第五十一条 机动车行驶时,驾驶人、乘坐人员应当按规定使用安全带,摩托车驾驶人及乘坐人员应当按规定戴安全头盔。

第六十一条 行人应当在人行道内行走,没有人行道的靠路边行走。

第六十二条 行人通过路口或者横过道路,应当走人行横道或者过街设施;通过有交通信号灯的人行横道,应当按照交通信号灯指示通行;通过没有交通信号灯、人行横道的路口,或者在没有过街设施的路段横过道路,应当在确认安全后通过。

第六十三条 行人不得跨越、倚坐道路隔离设施,不得扒车、强行拦车或者实施妨碍道路交通安全的其他行为。

第六十五条 行人通过铁路道口时,应当按照交通信号或者管理人员的指挥通行;没有交通信号和管理人员的,应当在确认无火车驶临后,迅速通过。

第六十六条 乘车人不得携带易燃易爆等危险物品,不得向车外抛洒物品,不得有影响驾驶人安全驾驶的行为。

第八十九条 行人、乘车人、非机动车驾驶人违反道路交通安全法律法规关于道路通行规定的,处警告或者五元以上五十元以下罚款。

第九十九条 有下列行为之一的,由公安机关交通管理部门处二百元以上二千元以下罚款:

(五)强迫机动车驾驶人违反道路交通安全法律法规和机动车安全驾驶要求驾驶机动车,造成交通事故,尚不构成犯罪的;

(六)违反交通管制的规定强行通行,不听劝阻的;

(七)故意损毁、移动、涂改交通设施,造成危害后果,尚不构成犯罪的。

《道路交通安全法实施条例》对交通运输安全的规定:

公路载客汽车不得超过核定的载客人数。行人不得在道路上使用滑板、旱冰鞋等滑行工具;不得在车行道内坐卧、停留、嬉闹;不得有追车、抛物击车等妨碍道路交通安全的行为。行人横过机动车道,应当从行人过街设施通过;没有行人过街设施的,应当从人行横道通过;没有人行横道的,应当观察来往车辆的情况,确认安全后直行通过,不得在车辆临近时突然加速横穿或者中途倒退、折返。行人列队在道路上通行,每横列不得超过2人,但在已经实行交通管制的路段不受限制。乘坐机动车时不得在机动车道上拦乘机动车,不得在机动车道上从机动车左侧上下车,机动车行驶中,不得干扰驾驶,不得将身体任何部分伸出车外,不得跳车。

五、心理健康安全

现在的学生与社会接触不多,社会阅历较少,社会经验欠缺,内心还不成熟、不强大。大部分学生来自独生子女家庭,备受长辈宠爱,养成了以自我为中心的习惯,无论在家里还是在外面,只听得进表扬的话,受不得半点委屈。有的学生一旦遇到不顺心、不如意的事,就大发脾气,甚至会采取极端行为;有的学生遇到挫折不能及时调整,一味地封闭自己,所以,在研学过程中,要时刻注意学生的心理健康安全。

《民法典》第一千零四条规定：自然人享有健康权。自然人的身心健康受法律保护。任何组织或者个人不得侵害他人的健康权。《民法典》第一千零五条规定：自然人的生命权、身体权、健康权受到侵害或者处于其他危难情形的，负有法定救助义务的组织或者个人应当及时施救。

心理健康安全关键在预防，重点在教育。教育部印发的《中小学心理健康教育指导纲要》(2012年修订版)对中小学心理健康安全做了若干规定：

开展中小学心理健康教育，要以学生发展为根本，遵循学生身心发展规律，必须坚持这些基本原则：坚持科学性与实效性相结合；坚持发展、预防和危机干预相结合；坚持面向全体学生和关注个别差异相结合；坚持教师的主导性与学生的主体性相结合。

心理健康教育的主要任务是：全面推进素质教育，增强学校德育工作的针对性、实效性和吸引力，开发学生的心理潜能，提高学生的心理健康水平，促进学生形成健康的心理素质，减少和避免各种不利因素对学生心理健康的影响，培养身心健康、具有社会责任感、创新精神和实践能力的德智体美全面发展的社会主义建设者和接班人。

按照"全面推进、突出重点、分类指导、协调发展"的工作方针，不同地区应根据本地实际情况，积极做好心理健康教育工作。

心理健康教育的主要内容包括：普及心理健康知识，树立心理健康意识，了解心理调节方法，认识心理异常现象，掌握心理保健常识和技能。其重点是认识自我、学会学习、人际交往、情绪调适、升学择业以及生活和社会适应等方面的内容。

学校应依托心理辅导室，将心理健康教育始终贯穿于教育教学全过程，开展心理健康专题教育，密切联系家长共同实施心理健康教育，充分利用校外教育资源开展心理健康教育。

六、研学基地安全管理

研学基地或营地作为一种新兴事物，目前还没有专门的法律与法规对基地安全管理做出相应规定，只有中国旅行社协会与高校毕业生就业协会联合发布的一个行业标准——《研学旅行基地(营地)设施与服务规范》，该规范要求研学旅行基地(营地)应制定研学旅行活动安全预警机制和应急预案，建立科学有效的安全保障体系，落实安全主体责任。有针对性地对参与研学旅行师生进行安全教育与培训，帮助其了解有关安全规章制度，掌握自护、自救和互救方面的知识和技能。设立安全责任机制，与参加研学旅行学生家长和开展研学旅行的相关企业或机构签订安全责任书，明确各方安全责任。设置安全管理机构，建立安全管理制度，建立安全事故上报机制，配备安全管理人员和巡查人员，有常态化安全检查机制和安全知识辅导培训。为研学旅行学生购买在基地活动的公共责任险，并可根据特色活动需求建议或者协助学生购买相应特色保险。建立健全服务质量监督保证体系，明确服务质量标准和岗位责任制度。建立健全的投诉与处理制度，保证投诉处理及时、公开、妥善，档案记录完整。对基础设施进行定期管理，建立检查、维护、保养、修缮、更换等制度。宜建设结构合理的专职、兼职、志愿者等相结合的基地安全管理队伍。

七、住宿安全

根据《研学旅行服务规范》(LB/T 054—2016),住宿安全主要应以安全、卫生和舒适为基本要求,提前对住宿营地进行实地考察,要求住宿营地应便于集中管理,应方便承运汽车安全进出、停靠,应有健全的公共信息导向标识,并符合《标志用公共信息图形符号》(GB/T 10001.1—2001)的要求,应有安全逃生通道。应提前将住宿营地相关信息告知学生和家长,以便做好相关准备工作。应详细告知学生入住注意事项,宣讲住宿安全知识,带领学生熟悉逃生通道。应在学生入住后及时进行首次查房,帮助学生熟悉房间设施,解决相关问题。应制定住宿安全管理制度,开展巡查、夜查工作。宜安排男、女学生分区(片)住宿,女生片区管理员应为女性。

八、安全管理制度和应急预案

《研学旅行服务规范》(LB/T 054—2016)中关于安全管理制度、人员、教育和应急预案的相关规定如下:主办方、承办方及供应方应针对研学旅行活动,分别制定安全管理制度,构建完善有效的安全防控机制。研学旅行安全管理制度体系包括但不限于以下内容:研学旅行安全管理工作方案;研学旅行应急预案及操作手册;研学旅行产品安全评估制度;研学旅行安全教育培训制度。承办方和主办方应根据各项安全管理制度的要求,明确安全管理责任人员及其工作职责,在研学旅行活动过程中安排安全管理人员随团开展安全管理工作。应制订安全教育和安全培训专项工作计划,定期对参与研学旅行活动的工作人员进行培训。培训内容包括安全管理工作制度、工作职责与要求、应急处置规范与流程等。学生安全教育要求如下:应对参加研学旅行活动的学生进行多种形式的安全教育;提供安全防控教育知识读本;召开行前说明会,对学生进行行前安全教育;在研学旅行过程中对学生进行安全知识教育,根据行程安排及具体情况及时进行安全提示与警示,强化学生安全防范意识。主办方、承办方及供应方应制定和完善包括地震、火灾、食品卫生、治安事件、设施设备突发故障等在内的各项突发事件应急预案,并定期组织演练。

九、研学旅行安全事故处理的一般程序

研学旅行安全事故一旦发生,应当严格按照规定的程序来处理,关于研学旅行安全事故处理的一般程序并没有专门的规定,如果发生研学旅行安全事故,我们可以参照《旅游安全管理办法》第十四条和第十五条的规定进行处理。

旅游突发事件发生后,旅游经营者及其现场人员应当采取合理、必要的措施救助受害旅游者,控制事态发展,防止损害扩大。旅游经营者应当按照履行统一领导职责或者组织处置突发事件的人民政府的要求,配合其采取的应急处置措施,并参加所在地人民政府组织的应急救援和善后处置工作。

旅游突发事件发生后,旅游经营者的现场人员应当立即向本单位负责人报告,单位

负责人接到报告后，应当于1小时内向发生地县级旅游主管部门、安全生产监督管理部门和负有安全生产监督管理职责的其他相关部门报告；旅行社负责人应当同时向单位所在地县级以上地方旅游主管部门报告。情况紧急或者发生重大、特别重大旅游突发事件时，现场有关人员可直接向发生地、旅行社所在地县级以上旅游主管部门、安全生产监督管理部门和负有安全生产监督管理职责的其他相关部门报告。旅游突发事件发生在境外的，旅游团队的领队应当立即向当地警方、中国驻当地使领馆或者政府派出机构，以及旅行社负责人报告。旅行社负责人应当在接到领队报告后1小时内，向单位所在地县级以上地方旅游主管部门报告。

需要指出的是，以上所称的旅游突发事件，是指突然发生，造成或者可能造成旅游者人身伤亡、财产损失，需要采取应急处置措施予以应对的自然灾害、事故灾难、公共卫生事件和社会安全事件。旅游突发事件发生在境外的，旅行社及其领队应当在中国驻当地使领馆或者政府派出机构的指导下，全力做好突发事件应对处置工作。

第二节 交通安全基础知识

青少年是祖国的未来，也是每个家庭的希望。据人民网报道，截至2016年，我国每年有超过1.85万名14岁以下的儿童死于道路交通事故，多数事故都是由家长和孩子交通安全意识的淡薄和交通安全常识的缺乏造成的。孩子的生命安全和健康成长，需要全社会的关注和重视，教导孩子增强交通安全意识和掌握必要的交通安全常识，是家庭、学校和社会共同的责任和义务。让孩子从小养成遵守交通法规、文明出行的良好习惯，确保孩子健康快乐地成长，安全幸福地生活，是我们共同的期盼。

在研学旅行过程中，无论是研学导师还是学生，都应具备一定的交通安全知识，避免在研学过程中出现交通意外，消除交通安全隐患，这对社会、学校、家庭、个人都有重要意义。

一、交通安全的概念

交通安全是指在交通活动过程中，能将人身伤亡或财产损失控制在可接受水平的状态。交通安全意味着人或物遭受损失的可能性是可以接受的，若这种可能性超过了可接受的水平，即为不安全。交通系统作为动态的开放系统，其安全既受系统内部因素的制约，又受系统外部环境的干扰，并与人、交通工具及交通环境等因素密切相关。系统内任何因素的不可靠、不平衡、不稳定，都可能导致冲突与矛盾，产生不安全因素或不安全状态。

二、交通标识常识

(一)交通安全信号灯

"过马路,左右看,红灯停,绿灯行"这是每一个人从孩童时期起家庭、学校都让其牢记的交通知识。要确保研学旅行交通安全,每一位参与研学旅行的成员一定要掌握基础的交通安全信号灯知识(见图8-1)。

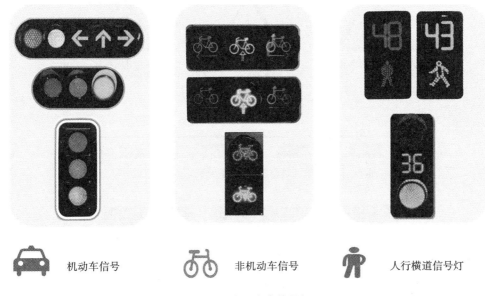

图 8-1　交通安全信号灯

1. 指挥灯信号

(1)绿灯亮时,准许车辆、行人按箭头所示方向通过,但拐弯的车辆要避让直行的车辆和被放行的行人通过。

(2)黄灯亮时,禁止车辆、行人通行,但已超过停车线的车辆和已进入人行横道的行人可以继续通行,但要服从交通警察的指挥,确保安全。

(3)红灯亮时,不准车辆、行人通行。

2. 人行横道信号灯

(1)绿灯亮时,准许行人通过人行横道。

(2)绿灯闪烁时,不准行人进入人行横道,但已进入人行横道的,可以继续通行。

(3)红灯亮时,不准行人进入人行横道。

(二)交通安全标识

道路交通安全标志分为:警告标志、禁令标志、指示标志、指路标志、旅游区标志、道路施工安全标志、辅助标志、禁止标线、指示标线、警告标线、道路施工安全设施设置示例。步行、行车要养成观察交通安全标识的习惯,提前做好变道准备,以减少安全事故的发生。通常,可以通过标识的底色判断类别,黄色是警示标识,蓝色是指示标识,红色是禁止标识,图 8-2 所示的是常见的交通安全标识。

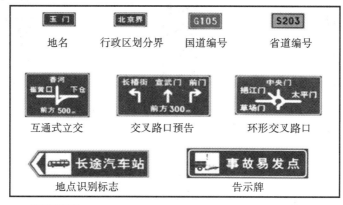

图 8-2　交通安全标识

三、各种交通工具安全知识

(一) 骑行交通安全

《道路交通管理条例》明文规定，未满12岁的儿童不准在道路上骑自行车。但城市中骑自行车的12岁以下儿童不少，中小学生骑自行车导致的事故成为我国交通事故的一个高发点。因此，必须加强对中小学生在这方面的安全教育，提高他们的骑车安全意识。

(1) 骑车时必须在非机动车道有序行驶，严禁驶入机动车道。若在没有划分非机动车道的道路上行驶，应尽量靠右边行驶，最好距路边边缘线1.5米以内。

(2) 不要在马路中间骑行，不要在马路上互相追逐或曲折竞驶，不要双手离把、攀扶其他车辆或手中持物，更不能逆向骑行。车速不要过快。

(3) 骑车至路口，如无红绿灯的路口，应主动地让机动车先行，待无车时再通过路口。遇到(红灯)停止信号时，应停在停止线以外，严禁越线闯红灯，过马路时最好下车推行。

(4) 遇有陡坡或冰雪路段以及车闸失效时要下车推行。陡坡比较多的，必须特别注意，避免下坡的时候车速过快。

(5) 城市市区或繁华道路上，禁止骑自行车带人。当然，如有特殊情况，允许成人用安全座椅带着儿童。

(6) 过马路时要下车，应走人行横道。要学会估测来车与自己之间的安全距离，当车辆正在行驶时，与来车距离15米时不能抢道，25米以上才较安全。通过郊外马路时，要与来车距离大于40米才能通过。公路上骑车，千万不要试图抓住正在行驶的机动车，以免因其车速过快、不稳而摔倒，或因机动车突然刹车而被撞伤。

(7) 骑车不慎将要跌倒时，与其拼命保持平衡，还不如索性摔倒。勉强保持平衡，往往就会忽视自我保护，易导致严重的挫伤、脱臼或骨折。所以，遇到意外时，迅速地把车抛开，人向另一边跌倒。此时，全身肌肉要绷紧，尽可能用身体的大部分面积与地面接触。不要以单手、单肩或单脚着地。

(二) 步行交通安全

步行是我们日常生活中最基本的出行方式，在当前复杂的道路交通环境下，大家更要懂得步行出行的交通规则和要求。步行安全包括为"五要、六不要"。

1. 五要

行人要走人行横道，走路时要集中精力，过马路要遵守交通信号灯，要走过街设施和人行横道，要认识交通标志。

2. 六不要

不要在道路上踢足球、玩滑板，不要嬉戏打闹，不要翻越护栏，不要随意横穿马路，不要扒车、追车、抛物击车，不要在走路时看手机。

(三)乘车交通安全

乘车安全主要围绕乘坐校车、搭乘公交车、搭乘小汽车、乘坐电动车等乘车方式,记住"五要、五不要"。

1.五要

上车要系好安全带,儿童乘车要坐安全座椅,要从汽车右侧下车,要在车辆停稳后下车,乘坐公交车要坐稳扶好。

2.五不要

儿童不要坐在副驾驶座位,不要乘坐超员车辆,不要乘坐无牌无驾照车辆,不要乘坐农用车辆等,乘车时不要将头或手伸到车外。

(四)乘船交通安全

(1)儿童乘船须成年人陪同,全程必须穿着救生衣乘坐游船。

(2)保管随身携带的手机、照相机、钱包等贵重物品,以免掉入水中。

(3)在船航行途中,要坐稳抓牢,不要在游船上随意走动,禁止在游船上做出打闹嬉戏、跳跃等危险动作。

(4)严禁将易燃易爆及具有腐蚀性的危险物品带上游船。

(5)若遇到暴风、冰雪等恶劣天气或一些突发紧急事故,听从工作人员安排,有序撤离。

(6)在游船上遇到危险应大声呼救。

(五)乘飞机交通安全

1.登机前的饮食注意事项

(1)登机前不要进食含过多的纤维素和容易发酵产气的食物,以免在飞机上引起腹胀及食欲不振。

(2)不宜吃太饱。进食大量油腻或高蛋白食品,不易消化,会导致腹胀、腹泻或晕机等。

(3)忌空腹登机。飞行时,高空气温及气压的变化使人体需要消耗较多的热量,空腹容易恶心、晕机,故登机前尽量吃易消化及营养丰富的食品。

(4)原则上在登机前1—1.5小时,可依个人喜好,选吃些面包、小点心、牛奶、蔬菜、瘦肉和水果等,八分饱即可。

2.乘机安全

(1)登机前必须携带身份证、机票、登机牌;不能携带易燃易爆物品、液体饮料;起飞前关手机或调至飞行模式。

(2)飞机起飞和降落前后,会出现颠簸晃动,应听从空乘指示,系好安全带,禁止随意走动。随着飞机的高度改变,耳朵会因高空压力的变化而产生耳鸣或其他不适反应,可通过嚼口香糖或吃东西,保持口腔活动,减少不适感。

(3)在飞机刚起飞时,应留意空中乘务员对机内救生等设备的示范。如晕机,可向空中乘务员寻求帮助,或打开空调,实在忍不住,可以拿出呕吐袋。遇到机舱内氧气密度不平衡,有呼吸困难、头痛、咳嗽、心脏不舒服等症状时,只要拉下头上的氧气罩套上,就可恢复正常。

(4)位于飞机紧急出口附近的旅客须注意,在安全状态下,无论如何不能因好奇提拉扶手,否则飞机将会迫降或失事。另外,在飞机上,旅客不能开"这是炸弹"之类的玩笑,否则将被拘留,并承担由此产生的巨额费用。

第三节 心理危机及心理干预知识

近些年来,关于学生因心理危机而出现自残或伤害他人的情况屡有发生。导致学生偏激行为的主要原因是心理压力过大、思维不成熟,由于生活环境、群体文化氛围、道德风尚及青少年素质、身体成熟水平和心理发展状况等多种因素的综合作用,现在的学生心理健康问题日趋严重,心理危机现象广泛存在。这些新情况、新问题对学校教育者、研学旅行工作者提出了严峻的挑战。及时了解学生的心理状态,发现心理危机征兆,及时对学生的心理危机进行有效的预防、干预和疏导,是一名合格的研学旅行导师应该掌握的基本知识。

一、心理危机及心理干预的概念

(一)心理危机的概念

"现代危机干预之父"卡普兰(G. Caplan)认为,每一个人都在努力保持内心的平衡稳定,当一个人面临困难情境,若惯常的处理危机的方式和支持系统不足以应对眼前的处境,即他必须面对的困难情境超过了他的能力时,这个人就会产生暂时的心理困扰,这种暂时性的心理失衡状态就是心理危机①。

由此可见,心理危机主要指当个体遭遇重大灾难(地震、社会突发事件)或突然变化(重病、亲人去世等),使个体感到难以解决、难以把握时,心理平衡被打破,正常的生活受到干扰,内心的紧张不断蓄积,进而出现无所适从,甚至思维和行为的紊乱,进入一种严重的心理失衡状态②。

根据心理危机的严重程度,当代中小学生的心理危机大致可以分为三大类。

第一类为一般的心理危机,相对而言,这是较轻的心理问题,大部分青春期的学生或多或少都存在。主要包括在心理普查或心理辅导中发现的有一般心理问题的学生;因情感受挫、人际关系失调、学习困难、适应困难等出现轻微行为异常的学生;由于周边的同学出现心理危机而受到影响,进而产生恐惧、担心、焦虑、困扰的学生。

第二类为严重危机,这类学生在学校中所占比例较小,主要包含两种情况:一是在心理普查或心理辅导中发现有严重心理问题,并出现明显心理或行为异常的学生。二

---

① G. Caplan, An Approach to Community Mental Health[M]. London;New York: Routledge. 2013.
② 钱铭怡. 心理咨询与心理治疗[M]. 北京:北京大学出版社,2016.

是学习或生活中遭遇突然打击而出现明显的情绪、行为异常的学生，比如近期遭遇重大家庭变故（如亲人离世、父母离异、家庭暴力等）；遭遇突发性创伤或刺激（如性侵犯、自然灾害、校园暴力、车祸等）；重大考试或事件（如比赛、评优等）失败；与老师、父母或同学发生严重人际冲突，导致明显的情绪、行为异常的学生。

第三类为重大危机，主要指患有严重心理障碍（如抑郁症、恐惧症、强迫症、焦虑症等）或精神分裂并已确诊的学生，自杀未遂或有自杀倾向的学生，这类学生极少，但在学校也存在。通常第二类学生如果没有得到及时有效的心理干预，极有可能转变成重大心理危机，这类危机一旦出现，对学生、学校及社会的影响是巨大的。

参与研学旅行的学生们在日常学习或生活中在某种程度上已进行了心理测评，若曾出现上述第三类重大心理危机，那这部分学生肯定是学校的重点关注对象，对于这类学生，更多地需要专业心理医生的介入治疗。故在研学旅行过程中，研学导师需重点关注第一类一般的心理危机和第二类严重心理危机的学生，随时掌握他们的行为动态，以防出现安全事故。

（二）心理干预

心理干预（Psychological Intervention）是指在心理学理论指导下有计划、按步骤地对一定对象的心理活动、个性特征或心理问题施加影响，使之发生朝向预期目标变化的过程。心理干预的内容包括健康促进、预防性干预、心理咨询和心理治疗等，基于心理干预的不同内容，可将心理干预的范围分为三级：健康促进面向普通人群，目标是促进心理健康和幸福，属于一级干预；预防性干预针对高危人群，目标是减少发生心理障碍的危险性，属于二级干预；心理治疗针对已经出现心理障碍的个体，目标是减轻障碍，属于三级干预。

研学旅行途中的心理干预更多的是针对健康促进的一级干预。

二、心理危机表现

心理学研究表明，强度适中的危机压力可以转化为个体前进的动力。但若一个人长期处于高度压力下，导致过强或持续的应激反应，则会影响神经、体液和免疫系统的功能，引起心血管系统、消化系统等各个器官系统的疾病，也可能引起代谢障碍和癌症，甚至导致死亡。作为研学旅行指导师，需要更好地了解研学旅行过程中学生的各种心理、生理、行为和认知表现，从而更好地判断其是否有心理危机。

（一）心理危机的总体表现

一般来说，当一个人面临心理危机时，会产生一系列的身心反应，而这种危机反应则会持续4—8周以上，主要体现在生理、情绪、认知和行为等方面。危机有自限性，急性期通常在6周左右，但结果可能适应良好，也可能适应不良。

1. 生理方面

心跳加速，血压升高，肠胃不适，伴有腹泻、食欲下降、出汗或寒战、肌肉抽搐，头痛，耳鸣，疲乏，过敏，失眠，做噩梦，容易惊吓，头昏眼花或晕眩，感觉呼吸困难或窒息，有梗塞感，胸痛或不适，肌肉紧张等。

2. 情绪方面

时常出现害怕、焦虑、怀疑、不信任、沮丧、恐惧、忧虑、悲伤、绝望、无助、麻木、否认、孤独、紧张、不安、愤怒、烦躁、自责、过分敏感、持续担忧、担心即将死去等情绪。

3. 认知方面

常出现注意力不集中，缺乏自信，犹豫不决，无法做决定，记忆困难，混淆，健忘，学习工作效率降低，计算和思考理解都出现问题，无法把思想从危机事件上转移等。

4. 行为方面

呈现社交畏惧，情绪低落、易失控，惯常的行为习惯改变或过度活动，或食欲不振，或暴饮暴食，逃避与远离人群，易嫉妒自责，或责怪他人，不易信任人，易与他人冲突等，严重的会出现自杀倾向。

(二) 学生群体心理危机的表现

北京师范大学资深心理学者林崇德认为，一个心理健康者会"敬业、乐群、自我适应良好"，反之，则会出现心理危机。而心理危机者往往也是在以下三方面产生心理的不平衡和冲突。

1. 学业压力

学生的基本职责就是学习，来自学业方面的压力感是中小学生产生心理危机的关键诱因之一。可能因为一两次的考试达不到预期目标，有些学生就会从此一蹶不振，自我怀疑，产生厌学情绪；还有一些学生可能因不堪升学压力，自我放弃而辍学。尤其在今天教育内卷的时代，中小学生的学习压力更是沉重，有些人甚至以结束自己的生命或自残以寻求解脱。

2. 人际关系压力

作为社会人，随着年龄的增长必然要融入社会，必然要与其他社会个体打交道。同时，伴随中小学生社交圈子的逐渐扩大，结交异性朋友，家庭关系的重塑，中小学生不得不面对如何处理好家庭关系、朋友关系、师生关系等一系列问题。由于原生家庭关系，可能造成有些学生心理扭曲、自私自利、喜怒无常、性格孤僻等不正常的心理状态；儿童期或青春期的学生也处于成长发展的"断乳期"，需要与不同的同性或异性打交道，出现心理敏感；还有部分学生逐渐地出现极度的孤独感与渴望交往等矛盾心理，引发心理障碍，从而产生心理危机。

3. 自我适应压力

一些从小在家庭溺爱环境中长大的"00后"，面对新的学习环境、新的人际关系，会产生一种恐惧和盲目心理，继而形成一种有形或无形的压力。近年来，由于不能适应新环境、新的教学模式和新的人际关系，部分青少年出现抑郁、焦虑，有的甚至辍学，所以如何培养中小学生的自我适应能力也是研学导师亟须面对的问题。

三、中小学生心理危机的干预策略

结合心理危机的常规性表现以及中小学生群体心理危机的表现，在研学旅行过程中，研学导师应根据研学团队中学生的言行举止，有针对性地采取心理干预方法，即健康促进与预防法，正确解决学生的心理危机，以防出现严重后果和安全事故。心理危机干预的健康促进主要是指在普通人群中建立适应良好的行为、思想和生活方式,即上文所指的一级干预。具体可从以下角度着手干预。

1. 营造和谐环境,创建宽松氛围

研学旅行作为学生的第二课堂,应当成为学生健康发展、历练人格的重要场所。研学过程中,研学旅行的相关组织者应该给学生提供发展的机会、舞台和空间。学校(教师)能否给学生提供一个宽松、和谐、充满活力的而又不同于惯常课堂的学习环境,让学生产生新奇感、轻松感,这对学生的心理健康具有重要意义。

2. 倾注爱心关怀,与人和善交往

通常研学旅行不是一天往返的短途旅行,更多的是3天以上,有的甚至是一周或半个月的中长期校外旅行学习。在远离父母的日子里,关爱是解决学生焦虑、恐惧、适应困难的一剂良方。研学导师不仅要在学习方面,更应该在生活、心理等各方面关爱学生,建立有效的心理危机预防机制,洞察学生的心理动态,及时消除学生的心理危机隐患或降低心理危机发生的概率。

3. 实施生命教育,尊重生命价值

生命教育是帮助学生认识生命、欣赏生命、尊重生命、爱惜生命,提高生存能力和生命质量,促进个体自我和谐、认识自我、悦纳自我、控制自我、发现自我、实现自我、完善自我。在研学旅行过程中,研学旅行导师可适当地将生命教育的主题班会纳入课程设计,让学生们了解生命、珍爱生命。如在红色研学旅行中,通过在主题班会播放具有主旋律导向的爱国主义影视作品,让学生深刻学习革命先烈的爱国主义精神,从而更加珍惜当前的幸福生活,减少个人的"为赋新词强说愁",爱惜生命。

4. 倡导寓教于乐,做到因材施教

研学旅行作为一个多样化的第二课堂,集传统的室内学习与室外活动于一体,可以开展多途径的教育活动。如通过博物馆研学之旅可以让学生以史明鉴;通过乡村研学之旅让学生更好地接近大自然,了解农业农村,体恤民情;通过工业研学之旅,让学生懂得技术,理解为何工业是国民经济的支柱等;另外,研学互动中的各类手工劳作、游戏等,更是可以增添研学课堂的趣味性,学生也乐于参与其中。寓教于乐,可以教育学生树立符合自己实际的奋斗目标,不必苛求自己。让学生在愉快的氛围中学习,充分发挥学生的兴趣爱好和个性特长,只要他们尽力了,即使成绩不太理想,也要给予理解,给予赞赏。

心理学研究表明:人长期处于紧张、惶惑、焦虑、失眠等状态容易产生精神分裂症,容易做出一些偏激的事。如不能得到及时的矫正,后果将不堪设想。而有心理危机的学生往往都存在这些精神状态。作为研学旅行导师,一定要转变教育观念,不能只把自己看作一名普通的教师,不能只看重分数,在研学旅行过程中,应适当发挥学生的业余爱好,使其学会通过自我娱乐,达到放松身心的目的。要教育他们控制好自己的情绪,不能患得患失、喜怒无常、忧心忡忡,要大度、顺其自然,以平常心对待人、事、物,不要对他人产生过高的期望,以免产生失望感、挫折感,从而导致仇视心理。多鼓励学生、影响学生,确保研学旅行的顺利完成,培养心理健康的学生。

若在研学旅行途中,发现有高危心理危机的学生有自杀、自残等行为,必须迅速拨打110或120,同时请心理医生介入,并通知相关老师、学生家长,进行二级或三级心理干预,以防更严重的安全事故发生。

案例一　小学生跳楼自杀，谁该为之负责？

2020年12月15日，四川泸州一小学生留下一张字条跳楼自杀，字条上写着："从小你们便希望我和成人一样，现在又想让我把遗失的东西找回来……我活得太累了，希望能多睡一会儿。"

未成年人轻生的事件屡屡发生，让人不禁感慨现在的孩子心理承受能力太差，经受不了一点打击。有人说就是因为现在的孩子生活条件太好，所以才不懂得珍惜生命和感恩父母。这个解释听起来似乎有理，但若深究这个"因为太幸福而自杀"的逻辑，却越想越奇怪。小学生的自杀，究竟谁该为之负责？

一个才上小学的孩子到底经历了什么能让他如此绝望？从高中生到初中生，现在连不到十岁的小学生都出现了跳楼事件，这些孩子到底怎么了？现在的孩子相比以前的孩子确实面临的压力更大，除了繁重的学业压力外，这些孩子在双休日和假期还要奔走于各个辅导班和兴趣班。

而且现在的孩子大多数都是独生子女，备受家人宠爱的同时也背负着一家人的期望。孩子们懂得越来越多，心灵却越来越脆弱，很多家长也会忽视孩子心理教育这一点，导致悲剧的发生。

在这个小学生的字条里就可以看出小小年纪似乎承担了巨大的压力，甚至无法想象是这个年纪孩子的口吻。有些父母承担着生活的重压，但是会在不经意间把自己所面临的压力传递给孩子，给孩子带来很大的心理负担。

小学应该是孩子们享受童年的一个阶段，不要再给孩子施压了，多给他们一片自由孩子们可能会飞得更高。

案例来源　根据相关网络文章整理 https://baijiahao.baidu.com/s?id=1686209277950657564&wfr=spider&for=pc。

试分析，在研学旅行途中，研学导师该如何判断学生的心理危机问题，怎样进行必要的心理干预？

第四节　保险知识

随着研学旅行的全面铺开，潜藏在研学旅行活动中的各种风险也受到广大中小学生家长、学校及其他相关研学机构的高度关注。安全，在研学旅行活动中永远是重中之重，学校、研学旅行机构等通过全方位加强安全防控措施，以确保学生安全万无一失。但是，天有不测风云，人有旦夕祸福，世界上没有绝对可靠的安全之策，参保就是给旅行安全打下的"补丁"。倘若研学旅行活动中发生意外，旅游保险可以适当减少意外事故造成的损失，为研学旅行参与者提供一定的安全保障。因为研学旅行同日常旅行一样，都属于旅行活动的范畴,故而研学旅行保险项目与一般旅行保险项目基本一致,都属于旅游保险的一部分。研学旅行保险可以参照旅游保险项目投保,也可以基于研学旅行活动的具体内容,选择合适的保险项目。

一、保险的概念

《中华人民共和国保险法》指出,保险,是指投保人根据合同约定,向保险人支付保险费,保险人对于合同约定的可能发生的事故因其发生所造成的财产损失承担赔偿保险金责任,或者当被保险人死亡、伤残、疾病或者达到合同约定的年龄、期限等条件时承担给付保险金责任的商业保险行为。

保险合同是投保人与保险人约定保险权利义务关系的协议,购买保险前应明确投保人、保险人、被保险人、受益人等概念。投保人是指与保险人订立保险合同,并按照合同约定负有支付保险费义务的人。保险人是指与投保人订立保险合同,并按照合同约定承担赔偿或者给付保险金责任的保险公司。被保险人是指其财产或者人身受保险合同保障,享有保险金请求权的人。投保人可以为被保险人。受益人是指人身保险合同中由被保险人或者投保人指定的享有保险金请求权的人,投保人、被保险人可以为受益人。

二、旅行保险的含义与作用

(一)旅行保险的含义

旅行保险主要是为了对旅行活动中的各种意外提供保障,是为投保人向保险公司投保,按不同险种、不同标准缴纳保险金,与保险公司签订保险合同,确保旅行活动的意外身故、伤残、财产损失等能得到一定补偿。

旅行保险不是一个独立的险种,它是旅行活动中各种保险项目的统称。从旅行者正式投保,参加活动开始,旅行保险开始启动生效,直至旅行活动结束,保险的效力也终结,即保险人与被保险人双方权利与义务也正式终结。在研学旅行活动中,研学旅行等投保人往往是通过承接研学旅行业务的旅行社、学校、研学旅行基地等代办,保险费通常计入团队旅行总价中。

(二)旅行保险的作用

1. 旅行保险是保障旅行活动中各利益相关者正当权益的重要方法

在旅行活动中,旅行保险能够在意外或事故发生后,保险公司基于保险合同为其受害方提供相应的医疗补偿、意外伤害保障、紧急救援保障和其他各方面的保障,维护各相关利益主体的正当合法权益。

2. 旅游保险是确保旅游服务质量的有力保证

有了旅游保险提供的后盾,可以让旅游者和旅游企业在旅游活动过程中无后顾之忧,能让游客和旅游从业人员轻装上阵,以愉悦的心情踏上旅程,有利于旅游服务的开展。同时,因为旅游风险转嫁到保险公司,旅游企业能有更多的精力投入企业服务质量管理,为整个旅游行业服务质量的提高奠定了重要基础。

3.旅游保险是我国旅游业国际化的重要内容

一个国家或地区的旅游是否有安全保障是旅游者选择旅游目的地的因素之一。当前,中国已经是全球第一大出境游和第三大入境游国家,而根据世界旅游及旅行理事会(WTTC)的研究,2008—2018年,全球范围内旅游经济增长最快的10个城市有一半在中国,10个最大的旅游城市中6个在亚洲,其中上海和北京进入前三。同时,WTTC预测,到2029年中国将成为世界上最大的入境旅行市场。中国旅游市场正在迎接与世界接轨的全面挑战,旅游保险就是其中重要的一部分。只有有了完善的旅游保险,才能为入境的国际游客提供完善的保险服务,才能在出现旅游事故时,迅速地做出反应和处理,按照国际惯例维护来自世界各地的旅游者的正当权益,从而提高我国旅游业的声誉,促进我国旅游业的国际化发展。

三、研学旅行保险类型

研学旅行保险是保险公司针对研学旅行活动而开发的保险产品,但当前研学旅行专属的保险险种还不太成熟,各保险公司为了适应研学旅行市场的需要,结合现有险种推出了适合研学旅行的相关保险项目,主要有以下几种类型。

(一)旅行责任险

1.旅行责任险的含义

旅行责任险是保险公司承保的旅行社在组织旅游活动过程中因疏忽、过失造成事故所应承担的法律赔偿责任的险种,险种的投保人为旅行社,即旅行社将其接待的游客在旅游活动因意外事故所带来的风险,以向保险公司缴纳一定保险费的形式转嫁给保险公司。投保后,一旦游客在旅游过程中发生事故,将由保险公司第一时间对事故游客进行赔偿。旅行责任险具很强的公益性。

2.旅行责任险的保险责任

在本保险合同期限内,因被保险人的疏忽或过失造成被保险人接待的境内外旅游者遭受下列经济损失,依法应由被保险人承担的经济赔偿责任,保险人负责赔偿:

(1)因人身伤亡发生的经济损失、费用。

(2)因人身伤亡发生的其他相关费用,具体包括:医疗费;必要时近亲属探望的交通、食宿费,随行儿童或长者的往返费用,旅行社人员和医护人员前往处理的交通、食宿费、补办旅游证件的费用和因行程延迟所导致的费用。

(3)行李物品的丢失、损坏或被盗导致的损失。

(4)事先经保险人书面同意的诉讼费用。

(二)旅游人身意外保险

1.旅游人身意外保险的含义

旅游人身意外保险主要是以旅行者的生命健康为责任目标而设立的保险,保险的时效主要是从旅行者踏上旅行社安排的交通工具至离开旅行社安排的交通工具为止。

2. 旅游人身意外保险的保险责任

在保险的责任时期内,旅游人身意外保险的保险责任主要承担意外身故赔偿、意外伤残赔偿,以及意外医疗赔偿等三种。

(1)因该意外事故导致身故,保险公司按合同约定的保险金额给付意外身故保险金,同时保险合同对该被保险人的保险责任终止。在给付意外身故保险金前,如该被保险人已领取过意外残疾保险金,保险公司将从给付的意外身故保险金中扣除已给付的意外残疾保险金。

(2)因该意外事故导致身体残疾,保险公司根据人身保险残疾程度与保险金给付比例的规定给付意外残疾保险金。

(3)被保险人在保险有效期内因遭受意外伤害事故或急性病导致的必须医院治疗的事故(但是原有的慢性病的急性病发作属除外责任)。

(三)意外伤害保险

意外伤害保险是以被保险人因遭受意外伤害造成死亡、残废为给付保险金条件的人身保险。其基本内容是:投保人向保险公司交纳一定的保险费,如果被保险人在保险期限内遭受意外伤害并以此为直接原因或近因,在自遭受意外伤害之日起的一定时期内造成的死亡、残废、支出医疗费或暂时丧失劳动能力,则保险人给付被保险人或其受益人一定量的保险金。其保障项目有两项,即死亡给付和残废给付。但意外伤害险又有别于上述的旅游人身意外保险,它的保险责任期并不仅限于旅游活动过程中,只要投保人购买了该保险,在保险有效期内,无论出游与否,只要被保险人遭受意外伤害或死亡、残疾等,保险公司均须赔付。

(四)校方责任险

由于学生自我安全保护能力有限,在旅行过程中的安全隐患难以根除。校方责任险是一种以学校作为投保人,因校方过失导致学生伤亡的事故及财产损失,届时由保险公司来赔偿的一种责任保险。被保险人包括凡取得合法资格的教育机构,如幼儿园、中小学及高等院校等,均可作为校方责任险的被保险人。

校方责任险具体的保险责任包括:学生在校活动中或由学校统一组织安排的活动(学校活动包括体育课、实验课、课间操、课外活动、春游等)过程中,因学校非主观过失导致注册学生的人身伤害和财产损失,依法应由学校承担的直接经济赔偿责任。

(五)旅游救助保险

旅游救助保险在我国是一种相对较为新颖的险种,是保险公司与国际 SOS 救援中心联手推出的旅游救助保险险种,将原先的旅游人身意外保险的服务扩大,将传统保险公司的一般事后理赔向前延伸,变为事故发生时提供及时的有效救助。当投保的旅游者遇到急难问题时,可以拨打国际救援中心的电话,SOS 将指导旅游者寻求帮助,即旅游者在旅游活动中遇到紧急时刻即可得到国际救援中心全球网络即时周到的服务,并在事后由保险公司承担一切费用。目前中国人寿、中国太平洋保险公司已与国际救援中心联手推出了旅游救助保险险种。

(六)其他安全保险

1. 综合保险险种

在研学旅行的综合保险险种中,还有类似"折翼天使互助保险",可以为参与研学旅行的学生及其家庭提供综合保障计划,而"独生子女险"可以为参与研学旅行的独生子女家庭提供意外保障。在给付保险金时,这些综合意外险种已纳入基础医疗保险、长期护理保险和教育年金保险等形式中,多角度、多方位为失事家庭提供完善的保险服务。

2. 交通意外险

交通意外险是以被保险人的身体为保险标的,以被保险人作为乘客在乘坐客运大众交通工具期间因遭受意外伤害事故,导致身故、残疾、医疗费用支出等为给付保险金条件的保险。主要包括火车、飞机、轮船、汽车、地铁等交通工具。其保险期限为从被保险人以乘客身份购票进站开始,一直到乘客中途下车、下飞机或下船检票出站为止。旅行者在购买车票、船票、机票时,交通意外险就已投保。

四、保险投保方式

研学旅行保险作为常规旅游保险产品的一种,投保方式也几乎与常规的保险险种投保方法无差别。在研学旅行活动开始前,研学旅行的投保人须征得被保险人或被保险人的监护人同意,统计投保人、被保险人、被保险人监护人、保险受益人、紧急联系人等各种详细资料,然后可通过下面几种方式投保。

(1)到专业保险公司销售柜台购买。填写投保单,保险公司收取保险费后出具保险凭证,保险生效。

(2)联系有资质的个人代理人购买。当前很多家庭都有为自己服务的保险代理人,在研学旅行成前,投保人可以通过保险代理人为研学旅行购买保险。

(3)通过有资质的代理机构购买。很多保险公司将系统终端装置在代理机构,客户提供投保信息并向代理机构交付保险费后,代理机构通过保险公司系统打印保险凭证给消费者,保险生效。

(4)通过网站,线上自行购买。随着网络的普及,很多保险公司都推出了网上直销业务,消费者在网上完成填写投保信息和付费,保险公司出具电子保险凭证,通过电子邮箱或短信发送给客户,保险生效。

五、研学旅游保险发展趋势

自 2016 年教育部等 11 部门联合印发《关于推进中小学生研学旅行的意见》以来,研学旅行已成为国家推行素质教育的一个常态化项目,未来的研学旅行也将是亿万级的旅游消费市场,市场前景广阔。"教育为本,安全第一"是研学旅行自始至终所必须遵循的原则,安全已成为研学旅行活动能否成行的一个首要因素。旅游保险作为安全的一道重要屏障也越来越被学生、家长、学校以及研学旅行公司所认可。当前,各大保险公司已针对研学旅行开发研学旅行保险产品,为被保险人提供人身意外、医疗赔偿、紧急救援等保障,研学旅行保险产品的不断完善,将推动研学旅行的可持续发展。

本章小结

　　本项目介绍了研学旅行安全四个基础方面的知识。首先,介绍了研学旅行安全法律法规,阐述了研学旅行所涉及的各项法律法规和相关规范;其次,介绍了研学旅行交通基础知识,包括交通安全标识常识和常见的交通公交安全知识;再次,介绍了研学旅行心理安全相关知识,包括心理危机和心理干预的概念,以及在研学旅行过程中常见的心理危机表现及其心理干预方法;最后,介绍了研学旅行保险知识,包括研学旅行保险的概念、作用以及研学旅行保险的类型及其投保方式。

课后训练

一、单选题

1. 县级以上(　　)统一负责旅游安全工作。
　A. 党委　　　B. 人民政府　　　C. 公安机关　　　D. 文旅部门

2. 研学旅行要坚持(　　)。
　A. 质量第一　　B. 安全第一　　C. 学生第一　　D. 实践第一

3. 关于旅行保险的说法正确的是?(　　)
　A. 保险合同是投保人与保险人约定保险权利义务关系的协议,购买保险前应明确投保人、保险人、被保险人、受益人等概念。
　B. 被保险人是指与投保人订立保险合同,并按照合同约定承担赔偿或者给付保险金责任的保险公司。
　C. 旅行保险是一个独立等险种。
　D. 旅游救助保险在我国是一种先对较为新颖的险种,是保险公司与旅行社联手推出的旅游救助保险险种。

4. 单次路程在(　　)km 以上的,不宜选择汽车,应优先选择铁路、航空等交通方式。
　A. 100　　　B. 200　　　C. 300　　　D. 400

5. 根据心理危机的严重程度,当代中小学生的心理危机大致可以分为(　　)类。
　A. 两　　　B. 三　　　C. 四　　　D. 十

6. 我国明确规定:驾驶自行车、三轮车必须年满(　　)周岁。
　A. 10　　　B. 12　　　C. 16　　　D. 18

7. 承办方应至少为每个研学旅行团队配置 1 名安全员,学生与安全员的比例不低于(　　)。

A. 60∶1　　　　B. 50∶1　　　　C. 40∶1　　　　D. 30∶1

8. 心理危机在认知方面的表现为(　　)。

A. 头痛　　　　B. 悲伤　　　　C. 无法做决定　　　　D. 社交畏惧

二、多选题

1. 下列关于交通安全的说法正确的有(　　)。

A. 骑车必须在非机动车道按顺序行驶,严禁驶入机动车道。在没有划分非机动车道的道路上行驶,就尽量靠右边行驶,最好距路边边缘线3.5米以内。

B. 不要在马路中间行驶,不要在马路上互相追逐或曲折竞驶,不要双手离把、攀扶其他车辆或手中持物,更不能逆向行驶。

C. 城市市区或繁华道路上,禁止骑自行车带人。当然,如有特殊情况,允许成人带着儿童。

D. 骑车不慎将要跌倒时,与其拼命保持平衡,还不如索性摔倒。

2. 一个心理健康者会"敬业,乐群,自我适应良好",反之,则会出现心理危机。学生群体心理危机的表现有(　　)。

A. 学业压力　　　B. 人际关系压力　　　C. 自我适应压力　　　D. 升学压力

3. 对可能危及人身、财产安全的商品和服务,应当向消费者(　　)。

A. 做出真实的说明

B. 做出明确的警示

C. 说明和标明正确使用商品或者接受服务的方法

D. 说明和标明防止危害发生的方法

4. 对研学旅行基地(营地)安全设施的具体要求是(　　)。

A. 配置齐全　　　B. 标识醒目　　　C. 监控到位　　　D. 防范得力

5. 根据《研学旅行服务规范》,住宿安全主要应以(　　)为基本要求。

A. 安全　　　　B. 卫生　　　　C. 舒适　　　　D. 奢华

6. 登机前必须携带(　　)。

A. 矿泉水　　　B. 身份证　　　C. 机票　　　D. 登机牌

7. 研学旅行基地应建立结构合理的(　　)相结合的基地安全管理队伍。

A. 专职　　　　B. 兼职　　　　C. 志愿者　　　　D. 领导

8. 下面有关研学旅行基地安全管理的说法,正确的是(　　)。

A. 应制定研学旅行活动安全预警机制和应急预案

B. 应有针对性地对参与研学旅行的师生进行安全教育与培训

C. 应建立安全责任机制

D. 应设置安全管理机构

三、简答题

1. 《旅游安全管理办法》在设施设备安全方面对旅游经营者提出了哪些要求?

2. 《研学旅行服务规范》对行人和乘车人通行的规定有哪些?

3. 旅游突发事件发生后处理的一般程序有哪些?

4. 常见的研学旅行保险有哪几种?投保方式有哪些?

5.心理危机的表现是什么?

6.心理干预方法有哪些?请举例说明。

四、案例分析题

分析以下材料并回答问题:

根据某地教育局的通报,某中学研学旅行团 40 名学生在火车上出现集体食物中毒情况,在中途被分别送往湖北武汉、湖北恩施等地医院就近治疗。发病学生疑似在食用旅行社提供的方便食品后出现不良症状。

问题:(1)学生在乘车的过程中发生集体呕吐、恶心、腹泻等情况后,学校应采取哪些措施?为什么要这么做?

(2)研学旅行机构为学生提供食品时应注意什么?

五、实训题

假设你所在的班级下星期准备到某研学基地进行为期六天的研学旅行,请你为本次研学旅行制定一份研学旅行安全措施预案。

参考文献
References

[1] 殷世东,张旭亚.新时代中小学研学旅行:内涵与审思[J].教育研究与实验,2020(3).

[2] 张帅,程东亚.研学旅行的特征、价值与教师角色定位[J].教育理论与实践,2020(11).

[3] 饶宁.浅谈研学旅行活动的价值与功能[J].教育科学论坛,2018(14).

[4] 杨晓.研学旅行的内涵、类型与实施策略[J].课程·教材·教法,2018(4).

[5] 杜威.民主主义与教育[M].北京:人民教育出版社,2001.

[6] 陶行知.陶行知文集[C].南京:江苏教育出版社,2008.

[7] 国际教育百科全书:第5卷[M].贵阳:贵州教育出版社,1990.

[8] 刘海春.休闲教育的实践理想[J].学术研究,2008(7).

[9] 亚伯拉罕·马斯洛.动机与人格[M].3版.许金声,等,译.北京:中国人民大学出版社,2012.

[10] 吴洪成,彭泽平.设计教学法在近代中国的实验[J].高等师范教育研究,1998(6).

[11] 夏雪梅.项目化学习:连接儿童学习的当下与未来[J].人民教育,2017(23).

[12] 钟林凤,谭诤.研学旅行的价值与体系构建[J].教学与管理,2017(31).

[13] 商衍鎏.清代科举考试述录[M].北京:生活·读书·新知三联书店,1958.

[14] 史伟.宋元诗学论稿[M].上海:上海远东出版社,2012.

[15] 徐蕾.汪达之研究[D].扬州:扬州大学.2018.

[16] 徐明波.研学旅行的德育创新与实现路径[J].思想政治课教学,2019(4).

[17] 刘喜,吴超.试探研学实践背景下研学旅行导师的培养与认定[J].旅游纵览(下半月),2019(3).

[18] 曲小毅,孟妍红.试论研学导师在课程开发和实施中应具备的素养、能力及方法[J].黑龙江教师发展学院学报,2020(4).

[19] 卢丽蓉.论旅行社在研学旅行中的"内功修炼"——以武汉为例[J].旅游纵览,2020(12).

[20] 刘志勇,张克飞,张亚红,等.从管控到引领:让学生真正成为研学旅行的"主角"

[J].中小学管理,2019(7).

[21] 刘俊,陈琛.后疫情时代研学旅行行业可持续性生态系统的构建[J].旅游学刊,2020(9).

[22] 魏雷,朱竑.研学旅游：真实性导向下旅游情境与教育的整合[J].旅游学刊,2020(9).

[23] 王悦,储德平,林霏阳,等.研学旅行的研究热点与脉络演进[J].教育评论,2021(2).

[24] 陈莹盈,林德荣.研学旅行学习机制的整合性解释框架[J].旅游学刊,2020(9).

[25] 马波,刘盟.中小学生研学旅行研究的三个关键问题[J].旅游学刊,2020(9).

[26] 桑琳洁.研学旅行导师胜任力模型建构与应用研究[D].广州：华南师范大学,2020.

[27] 高磊.论研学旅行导师应有的知识构成和能力培养[J].中小学信息技术教育,2021(1).

[28] 刘丽莉.研学旅行导师职业能力指标体系研究[J].武汉职业技术学院学报,2020(2).

[29] 闫润晖.中小学研学旅行教育体系优化研究[D].大庆：东北石油大学,2018.

[30] 李岑虎.研学旅行课程设计[M].北京：旅游教育出版社,2020.

[31] 巴拉诺夫,等.教育学[M].李子卓,等,译.北京：人民教育出版社,1983.

[32] 王策三.教学论稿[M].北京：人民教育出版社.1985.

[33] 单中惠,朱镜人.20世纪外国教育经典导读[M].济南：山东教育出版社,2018.

[34] 谢利民,郑百伟.现代教学基础理论[M].上海：上海教育出版社,2003.

[35] 佐藤正夫.教学原理[M].钟启泉,译.北京：教育科学出版社,2001.

[36] 陈志刚,杜芳.课程变革与历史课堂教学方式的转型[J].历史教学,2021(4).

[37] 甄鸿启,李凤堂.研学旅行教育理论与实践[M].北京：旅游教育出版社,2020.

[38] 彭其斌.研学旅行课程概论[M].济南：山东教育出版社,2019.

[39] 余文森,王晞.教育学[M].北京：北京大学出版社,2019.

[40] 范丹红.心理学(小学)[M].北京：北京大学出版社,2018.

[41] 林崇德.发展心理学[M].北京：人民教育出版社,2015.

[42] 田友谊,等.小学教育学[M].北京：北京大学出版社,2016.

[43] 祝胜华,张强.研学旅行安全防控探析："跟着课表游中国"夏令营安全防控工作经验与启示[M].武汉：华中科技大学出版社,2020.

[44] Caplan G. An Approach to Community Mental Health [M]. London；New York：Routledge,2013.

[45] 钱铭怡.心理咨询与心理治疗[M].北京：北京大学出版社,2016.

[46] 朱永新.管理心理学[M].北京：高等教育出版社,2014.

[47] 迟毓凯.学生管理的心理学智慧[M].上海：华东师范大学出版社,2021.

[48] 何先友.青少年发展与教育心理学[M].2版.北京：高等教育出版社,2016.

[49] 古人伏,沈嘉琪,朱炜.小学班队工作原理与实践[M].上海：华东师范大学出版

社,2016.

[50] 伍新春.中学生心理辅导[M].北京:高等教育出版社,2010.
[51] 姚计海.教师与学生的心理沟通[M].北京:北京师范大学出版社,2013.
[52] 杜琳娜,马莉.教育与心理学的实践价值研究[M].北京:新华出版社,2016.

教学支持说明

普通高等学校"十四五"规划旅游管理类精品教材系华中科技大学出版社"十四五"规划重点教材。

为了改善教学效果,提高教材的使用效率,满足高校授课教师的教学需求,本套教材备有与纸质教材配套的教学课件(PPT电子教案)和拓展资源(案例库、习题库等)。

为保证本教学课件及相关教学资料仅为教材使用者所得,我们将向使用本套教材的高校授课教师免费赠送教学课件或者相关教学资料,烦请授课教师通过电话、邮件或加入旅游专家俱乐部QQ群等方式与我们联系,获取"教学课件资源申请表"文档并认真准确填写后发给我们,我们的联系方式如下:

地址:湖北省武汉市东湖新技术开发区华工科技园华工园六路

邮编:430223

电话:027-81321911

传真:027-81321917

E-mail:lyzjjlb@163.com

旅游专家俱乐部QQ群号:306110199

旅游专家俱乐部QQ群二维码:

群名称:旅游专家俱乐部
群　号:306110199

教学课件资源申请表

填表时间：_____年___月___日

1. 以下内容请教师按实际情况写，★为必填项。
2. 学生根据个人情况如实填写，相关内容可以酌情调整提交。

★姓名		★性别	□男 □女	出生年月		★职务	
						★职称	□教授 □副教授 □讲师 □助教

★学校		★院/系	
★教研室		★专业	
★办公电话		家庭电话		★移动电话	
★E-mail（请填写清晰）			★QQ号/微信号	
★联系地址		★邮编	

★现在主授课程情况	学生人数	教材所属出版社	教材满意度
课程一			□满意 □一般 □不满意
课程二			□满意 □一般 □不满意
课程三			□满意 □一般 □不满意
其 他			□满意 □一般 □不满意

教 材 出 版 信 息			
方向一		□准备写 □写作中 □已成稿 □已出版待修订 □有讲义		
方向二		□准备写 □写作中 □已成稿 □已出版待修订 □有讲义		
方向三		□准备写 □写作中 □已成稿 □已出版待修订 □有讲义		

请教师认真填写表格下列内容，提供索取课件配套教材的相关信息，我社根据每位教师/学生填表信息的完整性、授课情况与索取课件的相关性，以及教材使用的情况赠送教材的配套课件及相关教学资源。

ISBN(书号)	书名	作者	索取课件简要说明	学生人数（如选作教材）
			□教学 □参考	
			□教学 □参考	

★您对与课件配套的纸质教材的意见和建议，希望提供哪些配套教学资源：